제4판

최신 상법총론

한 창 희

청목출판사

제4판 머리말

이번 개정에서는 오탈자를 수정하고, 그간의 개정된 상법과 연구결과를 반영하였다.

2017.2 저자씀

제3판 머리말

제2판의 간행후 상법총론분야에서 2010년에는 금융리스, 가맹업, 채권매매업사항을 추가되고, 표현지배인 · 상업장부 · 격지자간의 청약의 효력 · 지점거래 채무이행의 장소, 금전소비자대차상의 이자청구권화물상환증의 문언증권성 · 공중접객업의 의의 · 엄격책임 등의 사항이 개정되었다. 또한 2011년에는 회사법 개정의 일환으로 합자조합이 상법총론에 신설되었으며, 2013년부터 민법에서 행위능력제한제도가 시행되는 등의 변화가 있었다. 제3판에는 이를 반영하고, 그간 진전된 연구를 소개하였다.

2014. 2

용산의 학교안전공제중앙회 이사장실에서

저자 씀

제2판 머리말

글로벌화의 진전에 따라 기업환경의 변화는 유례가 없을 정도로 광범위하고 신속히 이루어지고 있으며 기업생활관계를 규율하는 상법의 현대화의 필요성은 더욱 증대하고 있다. 이 책의 2판을 기술함에 있어서 새로 제정된 자본시장법·상업등기법, 개정된 비송사건절차법, 그리고 2009년 1월 5일 국회에 제출된 상법총칙·상행위법의 개정안을 모두 반영하고, 최근의 중요한 판례를 반영하였으며, 외국상법의 발전, 매수인의 목적물검사·통지의무 등 다수의 설명을 독자의 이해를 돕기 위하여 수정하였다.

2009. 2
국민대 연구실에서
저자 씀

제 1 판 머리말

상법총론분야는 상법과목 중 학생들이 가장 어려워하는 분야이다. 그 이유는 상법 어떤 분야보다 민법의 원리들에 대한 이해가 요구되고, 일반적이고 추상적인 규정이 많기 때문이다. 그러나 자유무역협정 등을 통한 경제의 세계화·국제화의 진전과 함께 기업거래에서의 상법총칙·상행위법의 규정들이 날로 중요성을 더하고 있다.

이 책을 기술함에 있어서도 일반적 기술은 간명하게, 주요하게 다루어지는 쟁점분야는 학설, 판례, 결론으로 나누어 사례에 대한 적용능력을 기르는 데 중점을 두었다. 이 책의 저술에 참조한 주요한 국내외 문헌은 참고문헌에서 밝히고, 여러 부분에서 생략하였음을 밝힌다.

이 책을 저술함에 있어서는 근래 법학전문 대학원의 도입에 따른 법학교육환경의 변화에 부응하려고 애썼으나 부족한 점이 많다. 독자들의 비판을 받아 고쳐나갈 것을 다짐한다. 끝으로 어려운 출판환경에서도 기꺼이 출판을 맡아준 유성열사장님께 고마움을 표한다.

2007. 8

국민대 연구실에서

저자 씀

차 례

제2편 상행위

제 1 편

상법총칙

제1장 통 칙

제1절 상법의 의의

상법은 1962년에 법률 제1000호로 제정된 법률로서 제1편 상법총칙부터, 제2편 상행위, 제3편 회사, 제4편 보험, 제5편 해상까지 규정하는 상법전을 의미한다. 이것을 '형식적 의의의 상법'이라고 부른다.

또한 형식적으로는 여러 이유로 상법전에 포함되어 있지 아니하지만 실질적으로는 상법전에 포함시켜도 좋은 규정이 있다. 상법전에 규정되어 있는 것뿐만 아니라, 이와 같이 형식적으로는 상법전에 포함되어 있지 아니하지만, 실질적으로 상법에 포함시킬 수 있다고 생각되는 법규정을 합하여, '실질적 의의의 상법'이라고 부른다.

1. 실질적 의의의 상법

실질적 의의의 상법을 인정하는 경우에, 상법의 자주성을 명확히 하고 이러한 법규정을 통일적으로 이해하기 위하여 어떠한 성격을 가지는 것으로 파악하는 것이 적당한가에 대하여는 종래부터 상법의 대상론이라 하여 많은 학설이 전개되어 왔다.

1) 상법의 대상에 관한 학설

(1) 역사적 관련설

상법의 대상은 재화전환을 매개하는 매매업과 같은 고유상을 기원으로 하여 이를 보조하기 위한 보조상(운송업 · 은행업 · 창고업) 등이 고유상과 역사적 관련성을 가지고 발전하여 왔고, 상법은 이러한 모든 영업활동을 대상으로 한다고 본다. 그러나 이 견해는 상법의 대상이 고유상에서 직접 또는 간접으로 발전하였다는 입증이 곤란하고 상법의 대상을 파악하기에 미흡하다고 본다.

(2) 매개행위설

상법은 생산자에게서 소비자로 상품의 유통을 매개하는 모든 활동을 대상으로 한다고 본다. 그러나 이 견해는 오늘날의 상법의 대상이 매개행위와 본질적으로 관련이 없는 연극, 출판, 인쇄, 촬영 등으로 확대 발전하여 가는 것을 설명하지 못한다.

(3) 집단거래설

상거래의 집단적 성격을 강조하여 상법은 집단적인 법률행위를 대상으로 한다고 본다. 그러나 집단거래는 노동계약과 같은 상법 이외의 분야에서도 나타나는 것이므로 단지 상법만의 징표로 볼 수 없다고 본다.

(4) 형식설

복잡한 상법의 대상을 통일적 · 체계적 · 종합적으로 파악하는 것은 불가능하며 상법은 商에 관한 여러 법률제도와 법률규정을 편찬한 것에 불과하다고 보는 견해이다. 그러나 상법이 보험법 · 해상법과 같은 개별적인 특수제도를 중심으로 형성 · 발전하여 왔으므로 상법전반에 대한 고찰을 하지 아니하였을 뿐이고, 상법의 규정을 전체적으로 결합하고 상호 연결하는 공통의 지배이념은 존재한다.

(5) 상적 색채설

일반사법의 법률사실 중에서 상적인 색채를 띠는 것이 상법상의 사실이고, 이것을 대상으로 하는 것이 상법이라고 한다. 이러한 상적인 색채로서는 전문화된 영리활동인 투기매매에서 연역되는 특성으로서 집단성과 개성의 상실을 든다. 그러나 이는 외부에 나타난 특징만을 파악하는데 그친 것이고, 상법에는 이러한 특징과 관련 없는 제도가 존재한다.

(6) 상인과 상행위개념에 따른 이해

상법은 상인의 주관적인 측면에서 파악하면 상인의 자격을 가진 자에게 적용되는 법이고, 객관적인 측면에서 파악하면 법률행위 중 상업적인 생활에 필요한 행위를 의미한다고 본다. 이 견해에 대하여는 형식적 · 소극적인 이해에 불과하고, 양자의 관계와 관련하여 상인은 그가 행한 행위의 성질에 의하여 식별되며 그 행위의 성질은 그것을 행한 상인의 자격에 따르므로 양자는 순환논법의 관계에 있을 뿐이라고 비판된다.

(7) 기업설

오늘날의 통설로서 상법의 대상을 기업의 법률관계로 본다. 여기에서 기업은 경제학적 개념이 아니고 법률적 개념으로 다음과 같이 이해될 수 있다. 즉 기업은 "영리를 목적으로 계속적으로 경영활동을 하는 독립적인 경제적 생활체"를 의미한다.

2) 기업설에 의한 상법의 의의

기업설에 의하면 실질적 의의의 상법은 기업생활관계를 규율하는 법규의 총체라고 할 수 있다.

(1) 기업법으로서의 상법

상법은 기업생활관계를 규율하는 기업법이다. 기업은 자본과 노동력을 결합하여 이윤획득을 추구하는 것으로 영리경제인 점에서 소비경제인 가계·재정과 구별된다. 이를 위하여 기업은 계획적 활동, 계속적 의도, 통일성 있는 독립적인 조직을 필요로 한다. 따라서 상법은 영리성을 띤 거래행위 뿐만 아니라, 기업의 조직에 대하여서도 규율한다.

(2) 특별법

상법은 영리성을 띤 기업생활관계를 규율하므로, 영리성이 없는 일반적인 경제적 생활관계를 규율하는 민법에 대한 특별법이다.

(3) 기업생활에 관한 법규의 총체

상법은 민법과 함께 사법에 속하므로 상법의 대상을 기업생활관계에 관한 사법만으로 한정하는 견해가 있지만, 기업생활관계를 총체적으로 파악하기 위하여서는 세법, 형법 등 공법적 규정도 포함하여야 한다.

3) 직업법으로서의 상법

민법과 구별되는 상법의 존재를 인정하는 이상 상법에 직업법으로서의 성격을 부여하게 된다. 상인은 납세의무, 상업장부의 작성비치의무, 각종 공시의무, 지급불능시의 청산과 같은 특별한 권리·의무가 인정된다. 그러나 상법에 의하여 창설되는 직업법은 많은 결함을 가진다. 먼저 상법에서 규정하는 일정한 내용의 행위에 대하여서만이 아니라(당연상인) 점포 기타 유사한 설비와 같은 물적 시설,

영업방식의 규모를 기준으로 상법이 적용되는데(의제상인), 의제상인은 불확정적이고 유동적이라고 할 수 있다. 둘째 상법은 상인이라는 직업이 매우 다양하다는 것을 고려하지 아니한다. 영세상인과 대기업간에는 영업형태상 공통점이 존재하지 아니함에도 불구하고 동일하게 규율된다. 따라서 기업의 규모에 따른 개별화된 규율을 확대하는 것이 바람직하다. 1998년 개정상법은 자본금액 5억원을 기준으로 그 이상이면 3인 이상의 이사를 두어야 하지만 그 미만이면 1인 또는 2인으로 할 수 있도록 하는 것(상법 제383조)이 그 예이다.

2. 형식적 의의의 상법

이것은 상법전이라는 성문법으로 된 상법을 의미하며 각 국가의 입법의 형식마다 다르다. 우리 나라 상법은 1962년에 제정되어 1984년 주식회사법을 중심으로 개정이 있었고, 1993년부터는 보험편과 해상편, 1995년에는 상법총칙 · 상행위편과 회사편, 그리고 최근 1998년, 1999년, 2001년에는 연이어 회사편이 개정되었으며, 2008년에는 해상편, 2009년에는 자본시장법의 시행에 따라 주식매수선택권, 집중투표제, 감사위원회 등 회사편이 개정되어 시행되고 있다.

3. 양자의 관계

1) 양자의 독자성

실질적 의의의 상법은 성문상법으로 제정되어 양자가 일치하는 것이 옳겠지만, 실제로는 양자간에 상당한 차이가 있다. 이는 실질적 의의의 상법이 통일성 · 체계성을 위주로 이해되는데 비하여, 성문 상법은 실제성과 편의성을 위주로 제정되기 때문이다. 따라서 실질적 의의의 상법의 대상이 되면서 성문 상법에서 제외된 것이 있고(광업 이외의 제1차 산업), 기업과 관련이 없이도 상법에 포함되어 있는 것이 있다(거래소에서의 거래, 어음 기타 상업증권에 관한 행위 : 일본 상법 제501조의 절대적 상행위).

2) 양자의 관련성

양자는 일치하지는 아니하지만 상호보완적인 관계가 인정된다. 따라서 실질적 의의의 상법의 연구가 성문상법의 개정에 공헌하며, 반대로 성문상법의 개정을 통하여 실질적 의의의 상법의 연구가 촉진된다.

제 2 절 상법의 지위

1. 상법과 경제관계법

상법은 법률행위 중 영리성을 띤 행위를 규제하기 때문에 경제적 거래행위를 규제하는 상법 이외의 다른 법영역과 비교하여 살펴보는 것이 상법의 개념을 이해하는데 긴요하다. 따라서 상법과 국민의 일반경제생활관계를 규율하는 민법, 어음법·수표법, 노동법, 경제법과의 관계를 살펴보기로 한다.

2. 민법과의 관계

1) 일반사법의 민법과 특별사법의 상법

상법은 기업을 둘러싼 경제주체의 사적 이익을 조정하는 법임에 비하여, 민법은 일반 사인의 사적 이익을 조정하는 법이다. 따라서 민법과 상법은 경제주체간의 사적 이익조정의 법이다. 그러나 상법이 대상으로 하는 경제주체는 기업에 한정된다는 점에서 상법은 민법의 특별법의 지위에 선다.

특별법은 일반법에 우선하는 것이 법의 원칙이기 때문에, 민법과 상법 양자가 적용가능한 경우에 양법이 저촉하는 때에는 상법이 우선한다. 상법 중에는 보험과 상업장부와 같이 상법 독자적으로 두어진 제도와 권리능력·행위능력 등과 같이 민법의 일반원칙을 전제로 하는 규정이 있다. 이 밖에도 민법을 수정한 규정도 있는데, 이 경우에는 상법이 우선하여 적용된다. 그 예로는 채권의 소멸시효를 들 수 있다. 갑이 을에게 금전을 대여한 경우에는 갑이 취득하는 채권의 소멸시효기간은 몇 년인가. 일반사인간의 계약이라면, 민법 제162조 1항에 의하여 10년일 것이다. 그러나 이 채권이 상행위로 인하여 생긴 경우에는 상법 제64조가 우선하여 적용되는 결과, 시효기간은 5년인 것이다.

그러나 양자의 구별과 관련하여 사법의 통일론과 민법의 상화현상(商化現象)이 주장된다.

2) 사법의 통일론의 문제

(1) 문제의 제기

사법의 통일의 문제는 민법과 상법의 구별이 명확하지 아니하며, 그 구별의 필요성에 대하여 의문을 제기하고 주장된 이론이다. 예컨대 매매는 상인에 의하여 행하여졌건 비상인에 의하여 행하여졌건 같은 규정이 적용되어야 한다는 것이다. 이 이론의 논거는 현대사회에서 상업적인 정신이 민사적인 행위를 지배하며, 통일적인 제도가 모든 경우에 간명하고 평등의 이념과 논리의 정신에 합당하기 때문이라는 것이다.

(2) 입법례

이 이론은 이탈리아의 법학자 Vivante(1893년)에 의하여 주장되었지만 그는 후일 이에 주저하였다. 영국에서는 상인의 관습이 오래 전부터 보통법에 혼융되어 있고, 이 이론을 실정법에 받아들여 법률로 제정한 국가도 있다. 즉 스위스에서는 민사적 성격을 가지거나 상사적 성격을 가진 모든 계약에 채무법이 적용되고, 1942년의 이탈리아 국민법전은 민사상의 문제와 상사상의 문제를 함께 규제한다. 또 1976년에 시행된 네덜란드 신민법전도 동일하며, 캐나다의 퀘벡 주법은 민사와 상사에 관한 것을 함께 규정한다.

(3) 결어

상법이 기업에 관한 법으로서 특수한 구조, 내용, 성격을 가지는 한 민상2법을 형식적으로 통일하는 것은 무의미하다. 또한 통일된 사법을 보유하는 입법례에서도 회사, 유가증권 등 상사제도는 따로 특별히 취급되고 있는 점에 비추어, 이 사법통일론은 채택하기 어렵다.

3) 민법의 상화현상(商化現象)

(1) 의의

이는 독일의 야콥 리이서가 주장한 이론으로 민법의 내용이 경제생활관계의 진전에 따라 변화·발전하여 상법에 접근 또는 동화하고, 상법의 자주성이 희박하여진다는 이론이다.

민법의 상화(商化)에는 두 가지 의미가 있다. 그 하나는 상법에서 발달된 원칙이나 제도(계약자유의 원칙, 파산제도)가 민법상의 원칙으로 되는 것이고, 둘째는 민법에 속하는 법률관계나 제도(民事會社)가 점차 상법상의 지배아래 넘어오는 것을 말한다.

(2) 상법의 독자성의 문제

이 두 가지 의미 중에서 전자는 민법과 상법의 토대인 경제적 생활관계가 발전함에 따라 합리적이고 진보적인 상법의 원리나 제도가 민법의 원칙으로 되기 때문이며, 후자는 민법의 순화현상(純化現

象)으로 민법에서 규율하던 상사관계가 상법의 영역으로 이동한 것이다.

앞의 의미의 민법의 상화현상에 의하여 상법의 영역은 축소되어 사법이 통일될 가능성도 있는 것이다. 그러나 경제생활관계의 발전에 따라 상법상의 제도가 민법상으로 이동하는 대신 상인의 정신은 항상 새로운 상사제도(예컨대 FOB, CIF 등의 특수매매, 상업신용장 등)를 창설하여 상법의 영역을 개척하기 때문에, 이 현상으로 인하여 상법이 자주성을 잃을 것으로 보기는 어렵다.

3. 어음법 · 수표법과의 관계

어음 · 수표는 상거래에 있어서 금전결제수단으로 생겼고, 현재에도 상인에 의하여 많이 이용되고 있으며, 그 지배원리에 있어서 상법과 공통적인 특색을 많이 가지므로 상법의 일부로 오해되기 쉽다.

그러나 어음 · 수표는 기업거래 외에서 널리 이용되고 있으며, 어음법과 수표법은 독립된 단행법으로 제정되어 있으므로, 어음법 · 수표법은 형식적으로나 실질적으로 상법과 다른 법체계에 속한다.

4. 노동법과의 관계

상인이 영업을 하기 위하여는 보조자를 필요로 하는데, 상인과 보조자와의 관계에는 두 측면이 있다. 하나는 보조자가 상인에 갈음하여 제3자와 거래행위를 하는 것이고, 다른 하나는 상인에 종속하여 노무를 제공하는 관계이다. 전자를 거래의 원활과 안전이라는 관점에서 규율하는 것이 상법이고, 후자를 근로자의 생존권보장이라는 사회정책적 관점에서 규율하는 것이 노동법이다. 이와 같이 상법과 노동법은 그 목적과 이념 그리고 원리를 달리하는 다른 법영역에 속한다고 해석된다.

그러나 근래 노동법적 요소가 상법에 도입되어 상법에 변화가 일고 있다. 독일 주식법에서는 일정수 이상의 근로자를 가진 주식회사는 근로자 대표를 반드시 감사회(監査會)의 일원으로 참가시켜야 하고 이들이 이사 등의 선임권을 가지도록 하여 근로자의 경영참가가 제도화되었다. 또한 우리 나라에서도 특별법(근로자복지기본법 제27조 이하)에서 기업공개시 또는 신주발행시 일정비율 이상의 주식을 종업원에게 우선적으로 배정하도록 하고 있다.

5. 경제법과의 관계

경제법은 자본주의의 발달로 인한 폐해가 나타나 이를 시정하기 위하여 성립한 것으로 대기업의 사업독점에 의한 경쟁체제의 왜곡을 시정하여 자유시장경제질서의 유지, 지역적·계층적 균형발전, 기간산업의 보호를 위하여 국민경제적 입장에서 기업활동을 통제·조정하는 법이다. 경제법은 상법과 같이 기업을 대상으로 하지만, 공정경쟁에 의한 자유주의경제의 실현이라는 실질적인 경제질서를 실현하기 위한 법규정이라는 점에서는 상법과 이념을 달리 한다.

그리고 상법은 기업을 둘러싼 경제주체간의 사적인 이익조정을 기본으로 하지만, 경제법에서는 국민경제 전체의 이익을 기초로 규제가 행하여진다. 또 경제법은 기업과 분리된 개인의 소비생활도 규정한다. 나아가 경제법에는 사법적 규제 외에 공법적 규제도 존재한다.

미국에서는 경제법이라는 용어 대신 독점금지법 또는 반독점법(Antitrust Law)라는 용어가 일반적으로 사용되고 있다.

제3절 상법의 발전

1. 우리 나라 상법의 발전

1) 한국고유의 상사제도

(1) 장(場)-상(商)의 초창시대

한민족은 농본국으로 삼한시대부터는 각종 농산물과 방적물 등을 교환하는 장소로서 시작한 장(場)이 각처에서 후세에 들어오면서 더욱 성황을 이루어 오늘에 이르고 있다. 열리는 기간에 따라 다르지만 5일장이 보통이다.

(2) 부보상(負褓商)-상(商)의 제2시대

장(場)과 거의 기원을 같이 하는 한국고유의 행상인 등짐장수(負商)와 봇짐장수(褓商)가 장을 중심으로 전국을 돌아다녔으므로 장꾼이라고도 하였는데, 조선, 한말에는 방대한 동업조합(길드)을 이루었다.

① 부상(負商)의 의의

부상(負商)은 우리 나라 최초의 상인계급인 행상으로서 지게 위에 상품을 얹어 등에 지고 다니거나 서서 팔므로 좌상(座商)에 대하여 입상(立商)이라고도 하고, 수상(水上)에서의 선박에 의한 행상(行商)인 수상(水商)에 대하여 육상(陸商)이라고도 하였다. 부상(負商)은 정읍사(井邑詞) 등 수많은 가사의 소재가 되었다.

② 보상(褓商)의 의의

보상(褓商)은 그 상품의 품목이 부상(負商)의 것보다 작고 가벼

우며 비교적 값진 물건으로서 이것을 보자기에 싸서 들고 다니거나 질빵에 걸머지고 다닌다.

③ 부보상(負褓商)의 행적

부보상은 고려 말에 동업조합을 만들었고, 조선 창건에 공적이 컸으므로 공인을 받아 특권을 누렸다. 그들은 평상시에는 상인이지만 유사시에는 병사가 되는 반상반병(半商半兵)으로 임진왜란을 비롯한 국난에는 충성을 다하고, 단원간에는 우의로 결합되며 거래에는 신용을 생명으로 삼았다.

(3) 좌상(座商)–상(商)의 제 3 시대

① 서설

이에 이르러서는 상인이 일정한 장소에 영업의 본거로서 영업소를 정하여 좌정하고, 이곳에 점포를 비롯한 상호, 장부 등의 물적 시설을 두고, 사환(使喚), 서기(書記) 등 상업사용인의 보조를 받아 대규모의 상행위가 이루어졌다.

행상의 상행위가 매매행위를 벗어나지 못함에 대하여 좌상의 행위는 (i) 임대차 (ii) 제조가공(은방, 유기점) (iii) 금융업(전당포, 換錢客主) (iv) 공중접객업(주막, 步上客主) (v) 仲介(居間) (vi) 위탁매매(客主) (vii) 운송(陸上·海上) (viii) 임치(창고업) 등 다양하였다. 여러 종류의 좌상 중 객주, 거간(居間), 전당포에 대하여 살펴본다.

② 객주

(가) 객주의 의의 객주는 객상의 주인이라는 뜻이며, 상품유통과정에서 최상·최초의 단계에 있는 자로서 생산자 또는 상인으로부터 위탁받은 물건을 모아 다른 상인에게 유통시키는 위치에 선다. 이 점은 부보상이 상품유통과정에서 최하·최종의 단계를 담당하여 직접 소비자와 접촉하는 점과 대비된다.

(나) 객주의 업무 객주의 주된 업무는 위탁매매이지만 위탁자를

위한 숙박·금융·창고·운송 등의 부대업무를 겸하고 있다. 현행 상법상 위탁매매는 물건 등의 매매의 주선을 의미하지만(상법 제46조 제12호), 객주의 경우에는 매매의 주선 외에 여러 가지의 주선이 포함되어 있음이 특색을 이룬다. 객주는 소정업무를 완수하면 보수로 口文을 받는다.

(다) 객주의 종류 객주는 담당하는 주선행위의 범위에 의하여 또는 취급하는 상품의 종류에 의하여 다음과 같이 나뉜다.

(i) 물상객주(물산객주) (ii) 여각(旅\閣) (iii) 만상객주(灣商客主)(청선(淸船)객주) (iv) 보상객주 (v) 보행객주 (vi) 환전객주 (vii) 무시로 객주 (viii) 경주인(京主人)

(라) 객주의 업적 객주는 광범한 업무와 큰 자본을 통하여 한국최초의 자본계급을 이루었고, 개항 이후에는 외국 무역을 담당하였으며, 각 항구에서 객주회·박람회를 조직하고 동업조합을 결성하여 큰 세력을 구축하였다.

③ 거간(居間)

(가) 거간의 의의 거간은 현행 상법상의 중개인으로 상품유통의 중간과정에서 중개를 담당하는 자이다. 객주가 상품유통상의 최상·최초의 단계에 있고, 부보상이 그 최하·최종의 단계에 있음에 대하여, 거간은 객주를 비롯한 상인간은 물론, 생산자에서 소비자에게 이르는 온갖 유통과정에 개재하여 그 거래를 매개하는 임무를 담당하므로 그 활동범위가 매우 다양하다.

(나) 거간의 유형 거간은 그 활동범위와 취급하는 상품내용에 따라 매우 다양하다.

(a) **내거간과 외거간** 거간이 거주하는 장소가 객주의 집안인가 밖인가에 의한 구별이다.

(b) **동사거간과 노력거간** 내거간 중 객주와 함께 출자하여 공동으로 경영하는가 아닌가의 구별이다.

(c) 미곡거간

(d) 부동산거간

(e) 환전거간(금전대차에 관한 거간)과 당화거간(화물의 중개를 하는 거간)

(f) 여리꾼(상점 안에 서 있다가 손님이 오면 물건을 사게 하는 거간)

④ 전당포 등 대금업

한말에 가장 성황을 이룬 것은 전당포를 비롯한 고리의 대금업이었다. 전당포는 동산·부동산을 전당물로서 담보로 잡고, 소정의 기간 내에 변제를 받지 못하는 때에는 전당물을 전당포주의 소유로 귀속시킨다는 조건을 붙여서 대금(貸金)하는 서민금융의 점포이다. 전당은 현행법상의 질권외에 부동산에 대한 저당권을 포함하는 넓은 개념이다.

(4) 수상(水商)

부보상을 육상이라고 함에 대하여, 하천 · 해양에서 활동하는 상인을 수상이라고 하였다. 수상은 국내의 각 하천과 해안에서 활발한 교역을 하였을 뿐만 아니라 신라시대에는 외국(일본·당)에까지 해상권을 장악하여 무역에 종사하였다.

(5) 차인(差人) 등 상업사용인

차인 등 한국 고유의 상사제도가 수립되었다. 더욱 송도(개성) 상인을 비롯한 모든 상가(商家)에 있어서 철저한 신용과 엄격한 규율로 훈련하여 상도를 확립함으로써 상인의 인적 시설의 기초를 공고히 하였다.

① 차인(差人)

차인(差人) 또는 방아(房兒)는 주인에 갈음하여 영업상의 행위를 하는 고급사용인이다. 그 직무권한은 점포에서 집무하거나 다른 지방에 파견되어 영업 전부를 담당하거나 주인의 지휘를 받아서 영업행위를 하는 것이다.

② 서기(書記)

서기 또는 서사(書師)는 모든 서류의 기재 또는 계산에 관한 사무를 담당한 자이다. 차인이 주로 전면적인 포괄대리권을 가지는 자인데 대하여, 서기는 장부기재 또는 출납 등 특정 사항에 대하여 대리권을 가진 부분적 포괄대리권을 가진 상업사용인이다.

③ 사환(使喚)

사환은 영업에 관한 잡역을 하는 자이다. 그의 최대 소원은 주인에게 충성하여 일정한 연령이 되면 차인으로 승진하고, 다시 차인으로서 충성을 다한 때에는 상당한 자금을 제공받아서 독립한 영업을 하는 것이지만, 이것은 오로지 주인의 의사에 달려 있을 뿐인 점에서 가부장적 특성이 있다.

(6) 사개치부(四介置簿) 등 상업장부

사개다리치부[四介(四脚)置簿]는 고려시대의 개성상인들 사이에서 발달한 한국특유의 복식부기로서 대차(貸借)의 관념을 분명히 하기 위한 의인법의 치부방법을 창안하였다.

(7) 어음 등 각종 유가증권

어음 또는 환표, 환간(換簡) 등이 상인 사이의 송금이나 결제의 수단으로 이용되었다.

① 어음

어음은 현행 약속어음 또는 자기앞수표에 해당하는 유가증권이다.

② 환표

환표는 금전의 출금을 위탁하는 서간 즉 편지로서 현행 환어음에 해당하는 유가증권이다.

2) 현대 상법의 발전

우리 나라의 고유한 상사제도는 19세기 말의 서구문화의 유입이래 계승·발전되지 못하고, 1807년의 프랑스상법과 1871년의 독일법을 기본으로 제정된 일본상법이 우리 나라에 계수되어 시행되다가 1963년부터는 기존의 일본상법을 대폭 수정하여 우리 상법이 제정되었고, 수차례의 개정을 거쳐 시행되고 있다.

2. 외국 상법의 발전

(1) 상법의 성립

기원전 20세기경의 함무라비 법전에는 매매, 임치, 운송, 소비대차, 등 상행위에 대한 단편적인 규정이 있었다.

그러나 역사가들은 현대의 현대적인 상법이라는 체계적이고 독립한 법이 성립한 것은 중세의 이탈리아(제노바, 밀라노, 베네치아), 한자동맹(함부르크, 브레멘, 뤼벡), 프랑드르(부루쥐, 앙베르) 등의 상업도시와 샹파뉴지방(트로이, 프로방스) 또는 중부유럽(프랑크푸르트, 라이프찌히, 에르푸르트)의 시장이라는데 일치하고, 회계, 회사, 어음, 파산, 은행, 상업장부, 상사법원 등과 같은 오늘의 상법의 기초를 이루는 제도와 메커니즘이 이 때 출현하였다.

이 상인법은 학자의 법이 아닌 관습법, 동업조합법, 그리고 국제적인 법이었다.

(2) 르네상스시대에서 절대왕정시대

르네상스시대에는 15세기와 17세기의 종교개혁과 지리적, 경제적, 정치적, 종교적인 다수의 변화가 발생하여 은행거래의 발전(새로운 영토의 발견, 아메리카대륙의 금과 돈의 유입), 유가증권과 동인도회사와 같은 회사의 출현에 유리한 조건이 형성되었다. 절대왕정의 형성과 보호주의의 발전으로 인하여 상법의 국제성은 완화되고 국유화가 강화되었다.

(3) 프랑스혁명시대

프랑스혁명은 영업과 산업의 자유를 선언하여 동업조합을 폐지하고 직업선택의 자유를 채용하였다. 프랑스제정은 비교적 중시되지 않았고, 고문체이며, 내용이 없는 법이던 상법을 상세히 제정하도록 하였고, 같은 사법에 속하지만 민법과 구별되고 기업생활에 적용되는 법률을 표현하기 위하여 상법이라는 용어가 사용되었다.

(4) 19세기 후반기 이후 상법의 발전

이 시기는 산업혁명의 기간으로 새로운 수요를 충족하기 위한 새로운 법률제도가 출현하였다. 프랑스에서는 1867년까지 특허법, 상표법, 창고증권, 수표, 회사법 등이 제정되었다. 독일에서는 1871년 보통독일상법(구상법)이 시행되었고, 1900.1.부터는 독일제국상법(신상법)이 시행되었으며, 일본에서는 1891년부터 구상법이 시행되다가 1899년부터는 신상법이 제정되어 시행되고 있다.

프랑스에서는 1905년 육상운송계약법, 1930년에는 보험법, 1953년에는 상업임대차법이 제정되었다.

(5) 현대의 상법

독일의 경우에는 1965년 주식회사에 대하여 주식법, 유한회사에 대하여는 유한회사법, 1908년 보험계약법(2008년 개정됨)이 단행법으로 독립적으로 규율하고 있고, 프랑스의 경우에는 1966년 회사법, 1976년 보험법이 단행법으로 제정되었으며, 일본의 경우에는 1938년 유한회사법이 제정되었지만 2005년 제정된 회사법에 통합되었고, 2008년에는 독립된 보험법이 제정되었다.

3. 국제 협약의 발전

상거래는 국제무역의 형태를 취하는 경우가 많기 때문에 각각의 분야에 관하여 국제거래를 통일적으로 규제할 수 있는 공통의 법이 존재하는 것이 바람직하다. 그러나 국제거래를 위한 초국가적 거래법 또는 공통법은 존재하지 아니한다. 최근 국제거래에 관한 각종의 법과 규칙의 통일화와 표준화가 국제연합 기타 국제전문기관을 통하여 활발히 행하여지고 있다.

1) 협약에 의한 국제거래법의 부분적 통일화

(1) 어음과 수표에 관한 통일협약(1930년, 1931년)
(2) UN상거래위원회의 국제환어음과 약속어음 통일협약(1988년)
(3) 산업재산권보호 등에 관한 협약(1883년 제정, 1979년 최종개정)
(4) 저작권보호에 관한 베른협약(1886년, 1979년 최종개정)
(5) 선하증권에 관한 특정한 규칙의 통일화를 위한 협약(1924년, 1968년 최종개정)
(6) 국제연합 국제물품매매에 관한 협약(비엔나 매매협약, 1980년)
(7) 국제금융리스와 국제채권매입에 관한 유니드로아 협약(1988)
(8) 항해 선박 소유자의 책임제한에 관한 국제협약(1957년, 1976년 최종개정)

2) 민간의 국제적 규칙에 의한 통일화

(1) ICC(국제상업회의소)의 상업신용장 통일규칙 및 관례(1933년, 최종 2006년 개정)-UCP600
(2) ICC의 국제거래조건 해석규칙(1936년, 2000년 최종개정)
(3) 국제결제은행의 신바젤협약(2008년 시행)

3) 전문기관제정의 표준약관에 의한 통일화

(1) 정기용선계약에 관한 Baltime form 및 Produce form

(2) Plant 수출계약 및 국제적 건설계약에 관한 각종 표준약관

4) 장단점

1)은 협약으로서 강제성이 있는 반면 각국의 비준이 요구된다는 점에서 제한적이다. 2)는 민간의 국제기관(국제상공회의소)이 각국의 단체를 통하여 세계적 동향을 살펴서 규칙을 제정하는 것으로 제정과 개정에 국제협약의 경우와 같이 외교관회의를 필요로 하지 아니하기 때문에 1)의 경우보다 실무성과 신속성을 확보할 수 있지만 규칙을 사용하는 당사자가 그 내용과 적용범위에 정통하지 아니하면 실제로 사용되지 아니하고 방치되어 버리는 결점이 있다. 3)은 전문기관이 특정한 국제거래에 적합한 약관을 표준약관으로 구체적으로 제정하여 통일화를 꾀한 것이기 때문에 실무면에서 통일화의 효과가 가장 큰 반면, 극히 한정된 범위에 그친다는 점에서 보편성이 없다는 것이 단점이다.

4. 상법의 중요성의 증대

오늘날 상법은 실제적 중요성에 있어서 민법을 능가하는데, 그것은 현대에 이루어진 경제적 변화에 기인한다. 과거에는 부의 원천은 부동산이었고, 상인계층의 수는 매우 적었으므로 거의 배려를 받지 못하였다. 그러나 기업과 상인이 활발한 경제적인 활동을 하게 되자 기업과 상거래에 관여하는 자의 수가 농민의 수를 압도적으로 추월하여 현대에 이르러 상인이 제일의 경제력을 보유하게 되었다.

자본주의제도라 함은 자본이 소수의 기업에 집중하고 이 기업이 타인의 투자한 자본을 이용하고 종업원을 고용하여 이익을 실현하

는 제도를 의미하는바, 고도의 자본주의제도가 지구촌을 휩쓸고 있는 오늘날 상법의 우월성을 인정하는 것은 당연하다.

제4절 상법의 특성과 경향

1. 상법의 특성

1) 기업생활관계의 특성-영리성 · 거래의 안전 · 기업의 유지강화

상법이 일반사법인 민법에 대하여 독자성을 가지는 것은 상법의 규율대상인 기업생활관계가 공통적인 특색을 가지고 있기 때문이지만, 이러한 특색은 또한 민법에 대한 상법의 특색이기도 하다. 상법은 영리주의, 거래의 원활확실, 그리고 기업의 유지강화라는 특성을 가지고 있다.

2) 영리주의

기업은 영리행위를 실행하는 경영주체이기 때문에 영리성은 기업의 존재활동의 기초이다. 일반사법상의 행위가 영리를 목적으로 행하여지는 경우도 있지만, 그것은 개별적, 우연적인 것인데 비하여, 기업은 계획적으로 영리행위를 실행하는 점에서 구별된다.

이 점에 관하여 상법은 기업활동을 일반적으로 유상으로 취급하고, 통상의 경우보다 높은 보수를 규정하고 있다.

예를 들면 상인이 영업범위 내에서 타인을 위하여 한 행위에 대하여서는 당연히 보수청구권이 인정되는 것으로 하고(제61조), 상인이 영업에 관하여 소비대차 또는 상인이 영업범위 내에서 행한 금전의 대체지급에 대하여서는 당연히 법정이자의 청구권이 인정되는 것으로 하며(제55조), 상행위로 인한 채무의 법정이율을 연 6푼으로 하고 있다(제54조).

3) 거래의 원활확실

기업거래는 집단적·반복적으로 행하여지는 것을 특성으로 하고, 기업의 이윤은 투하한 자본의 순환속도에 비례하므로 기업이 행하는 거래가 원활하고 확실하게 행하여지도록 제도적으로 보장하는 것이 상법의 이념으로 된다. 거래의 원활·확실화를 위하여 상법은 다음과 같은 사항을 규정하고 있다.

(1) 계약자유주의

상인은 이윤획득을 위하여 냉정히 이해득실을 계산할 수 있는 능력을 가지므로 계약에는 원칙적으로 방식을 필요로 하지 아니하는 방식의 자유, 계약의 내용을 결정하는 내용결정의 자유가 넓게 인정된다. 상행위로 인하여 생긴 채권을 담보하기 위하여 설정한 질권(質權)에 대하여 유질계약(流質契約)을 체결할 수 있는 것이 그 예이다(제59조).

(2) 거래의 성립과 분쟁해결의 간이신속주의

상거래의 집단적이고 반복적인 성격을 반영하고 원활한 거래를 도모하기 위하여 거래의 성립을 신속히 결말짓고, 당사자 사이의 분쟁을 조속히 처리할 요청에 따라 상법은 다음과 같은 특칙을 규정하고 있다. 즉 상행위의 대리는 본인을 위한 것임을 표시하지 아니하여도 유효한 것으로 하고(제48조), 청약의 구속력에 대하여 특별한 정함을 하며(제53조), 상인이 상시 거래를 행하는 자로부터 그 영업부류에 속한 계약의 청약을 받은 경우에 승낙여부의 통지의무를 지우고(제53조), 상사매매에 매도인의 공탁·경매권을 인정하며(제67조), 확정기매매의 경우 이행기의 도과에 의한 해제의제를 규정하고(제68조), 매수인의 검사·통지의무를 정하고 있다(제69조). 상행위로 인하여 생긴 채권 또는 운송주선인, 운송인 등의 채권 또는 채무에 대한 단기소멸시효(제64조·제121조·제146조·제147

조 · 제168조), 운송인 또는 창고업자 등의 책임에 대한 특별소멸사유(제146조 · 제168조), 상호계산제도(제72조)도 간이신속주의에 의한 것이다.

(3) 행위의 정형화

다수의 집단적이고 반복적으로 행하여진 일정한 유형의 상거래에 대하여서는 그 원활한 거래와 거래상대방의 보호를 위하여 상법은 일정한 거래의 틀을 마련하고 있다. 즉 주식 또는 사채의 청약은 정형적인 내용의 주식청약서 또는 사채청약서에 의하도록 하고(제302조 · 제474조), 보험계약 또는 용선(傭船)계약의 성립시 보험자의 보험증권교부의무, 운송인의 용선계약서교부의무가 지워져 있다(제640조 · 제829조).

(4) 공시주의와 외관주의

거래에 중요한 사항을 공시하여 기업과 거래를 행한 자가 예측하지 못한 손해를 입지 않도록 하는 것이 공시주의이고, 거래에서 외관과 진실이 일치하지 아니하는 경우 외관을 신뢰한 자를 보호하는 것이 외관주의이다. 이는 원활한 상거래를 위하여서는 필수적이고 그 요청은 날로 증대되고 있다.

공시주의에 관하여는 상업등기제도(제34조)를 규정하고, 주식회사에 대하여 대차대조표를 공고할 것을 요구하며(제449조), 정관, 주주명부, 사채원부, 주주총회와 이사회의 의사록, 재무제표와 영업보고서 그리고 감사보고서 등을 회사에 비치하여 주주와 회사채권자의 열람과 등사에 응하도록 하고 있다(제396조 · 제448조).

외관주의에 관하여는 부실의 등기에 대한 책임을 규정하고(제39조), 명의대여자, 자칭사원 또는 자기의 성명 또는 상호의 사용을 허락한 익명조합원에게 책임을 지우며(제24조 · 제215조 · 제281조 · 제81조), 표현지배인 또는 표현대표이사의 행위에 대한 영업주 또는 회사의 책임을 인정하고, 영업양도의 경우 양수인이 상호를 계속 사용하는 때 양도인의 채권자 · 채무자를 보호하며(제42조 · 제43조), 합명회사와 합자회사의 퇴사원에게 퇴사등기전의 회사채무에 대한 책임을 인정하고(제225조 · 제269조), 유사발기인에게 책임을 부과하고 있다(제327조).

(5) 기업의 책임의 가중

원활한 상거래를 위하여서는 직업적으로 영업활동을 하는 상인에게 엄중한 주의의무를 인정할 필요가 있다. 이에 상인이 그 영업부류에 속한 계약의 청약과 함께 물건을 수령한 때 또는 매도인이 매매의 목적물의 하자 또는 수량부족을 이유로 계약을 해제하거나 목적물의 상위 또는 수량초과물의 인도를 받은 경우에는 보관의무를 지고(제60조 · 제70조 · 제71조), 다수당사자의 채무에 대하여 연대채무를 인정하며(제57조), 공중접객업자가 객으로부터 수령한 물건에 대한 레셉툼(receptum)책임을 인정하고(제152조), 선박소유자에게 엄격한 감항능력담보책임을 지으며(제794조), 해상운송인의 책임을 경감하는 것을 금지하고 있다(제799조).

4) 기업의 유지강화

왕성한 기업활동은 국민경제의 발전에 필수불가결하다. 기업의 궁극적 목적인 이익의 극대화를 위하여서는 자본의 결집이 필요하고, 인적 요소로서의 노동력의 결합이 긴요하며, 기업의 영업활동 중 발생하는 손실위험의 분산 · 완화가 요청되고, 일단 성립한 기업에 대하여는 가능한 한 성장 · 발전하도록 할 필요가 있다. 따라서 상법은 이와 같은 목적에 봉사하기 위한 여러 규정을 두고 있다.

(1) 자본의 집중

상법은 각종 회사, 익명조합(제78조), 선박공유(제756조) 등의 제도를 둠과 함께, 다수의 비율적 단위인 주식(株式)과 공중으로부터의 기채(起債)의 방법인 사채(社債)를 인정하고 있다.

(2) 노력의 보충

상법은 상업사용인(제10조)과 대리상(제87조)외에, 중개인(제93조), 위탁매매인(제101조)의 제도를 두고 또한 합명회사(제178조 이하)를 인정한다.

(3) 위험의 분산

다수의 자로부터 자본의 집중을 도모하는 회사제도는 동시에 위험의 분산에도 이용되는 데, 출자자인 주주와 사원이 출자의 한도에서만 책임을 지는 주식회사와 유한회사에서는 특히 위험의 분산기능이 잘 발휘된다. 상법은 위험의 분산에 관하여는 이와 같은 회사제도 외에 보험(제638조 이하)과 공동해손(제867조 이하)과 같은 특수한 제도를 두고 있다.

(4) 기업의 해소방지

일단 성립한 기업에 대하여 상법은 그 독립성을 확보하고, 해체를 방지하기 위하여 배려하고 있다. 성립한 기업의 성장발전은 기업 자체를 위한 것일 뿐만 아니라, 사회 · 경제적인 관점에서부터 바람직한 일이기 때문이다.

기업의 독립성을 도모하기 위한 것으로서 상법활동의 중심인 장소로서의 영업소제도를 두고(제56조), 영업상의 명칭으로서 상호제도를 인정하며(제18조 이하), 영업상의 재산과 손익의 상황을 명백히 하기 위한 상업장부제도를 두고(제29조 이하), 또한 독립한 법인으로서 회사에 대한 상세한 규정을 두고 있다(제169조 이하). 기업의 해체를 방지하기 위하여 상법은 영업양도(제41조), 회사의 합병과 분할(제230조, 530조의 2 이하), 회사의 계속(제229조) 등의 제도를 두고 있다.

2. 상법의 경향

상법은 그 경향으로서 진보적 경향과 세계적 경향이 인정된다.

1) 상법의 진보적 경향

(1) 상법의 진보 · 발전성

기업은 영리를 목적으로 경제생활을 영위하고, 그 행동지침은 경제적 합리주의이다. 그리하여 기업생활관계는 경제의 발전에 따라 새로운 생활기술 경영의 발전에 따라 끊임없이 변화하고 있다. 따라서 기업관계의 수요를 충족시켜야 하는 상법도 이에 따라 진보・발전하여야 한다.

(2) 물권법 · 가족법과의 비교

상법은 역사・관습 등의 제약을 많이 받는 전통적・고정적 경향이 강한 친족법, 물권법과 대조된다.

(3) 채권법과의 비교

민법의 채권법의 규정은 일반추상적인 기본원칙으로 이루어지고, 비교적 포괄성이 풍부한데 비하여, 상법은 특수구체적인 규정으로 이루어지기 때문에, 경제관계가 변화하면 이에 따라 변화하지 않을 수 없다. 따라서 상법은 채권법에 비하여 보다 발전적・진보적이다.

(4) 주식회사법의 빈번한 개정

상법은 기술적 성격이 강하고, 법기술의 발전은 상법의 개정을 촉진하며, 특히 다수의 이해관계자의 이익조정을 위하여 원칙적으로 강행법인 주식회사법은 자본시장의 발전에 따라 복잡한 이해관계의 조정에 대응하여야 하므로 그 개정이 빈번해진다.

(5) 보통거래약관 · 상관습법의 기능

상법전을 자주 개정하는 것에는 한계가 있기 때문에 상법의 영역에서 보통거래약관과 끊임없이 형성되는 상관습법이 고정적인 제정법의 결함을 보충하여 현실생활의 수요를 충족시키고, 제정법개정의 기초로 활용되고 있다.

(6) 민법에의 흡수

상법은 그 자체 발전적 · 진보적일 뿐만 아니라, 상법의 영역에서 발달된 원칙이 민법에 흡수되어 일반사법의 원칙으로 되는 것도 있다.

2) 상법의 세계적 경향

상법은 기술적인 규정이 많고 경제적 합리성에 기초를 두는 규정이 많다. 즉 상법은 국가의 역사, 전통, 관습에 큰 영향을 받지 아니한다. 따라서 어느 나라에서 생긴 제도가 우월하다면, 비교적 용이하게 다른 국가에서 채용될 수 있다. 그리고 기업거래가 국경을 넘어 이루어지는 것이 보통인 현대에는 거래상의 불편을 제거하기 위하여 상법의 국제적 통일이 요청된다. 따라서 다른 나라의 상법의 계수, 국제적 표준약관의 형성, 국제적 통일협약에 의하여 각국의 상법은 접근하는 경향이 있다.

제 5 절 상법의 법원(法源)

상법의 법원이라 함은 실질적 의의의 상법의 존재를 인식하는 근거가 되는 자료를 말한다. 달리 말하면 이는 기업생활관계에 관한 법적 분쟁이 발생하는 경우 관계자의 합의없이 적용되어 법원(法院)이 근거로 삼을 수 있는 준칙이다. 구체적으로 상법의 법원(法源)에는 상사제정법, 상사조약, 상관습법, 상사자치법이 있다. 각각에 대하여 검토한 후에, 이러한 법원의 적용순위에 관하여 서술한다.

1. 상사제정법

가장 기본적인 법원인 상법과 상사특별법으로서 주식회사의 외부감사에 관한 법률, 은행법, 보험업법, 해운법, 자본시장과 금융투자업에 관한 법률, 회사정리법, 선박법 등이 있다.

기업에 관련된 법률관계는, 그 이해관계자가 많고 고도의 기술적인 내용으로 되어 있기 때문에 제정법에 의하여 명확히 정하는 것이 필요하다. 판례법국가인 미국법과 영국법에서도 기업에 관련된 법률관계에 대하여서는 성문법이 많은 것은 이에 유래한다.

문제로 되는 것은 민법도 상법의 법원으로 볼 것인가이다. 상법과 민법을 구별하는 이상 이를 부정하여야 한다는 견해도 있지만, 상법이 민법의 규정을 준용하고 있는 경우가 많고, 이론적으로 민법을 유추적용하여야 할 경우도 적지 않기 때문에 이를 인정하여야 할 것이다.

2. 상사조약

상사조약은 국가간의 상사에 관한 계약으로 상거래의 국제화에 따라 많이 체결되고 있다. 조약은 국회의 비준과 대통령의 공포에 의하여 국내법과 같은 효력을 가진다(헌법 제6조 제1항). 따라서 체약국에서의 국민 상호간의 관계를 직접 규율하는 상사조약은 국내법으로의 입법조치 없이도 직접적용가능한 조약으로 상사법원의 하나로 이해된다(예컨대 1929년의 국제항공운송의 일부규칙의 통일에 관한 와르소협약, 1955년의 와르소협약을 개정하기 위한 헤이그의정서).

이에 대하여 많은 조약은 국가상호간의 권리의무를 규정하는데 불과하고 이와 같은 경우 그 내용을 국가 대 사인, 사인 상호간에 미치도록 하기 위하여서는 국내법화라는 보완·구체화가 필요하다. 이와 같은 조약에 기하여 국내법이 제정되는 경우에는 법원이 되는 것은 구체화된 국내법이고, 국내법화되지 아니하는 한 조약 자체에 법원성은 인정되지 않는다. 가령 어음·수표에 관한 제네바 통일협약은 그대로 상법의 법원은 아니고, 어음법과 수표법이라는 별도로 제정된 법률에 의하여 상법의 법원으로 된다.

3. 상관습법

1) 상관습법의 의의

(1) 의의

상관습법이라 함은 상사의 관습법 즉, 관습의 형태로 존재하는 상사법규이다. 상관습법이 성립하려면 첫째, 관행이 존재하여야 한다. 즉, 기업과 관련된 생활관계에 관하여 장기간동안 동일한 행위가 반복되어 이에 관하여는 일반적으로 같은 행위가 행하여진다고 인정되어야 한다. 둘째, 상관행에 대한 법적 확신이 필요하다. 즉, 그것이 법규범이라고 일반인에게 의식될 정도에 이르러야 한다.

(2) 생성

기업에 관한 법률관계는 성문법이 중요한 의미를 가지고 있다. 그러나 제정법이 모든 사항을 규정할 수는 없다. 또한 제정법은 법적 안정성을 확보할 수 있지만, 그 반면 고정적이기 때문에 탄력적인 해결을 기대할 수 없는 결점이 있다. 특히 기업거래에서 상인은 효율성을 중시하고, 끊임없이 기술적인 진보가 이루어져, 전통적인 제도도 비합리적인 것은 시대의 변천과 함께 이용되지 않는 경향이 있다. 그 결과 법과 다른 실무적인 처리가 발생할 가능성이 있다. 또 기업활동은 반복적으로 행하여지는 경우가 많기 때문에 상관행이 형성되기 쉽다. 따라서 기업에 관한 법률관계에서 상관습법은 상법의 법원으로 다른 법률영역보다 중요한 역할을 담당한다.

(3) 기능

상관습법은 제정법이 규정하지 아니하는 틈을 메꾸어 주고, 제정법이 현실과 일치하지 아니하는 결함 등을 시정하는 역할을 하고 있다. 경우에 따라서는 제정법의 개정에 의하여 이 상관습법이 편입되어 조문화(條文化)된다.

(4) 판례

상관습법으로서 판례(대판 1991. 12. 10. 91다14123)로 인정된 예로는 해상운송물의 보증도(保證渡)를 들 수 있다.

판 례

대판 1991. 12. 10. 91다14123 …… 격지간의 상품운송에 있어서 해상운송인이나 운송대리점이 운송물의 인도를 청구하는 자로부터 후일 선하증권을 반환받을 약정 아래 선하증권과 상환하지 아니하고 신용장개설은행의 화물선취보증장과 상환으로 운송물을 인도하는 보증도는 국제해운업계에서 인정되는 세계적인 상관습이다.

2) 사실인 상관습과 상관습법

사실인 상관습은 단순한 관행으로서 법적 확신에 의하여 지지받지 못하는 점에서, 법적 확신에 의하여 지지를 받는 상관습법과 구별된다. 또한 상관습법은 지역적인 것이 아니라, 전국적인 것인 점에서 차이가 있다. 따라서 상관습법은 법규로서 법원이 되지만, 사실인 상관습은 의사해석의 자료가 됨에 불과하다.

3) 상관습법의 적용

상관습법의 존재는 법률문제이다. 상관습법은 제정법과 같이 소송에서 당사자가 그 존재와 그 내용을 스스로 입증할 책임을 지지 아니한다. 법관은 스스로 상관습법을 탐지하여 적용하게 된다. 따라서 당사자가 상관습법에 따른다는 의사를 가졌는지 여부를 묻지 아니하고 당사자는 이에 구속된다.

또한 상관습법에 위반하여 판결이 내려진 경우에는 법의 적용을 잘못한 것으로서 상고이유가 된다.

4. 상사자치법

1) 상사자치법의 법원성

상사자치법이라 함은 회사의 정관, 증권거래소의 업무규정, 어음교환소의 어음교환업무규약과 같이, 기업 등의 단체가 구성원과 내부자를 구속하는 것으로서 자주적으로 정하는 규칙을 말하고, 이는 상법의 법원에 포함된다고 해석된다. 이러한 규칙의 법적 구속력이 문제로 된다.

먼저 법률의 규칙제정권에 근거하여 제정되는 것에 대하여는, 법률에 그 근거가 있다는 것을 이유로 그 구속력이 일반적으로 인정된다. 정관에 대하여 상법은 정관의 작성을 요구하고(상법 제178조, 제269조, 제289조, 제543조), 경우에 따라서는 정관이 상법보다 우선적으로 적용됨을 정하고 있다(상법 제362조, 제416조 등).

2) 자치법규의 재출현

프랑스 혁명기에 동업조합 등 단체가 폐지되고 상품의 생산과 유통을 지배하던 단체의 자치법규가 금지되었다. 이는 상품소유자의 담합으로 영업의 자유가 침해될 것을 우려한 것이었다. 그러나 자치법규는 여전히 효용성을 발휘하였으므로 다양한 형태로 다시 출현하였다. 그러나 상사자치법규가 생산이나 유통을 과거와 같이 지배할 수 없다. 왜냐하면 입법자만이 영업의 자유를 제한하는 법규를 제정할 수 있기 때문이다. 그러나 현대사회에서는 단체를 프랑스혁명기와 같이 혐오하지 아니하기 때문에 단체의 역할은 증대하고 있다. 단체의 규칙이 유효하기 위하여서는 법률에 의하여 규칙제정 권한이 부여되어 있어야 한다.

5. 보통거래약관

1) 보통거래약관의 의의와 경제적 기능

(1) 의의

보통거래약관이라 함은 "계약의 일방당사자가 다수의 상대방과 계약을 체결하기 위하여 일정한 형식에 의하여 미리 마련한 계약조항"을 말한다. 보통보험약관, 은행예금약관, 화물운송약관, 할부판매약관, 방문판매약관 등이 그 예이다.

(2) 경제적 기능

보통거래약관은 같은 종류, 형식의 대량거래를 합리적으로 처리하기 위하여 이용되는 것으로 기업으로서는 계약조건을 일일이 교섭하지 아니하여도 되기 때문에 집단거래에 편리하다. 거래의 상대방으로서도 교섭력의 부족으로 인한 불리한 취급을 받지 아니하고 평등한 거래를 확보할 수 있다는 이점이 있다.

그러나 경제적으로 우위에 있는 기업이 일방적으로 정하고, 또 기업측에게 일방적으로 유리한 내용을 약관에 삽입한 경우에도 거래의 상대방이 이에 당연히 구속되는가가 문제로 되고, 불공정한 약관을 무제한적으로 사용하는 것을 규제하여 소비자를 보호할 필요가 있다.

2) 보통거래약관의 구속력

(1) 학설

약관의 구속력에 관하여는 종래부터 많은 학설이 전개되어 왔다.

① 의사설

약관이 계약당사자에 대하여 구속력을 가지는 것은 계약당사자가 약관의 내용에 따라 계약을 체결하기로 합의하였기 때문이라고 한다. 대다수 민법학자와 다수의 상법학자(정찬형, 44면 ; 이범찬·최준선, 43면 ; 임홍근, 198면 ; 채이식, 22면 ; 이철송, 40면; 안강현, 32면; 김홍기, 18면)의 입장이다. 이 견해에 대하여는 당사자의 주관적 사정에 의하여 계약의 효력을 좌우하는 것이 되어 불합리한 결과로 된다는 비판이 있다.

② 자치법설

약관을 정관과 같은 자치법규의 일종으로 보는 견해도 있다. 이 견해에 대하여는 보통거래약관은 기업의 우월적인 경제적인 힘에 의하여 사실상 이용되는 것에 불과하다는 점에서 이것을 자치법규로 인정하여 일반적 적용을 인정하는 것에는 비판이 있다.

③ 규범설

보험약관과 같이 특수한 거래에 이용되는 약관은 그 자체가 법규범 또는 법규범적 성질을 가지기 때문에 당사자를 구속한다고 본다(양승규·박길준, 45면).

④ 백지관습설

특정거래에 대하여는 '약관에 의한다'라는 것을 내용으로 하는 상관습법 내지 상관습이 성립되어 있다고 생각하는 입장이다(최기원, 35면 ; 서돈각·정완용, 45면 ; 강위두, 41면). 이 경우 약관의 규정 자체가 상관습법 내지 상관습으로 되는 것은 아니라고 해석한다. 이 견해에 따르면 약관이 전면 개정된 직후에도 당사자가 약관에 구속되는 것을 설명할 수 있게 된다.

(2) 판례

대법원은 의사설을 취한다.

판례

> 대판 1985.11.26. 84다카2543 …… 1981년에 자동차안전보험약관이 자동차대인정액보상약관으로 개정되었는데, 영업용택시의 운행으로 인한 인적손해배상책임을 담보하기 위하여 자동차안전보험계약을 체결하였던 원고가 1981.6.17. 보험계약을 갱신할 때, 피고인 보험회사의 대리점은 개정된 보험계약의 내용을 알려주지 아니하고 종래의 안전보험약관이 정액보험약관으로 명칭만 바뀌었다고 말하였다. 1981.7.28. 원고는 과실로 병을 치어 다치게 하였다. 원고는 종래 약관대로 보험금의 지급을 청구하였지만, 보험회사는 새로운 약관에 의한 보상책임을 주장하였다. 대법원은 보통보험약관이 계약당사자에 대하여 구속력을 갖는 것은 그 자체가 법규범 또는 법규범적 성질을 가진 약관이기 때문이 아니라 보험계약당사자 사이에서 계약내용에 포함시키기로 합의하였기 때문이라고 볼 것인바, 일반적으로 당사자 사이에서 보통보험약관을 계약내용에 포함시킨 보험계약서가 작성된 경우에는 계약자가 그 보험약관의 내용을 알지 못하는 경우에도 그 약관의 구속력을 배제할 수 없는 것이 원칙이나 다만 당사자 사이에서 명시적으로 약관에 관하여 달리 정한 경우에는 위 약관의 구속력은 배제된다고 판시하였다.

(3) 결어

일반약관의 경우에는 약관의 내용에 따라 계약을 체결하기로 한 당사자의 의사에 근거를 두는 의사설의 입장을 취하지만, 보험약관에 대하여는 위험단체를 전제로 하는 보험계약의 성격상 약관이 보험거래에서 규범으로서 기능하고 있다고 보아 규범설이 타당하다.

3) 보통거래약관의 규제

(1) 보통거래약관의 규제

약관은 경제적 우위에 있는 사업자가 미리 작성하는 것이므로 자기에게 일방적으로 유리하고 고객에게 불리한 면책조항 또는 해지조항 등을 삽입하여 고객에게 손해를 입히기 쉽고, 고객은 이러한 조항을 간과하기 쉬우며, 알았다고 하더라도 개별적으로 수정하기가 쉽지 않다. 따라서 사업자가 약관을 무제한적으로 사용하는 것을 제한할 필요가 있고, 그 내용을 어떻게 공정하게 하는가가 더욱 중요하며, 약관에 대한 국가적인 규제가 필요하다.

(2) 입법적 규제

국회가 법률을 제정하여 약관을 규제하는 것을 말한다. 사업자와 고객 사이에 사용되는 모든 종류의 부당한 약관을 규제하는 일반법은 약관규제에 관한 법률이고, 특정한 거래분야의 약관으로서 할부판매와 방문판매에 관하여는 할부거래에 관한 법률, 방문판매 등에 관한 법률이 규제한다. 또한 상법 제663조는 보험계약자 등에게 불이익한 보험약관을 무효로 한다.

(3) 행정적 규제

행정부가 약관의 내용이 타당한가 여부에 관하여 실질적인 판단을 하는 것으로, 행정관청에 의한 약관의 인가와 공정거래위원회에 의한 약관심사가 이에 해당한다.

① 행정관청에의 약관의 신고·인가

약관의 작성·시행에 있어서 또는 약관규정사항 중에서 운임과 요금 등에 관하여 감독관청에의 신고 또는 인가를 요하는 경우가 있다. 화물자동차운송약관의 국토부장관에의 신고(화물자동차운수사업법 제7조), 여객운송사업자는 건교부장관 또는 시·도지사가 정하는 기준 및 요율의 범위 안에서 운임 또는 요금을 정하여 건교부장관 또는 시·도지사에게 신고할 것(여객자동차운수사업법 제9조), 정기항공운송사업자의 항공운임과 요금의 국토부장관에의 신고 또는 인가(항공법 제117조), 도시가스사업자는 가스의 요금의 변경 등에 지식경제부장관 또는 시·도지사의 승인을 얻을 것(도시가스사업법 제20조), 보험사업의 허가를 금융위원회로부터 받고자 할 때에는 그 신청을 위한 기초서류로서 보험약관을 첨부하고 보험약관의 변경에도 금감위의 인가가 요구되는 것(보험업법 제5조, 제7조) 등이 그것이다. 다만 주무장관의 인가와 약관의 사법상의 효력은 별개의 문제이고 인가를 받지 않았다고 하여 약관이 사법상 무효인 것은 아니다.

② 공정거래위원회의 약관규제

사업자가 부당한 약관을 사용하는 경우에는 공정거래위원회는 다음과 같은 조치를 할 수 있다.

(가) **시정명령** 사업자가 우월적 지위를 갖고 있음에도 불구하고 불공정한 약관을 사용하는 경우에는 그 사업자에 대하여 당해 약관조항의 삭제, 수정 등 시정명령을 할 수 있고, 이 명령은 강제력을 가진다(약관규제법 제17조의 2 제2항, 제32조).

(나) **시정권고** 사업자가 우월적 지위를 갖지 않는 경우에도 그 사업자에게 당해 약관조항의 삭제, 수정 등 시정권고를 할 수 있고(동법 제17조의 2 제1항), 이는 강제적 효력이 없다.

(다) **시정요청** 행정관청이 직접 작성하거나 인가한 약관이 불공정한 경우에는 사업자가 아닌 행정관청에 대하여 시정요청을 할 수 있는데(동법 제18조 제1항 전단), 이는 강제적 효력이 없지만, 은행약관 등 금융기관의 약관에 대하여서는 그 시정에 필요한 조치를 취하도록 권고할 수 있다(동항 후단)

(4) 사법적 규제

약관에 대한 분쟁이 발생하여 법원에 소송이 제기된 경우에 법원

(法院)은 부당한 약관조항으로부터 거래의 상대방을 보호하기 위하여 당해 조항의 효력을 부인하고 제한적 해석을 할 수 있다.

4) 보통거래약관의 해석

(1) 해석의 원칙

약관의 해석이라 함은 약관조항을 여러 해석원칙에 따라 당해 계약에 적용하여 당사자의 권리의무를 정하는 것으로 이에는 약관의 특성상 일반적인 법률행위의 해석과 다른 원칙이 인정된다.

(2) 신의성실의 원칙

우리 민법은 법률행위의 해석에 있어서 신의성실의 원칙을 정하고 있지 아니한다. 그러나 법률행위의 해석에 있어서 여러 표준 내지 기준에 의하여 확정할 수 없는 경우에는 신의성실의 원칙 또는 조리에 의하여야 함은 당연하다. 이에 따라 약관규제법은 약관은 신의성실의 원칙에 따라 공정하게 해석되어야 한다고 규정한다(동법 제5조 제1항).

(3) 객관적 해석의 원칙

보통거래약관은 특정한 상대방과의 1회의 계약의 내용을 정하는 것이 아니고, 집단적 반복적으로 행하여지는 다수의 계약을 처리하기 위한 것이므로 개개의 경우에 있어서 당사자의 의사나 구체적 사정을 고려함이 없이 객관적인 표준에 따라서 해석되어야 한다. 약관규제법은 고객에 따라 다르게 해석되어서는 아니된다(동법 제5조 제1항 후단)고 규정한다.

판례

> 대판 1998.10.23. 98다20752 ……보통거래약관의 내용은 개개 계약체결자의 의사나 구체적인 사정을 고려함이 없이 평균적 고객의 이해가능성을 기준으로 하여 객관적, 획일적으로 해석하여야 하고, 고객보호의 측면에서 약관 내용이 명백하지 못하거나 의심스러운 때에는 고객에게 유리하게, 약관작성자에게 불리하게 제한 해석하여야 한다.

(4) 작성자 불이익의 원칙

약관의 뜻이 명백하지 아니한 경우에는 고객에게 유리하게 해석되어야 한다는 원칙이다(동법 제5조 제2항). 이는 로마법에서부터 내려오는 것으로 명확하게 해석되지 아니하는 조항이 있는 경우에는 불명확한 조항을 작성하는데 원인을 제공한 자가 위험을 부담하여야 한다는 것이다.

5) 불공정약관조항의 통제

(1) 의의

불공정약관조항의 통제라 함은 약관조항의 내용이 고객에게 부당한 불이익을 주고 있는가를 심사하여 그 조항의 효력유무를 결정하는 것이다. 약관규제법은 일반원칙으로서 신의성실의 원칙에 반하여 공정을 잃은 약관조항이 무효임을 규정한 후(동법 제6조), 개별적·구체적으로 무효로 되는 중요한 사항을 예시하여 규정하고 있다(동법 제7조-제14조).

(2) 신의성실의 원칙

신의성실의 원칙에 반하여 공정을 잃은 약관조항은 무효이다(동법 제6조 제1항). 따라서 사업자는 약관의 작성시 자신의 이익만이 아니라 고객의 이익도 고려하여야 한다. 다만 이 원칙은 일반조항이므로 이를 구체화하여 ① 고객에게 부당하게 불리한 조항, ② 고객이 계약의 거래형태 등 제반사정에 비추어 예상하기 어려운 조항, ③ 계약의 목적을 달성할 수 없을 정도로 계약에 따르는 본질적 권리를 제한하는 조항은 불공정조항으로 추정되어(동법 제6조 제2항) 이러한 조항이 있는 경우 불공정하지 않다는 입증책임은 '사업자'가 진다.

(3) 면책조항

법률에 규정된 사업자의 책임을 배제·제한하는 조항은 무효이다(동법 제7조). ① 사업자 본인, 이행보조자 등의 고의·중과실에 의한 법률상 책임의 배제조항, ② 손해배상범위의 제한 조항 또는 사업자가 부담할 위험의 고객에의 이전조항, ③ 담보책임의 조항이 이에 속한다.

(4) 손해배상액의 예정조항

고객에게 부당하게 과중한 지연손해금 등의 손해배상의무를 부담시키는 조항은 무효이다(동법 제8조).

(5) 계약의 해제·해지

계약의 해제 및 해지와 관련하여 고객의 권리를 침해하는 조항은 무효이다(동법 제9조). ① 고객의 법률상의 해제권·해지권 제한조항, ② 사업자의 해제권·해지권 확대조항, ③ 고객의 원상회복의무의 가중과 사업자의 원상회복의무의 경감, ④ 계속적 채권관계에서의 불이익 등이 이에 속한다.

판례

대판 1998.8.21. 98다208062 ······대리점 계약서 중 "이 계약의 효력은 계약 성립일로부터 향후 1년간 지속된다. 계약기간 만료일에 계약 갱신의 통지가 없는 때에는 1년간씩 계속 연장된 것으로 하며 연대보증인의 책임도 이에 준한다"고 되어 있는 조항은 계약기간 종료시 이의통지 등에 의해 보증인의 지위에서 벗어날 수 있다는 규정이 없고, 새로운 계약기간을 정하여 계약갱신의 통지를 하거나 그것이 없으면 자동적으로 1년 단위로 계약기간이 연장되도록 규정하고 있을 뿐이므로 무효이다.

(6) 채무의 이행

사업자가 자기의 채무이행과 관련하여 일방적으로 급부내용을 결정·변경·중지·제3자에게 대행하도록 하는 조항은 무효이다(동법 제10조).

(7) 고객의 권익보호

고객의 항변권을 제한하는 등 고객이 직접 그 계약에서 취득하거나 그 계약 외에서 누릴 수 있는 권리를 제한하는 조항은 무효이다(동법 제11조).

(8) 의사표시의 의제

고객의 의사표시의 형식 등에 관하여 부당하게 제한하는 등 고객의 부작위 등에 대한 의사표시의 의제, 사업자의 부당한 의사표시의 도달의제 등과 관련하여 사업자에게 일방적으로 유리한 조항은 무효이다(동법 제12조).

(9) 대리인의 책임가중

고객의 대리인에 의하여 계약이 체결된 경우 사업자가 약관에 의하여 고객의 대리인에게 책임을 지우는 조항은 무효이다(동법 제13조).

(10) 소송상 권리의 제한

'고객'에게 입증책임을 부담시키는 등 고객의 소송상 권리구제를 제한하는 조항은 무효이다(동법 제14조).

6. 법원(法源)의 적용순위

1) 상사법원(商事法源)의 적용순위

상법 제1조에 따르면 상사에 관하여는 상법, 상관습법, 민법의 순서로 적용된다. 여기서 '상사에 관하여'는 "기업에 관련된 생활관계에 관하여는"이라는 의미이다.

2) 상법과 상관습법

상사에 관하여 상법에 규정이 없으면 상관습법에 의한다(상법 제1조). 이 규정에 대하여서는 견해가 나뉜다.

(1) **보충적 효력설**(서돈각 · 정완용, 50면 ; 정찬형, 48면)

제정법우선주의의 당연한 결과로서 상관습법의 상법에 대한 보충적 효력을 인정한 것이라고 본다.

(2) **변경적 효력설**(최기원, 45면 ; 임홍근, 38면 ; 정동윤, 63면 ; 안강현, 37면))

고정적인 성문법주의의 예외를 인정하여 합리적이고 진보적인 상관습법의 변경적 효력을 인정한다.

(3) 결어

상관습법은 진보적이고 기업거래의 진전에 수반하여 합리적인 상관습이 생기게 된다. 반면 제정법은 고정적이다. 따라서 상법 중에는 처음부터 상인의 합리적인 관행을 배려하지 아니하여 사문화되거나, 현실의 기업거래에 적합하지 아니하여 그 규정의 가치가 상실한 경우도 생기게 된다. 이 경우에는 예외적이지만 상법의 강행규정이 있으면서도 상관습법이 우선하는 경우도 있을 수 있다고 본다.

3) 상관습법과 민법

상관습법이 없으면 민법에 의한다(상법 제1조). 상관습법이 민법에 우선하는 근거에 대하여서는 견해가 나뉜다.

(1) **특별법적 성격에 근거하는 견해**(김성태, 127면)

상관습법이 상사에 관한 관습법으로서 제정법인 민법에 대하여 특별법적인 지위에 있기 때문이라고 해석한다.

(2) 변경적 효력에 근거하는 견해(정찬형, 48면 ; 최기원, 45면 ; 서돈각 · 정완용, 49면 ; 임홍근, 38면 ; 이균성, 23면)

성문법우선주의에 대한 예외로서 관습법이 성문법에 우선하는 변경적 효력을 인정한 것이라고 해석한다.

(3) 결어

상관습법은 기업의 합리적 정신에서부터 생긴 것이고, 또한 기업생활에 적합한 것으로서, 널리 일반사인을 대상으로 하는 민법에 비하여 합리적인 것으로서 민법에 우선하여 적용된다는 점에서 후자가 타당하다.

제6절 상법의 효력

1. 상법의 시간에 관한 효력

법률의 시간에 관한 효력은 신법이 구법에 우선하여 신법과 구법이 충돌하는 경우에는 신법이 우선하는 것이 원칙이다. 그러나 기득권의 존중, 법적 안전성 등을 고려하여 구법에서 발생한 권리·의무는 신법에 영향을 받지 아니하는 것이 원칙이다(법률 불소급의 원칙). 또한 특별법은 일반법에 우선하므로 일반신법은 특별구법(特別舊法)을 변경하지 못한다.

2. 상법의 장소에 관한 효력

상법은 원칙적으로 전 한국영토에서 적용된다. 그러나 외국에서 한국인이 행한 국제거래에 관하여서는 국제사법의 규정에 따라 상법이 적용될 수 있다(국제사법 9조).

3. 상법의 사람에 관한 효력

상법은 모든 한국인에게 적용된다. 그러나 소상인에게는 상법의 일정한 규정이 적용되지 아니한다(상법 제9조).

한국에서 행한 외국인간의 거래, 외국에서 행한 한국인과 외국인간의 거래에도 국제사법의 규정에 따라 상법이 적용될 수 있다(국제사법 13조).

반대로 한국에서 행한 한국인간의 거래에도 외국법준거조항에 따라 외국법이 적용될 수 있다(대판 1991. 5. 14. 90다카25314 ; 대판 1998.7.14. 96다39707).

외국회사가 한국에서 영업을 하고자 하는 경우 상법 기타 특별법의 규정에 따라 감독을 받으며(상법 제614조-제620조 ; 보험업법 제82조), 외국에서 설립된 회사라도 한국에 지점을 설치하거나 한국에서 영업할 것을 목적으로 설립된 외국회사는 상법의 감독을 받는다(상법 제617조).

4. 상법의 사항에 관한 효력

상법은 상행위에 효력이 미친다. 당사자중 1인의 행위가 상행위인 일방적 상행위에 대하여는 상인과 비상인을 분리하여 민법 또는 상법을 개별적으로 적용하는 것은 불가능하여 전원에게 상법이 적용되고(상법 제3조), 공법인의 상행위에 대하여는 법령에 다른 규정이 없는 경우에 한하여 상법이 적용된다(상법 제2조).

제2장 상법의 기본개념 : 상인과 상행위

제1절 상법의 적용범위

1. 상인과 상행위 개념의 결정

상법은 상인이 하는 상행위를 규제한다. 상인과 상행위의 관계에 대하여서는 상인은 그가 행한 행위의 성질에 의하여 식별되고 그 행위의 성질은 그것을 행한 상인의 자격에 따르므로 양자는 순환논법의 관계에 있다고 할 수 있다. 양자의 개념은 국가마다 다르고 입법주의로는 실질주의, 형식주의, 절충주의가 있다. 역사적으로는 상법이 중세의 상인길드를 규제하는 법이었을 때에는 형식주의이었다가, 직업선택의 자유가 인정되는 근대에 이르러 실질주의로 변천하였으며, 근래에는 다시 등기나 영업시설을 기준으로 상인을 먼저 결정하는 형식주의의 입장으로 회귀하고 있다.

2. 입법주의

1) 실질주의(객관주의)

실질주의는 행위의 종류나 내용을 실질적으로 고찰하여 특정한 종류 또는 일정한 내용의 행위를 하는 자를 상인이라고 본다. 상인 개념을 정하기 위하여 행위유형에 따라 상행위의 개념을 먼저 정한다. 이의 장점은 상법의 적용범위와 한계가 명확한 것이고, 단점은 상행위의 종류가 고정되므로 상법이 변화하는 상거래를 포괄적으로 규제하지 못한다는 것이다. 현재 엄격히 이 방식을 취한 입법례는 없다.

2) 형식주의(주관주의)

영업의 형식이나 방식을 기준으로 먼저 상인을 정하고, 상인이 하는 영업상의 행위를 상행위로 파악한다. 이의 장점은 상법이 변화하는 상거래를 탄력적으로 규제할 수 있는 것이고, 단점은 물적 시설 또는 영업방식의 규모, 태양에 따라 상인을 정하는 경우 그 기준이 명확하지 아니하여 상법의 적용범위가 분명하지 아니하다는 것이다. 1907년의 도이취신상법과 1936년의 스위스채무법이 이 입법례를 취하고 있다.

3) 절충주의

이것은 어떠한 종류의 행위는 누가 하여도 상행위로 인정하고, 다른 종류의 행위는 영업으로 하는 경우에 한하여 상행위로 보아, 이 상행위를 하는 자를 상인으로 하는 입장이다. 이 입법주의를 취한 예는 일본과 프랑스 등 매우 많다.

3. 우리 상법의 입장

우리 상법은 제한적으로 열거된 행위를 영업으로 하는 자를 상인으로 하고(상법 제4조, 제46조), 또 그 행위를 하지 아니하여도 상인으로 보는 의제상인을 인정하며(상법 제5조), 상인이 영업을 위하여 하는 행위를 상행위로 보아(상법 제47조), 상인개념에서 상행위개념이 결정되는 경우도 인정된다. 따라서 우리 상법은 주관주의의 입장을 기초로 객관주의의 입장을 절충한 수정된 절충주의를 취하고 있다고 해석한다.

제2절 상 인

1. 상인의 정의

상법은 제4조와 제5조에서 상인을 정의하고 있다. 제4조는 자기명의로 상행위를 하는 자를 상인으로 한다. 이 경우에 상행위는 제46조에 의하여 결정된다. 이 상인을 당연상인(當然商人)이라고 한다. 또 제5조는 상행위를 한다라는 요건에 해당하는 자는 아니지만, 특히 상인으로 본다고 규정하고 있는데, 이 상인을 의제상인(擬制商人)이라고 한다.

의제상인은 기업형태와 경영형식으로 상인을 정하는 것으로, 고정된 상행위개념만으로 상인을 정하는 한계에 대처하기 위한 것이다. 그러나 양자 모두 상법의 적용에 있어서는 차별 없이 상인으로 취급된다.

2. 당연상인

자기명의로 상행위를 하는 자이다(상법 제4조).

1) 자기명의로 하는 자이다.

자기명의로 한다는 것은 영업으로부터 발생하는 법률효과 즉, 영업에 의하여 발생하는 권리·의무의 귀속주체가 자기가 된다는 의미이다. 가령 친권자가 미성년인 子를 위하여 또는 지배인이 영업주를 위하여 영업을 대리하는 경우에는 상인이 되는 자는 미성년자 또는 영업주이고, 친권자와 지배인이 상인이 되는 것이 아니다. 또한 주식회사의 대표이사가 회사를 위하여 상행위를 한 경우에는 그 행위의 귀속주체는 회사이지 대표이사는 아니다. 이 경우에는 대표이사가 상인으로 되는 것은 아니고, 회사가 상인으로 된다.

그리고 당해행위에 의한 영업상의 손익(계산)이 누구에게 귀속하는가와는 상관이 없다. 예컨대 부(夫)가 처(妻)의 재산을 사용하여 영업을 하고, 이 손익이 처에게 귀속하는 경우에도, 법률상의 권리의무의 귀속주체가 부이라면 부가 상인이다.

또한 행정청에 대한 신고(공중접객업자의 관할 관청에의 신고, 국세청에의 납세신고)를 누구의 명의로 하는가와도 상관없다. 예컨대 관청에 대한 신고가 처(妻)의 명의로 되어 있어도 실제로는 부(夫)가 권리의무의 주체로 거래를 하고 있는 경우에는 부가 상인이고 처는 상인이 아니다.

2) 영업으로 상행위를 하는 자이다.

여기에서 상행위는 상법 제46조에서 규정하는 기본적 상행위와 특별법에서 정한 상행위를 의미한다. 또 이것은 영업으로 하는 것에 국한된다(상법 제46조). 상인이 이익을 얻기 위한 목적으로 같은 종류의 행위를 반복·계속적으로 직업상 하는 경우에 당연상인이 된다.

(1) 영리의 목적이 있어야 한다.

영리라 함은 상법 제169조의 영리, 즉 구성원에게 이익을 분배한다는 것을 내용으로 하는 것은 아니고, 수지를 맞춘다는 의도가 있으면 충분하다. 수입과 지출의 차액으로 이익을 얻는 것을 목적으로 할 필요는 없다. 또한 결과적으로 이익을 올리지 아니하였어도 된다. 영리목적이 주목적이 아니고, 다른 목적(공익적·정치적·종교적 목적 등)이 함께 존재하여도 상관없다. 따라서 공법인이어도 영리성이 있으면 상인성이 부정되지 아니한다(상법 제2조).

영업의 외관이 있더라도 개인적인 이익을 얻을 것을 목적으로 하지 아니하고 거의 모두가 자선을 목적으로 사업에 종사하는 자는 상인이 아니다. 예컨대 자선 목적으로 공연 또는 스포츠시합을 주선하는 자는 상인이 아니다.

또 의사, 변호사, 화가 등 자유직업인이 행하는 사업에 대하여 영리성이 있는가에 대하여는 논의가 많다. 확실히 주관적으로는 수익을 얻을 것을 목적으로 하는 경우도 있을 것이지만, 이 직업이 본래 전문적 기술과 지식을 요하는 개성적 특징을 가진다는 점에서 이러한 자유직업인에 대하여는 일반적으로 영리목적으로 행한다고 할 수 없다.

(2) 집단적·계획적으로 같은 종류의 행위를 할 것을 의미한다.

즉, 가끔 어떠한 상행위를 하는 것으로는 충분하지 아니하고, 계속·반복적으로 동종의 상행위를 행할 필요가 있다. 처음으로 행위를 하는 경우에는 반복성이 없지만, 이 경우에도 거기에 계획성이 있으면 반복하지 아니하여도 이 요건이 충족된다. 그 기간의 장단도 묻지 아니하며 가령 박람회나 해수욕장에서 한정된 기간동안 매점을 운영하여도 된다.

그리고 동종의 행위를 계속·반복적으로 행한다라는 의사가 객관적으로 인식할 수 있어야 한다. 상인자격의 유무는 일반공중의 이해관계와 중대한 영향이 있기 때문이다. 따라서 몰래 하는 증권투기, 몰래 숨어 골동품을 매매하는 자는 상인이 아니다.

이와 같은 의도로 계획적으로 행위를 하는 이상 많은 행위가 반복하여 행위한 때에 상행위가 되는 것이 아니라 직업적으로 처음 행위를 한 때에 상행위가 되는 것이라고 해석한다.

3. 의제상인(擬制商人)

1) 의제상인의 의의와 인정이유

의제상인은 상인적 설비와 상인적 방법에 의하여 영업을 하여 상인자격을 취득하는 상인이다. 당연상인의 개념의 전제가 되는 기본적 상행위는 상법상 제한적으로 열거되어 있기 때문에 이에 해당하지 아니하는 영업에 대하여서는 상행위성을 부정하고 그러한 자는 상인이 아니라고 하여 상법의 적용을 배제하면 상법은 발전하는 기업적 생활관계에 충분히 대응하지 못하게 된다. 또한 원시산업이라고 불리는 농업, 임업, 어업 등은 광업을 제외하고는(상법 제46조 제18호), 아무리 경영규모가 크더라도 당연상인은 아니다. 따라서 상법은 경영형태와 기업설비에 따라 상인을 인정하여 상인개념을 확대하고 있다. 이것은 상행위개념에서 상인개념을 도출하기 어려움을 나타내고 있다고 할 수 있다.

의제상인에는 설비상인(設備商人)과 민사회사(民事會社)가 있다.

2) 설비상인(設備商人)

(1) 의의

점포 기타 유사한 설비에 의하여 상인적 방법으로 영업을 하는 자는 상행위를 하지 아니하더라도 상인으로 보는데(상법 제5조 제1항), 이 자가 설비상인이다.

(2) 요건

점포 등의 설비를 갖추고 상인적 방법으로 영업을 하여야 한다.

① 상인적 설비

"점포 기타 유사한 설비"라 함은 계속적 거래를 위하여 공중에 대하여 개설되어 있는 장소적 설비를 의미한다. 따라서 행상(行商)은 제외된다.

② 상인적 방법

"상인적 방법"이라 함은 이윤의 획득을 위하여 인적 조직(예컨대 상업사용인 등)·물적 시설(상업장부, 팩시밀리, 매장의 정리등) 등을 체계적으로 활용하는 것을 말한다. 상인적 방법의 구비여부는 사회통념에 따라서 객관적으로 정한다.

(3) 입법론

설비상인인지 여부를 판정하기 위한 "상인적 설비", "상인적 방법"의 개념은 그 한계가 명백한 것이 아니므로 등기에 의한 공시방법을 강제하는 것이 거래의 안전을 위하여 바람직하며 이와 같은 입법이 요망된다.

〈프랑스의 경우〉

프랑스에서는 상인의 등기를 강제하고 있다. 다만 이 등기에 행정청의 실질적 심사권이 없으므로 상인자격을 인정받기 위하여서는 등기된 상인이라도 시설 등에 의한 입증이 요구된다.

3) 민사회사(民事會社)

민사회사란 상행위 이외의 행위를 기업목적으로 하는 회사이다(상법 제5조 제2항). 민사회사의 예로는 수산업·양계업·사금채취업·소금제조업 등이 들어진다. 그러나 상법은 회사를 상행위 기타 영리를 목적으로 설립된 사단법인(상법 제169조·제171조)이라고 규정하여, 기본적 상행위 이외의 영업을 하는 회사도 상사회사로 인정하므로 양자의 구별실익은 없다. 민사회사의 상행위는 준상행위(상법 제66조)가 된다.

4. 소상인

1) 소상인의 의의

소상인은 자본금액이 1,000만원에 미달하는 상인으로서 회사가 아닌 자이다(상법 제9조, 상법의 일부규정의 시행에 관한 규정 제2조). 여기서 자본금액은 상법 제451조의 자본금액을 말하는 것이 아니라 실제의 영업자금과 영업재산의 현재가격을 말한다고 해석한다. 또 회사도 최저자본금액을 법정하고 있는 유한회사(1,000만원)와 주식회사(5,000만원)가 아닌 합명회사와 합자회사는 자본금액이 1,000만원 미만일 수 있지만, 상법은 이에 대하여 회사의 영업조직의 특질을 고려하여 상인성을 인정하고 있고 따라서 상법이 전면적으로 적용된다.

2) 일부규정의 적용배제

상법 제4조는 영업으로 하는 상행위의 실질에 따라 주로 상인을 결정한다. 그 결과 매우 소규모인 자까지도 상법의 규제아래 놓이게 된다. 그러나 상법의 규정 중에는 규모가 작은 자에게까지 적용하는 것이 적당하지 아니한 제도가 있다. 예컨대 상업장부에 관한 규정을 이와 같은 소상인에게까지 지키도록 하는 것은 번잡한 수고를 요구하여 가혹하고, 상업등기제도를 이와 같은 상인에게 적용하는 것은 과중한 부담을 지울 뿐이며, 이와 같은 상인이 사용하는 상호를 보호한다면 다른 상인의 상호사용을 방해하게 된다. 따라서 상법은 지배인, 상호, 상업장부와 상업등기에 관한 규정은 소상인에게 적용하지 아니하는 것으로 하고 있다(제9조).

(1) 지배인

소상인은 지배인을 선임하거나 등기할 수 없다. 소상인이 지배인과 같은 포괄적 대리권을 가진 상업사용인을 선임할 수는 있지만, 이 자에게는 상법상의 포괄성과 정형성을 가지는 대리권이 인정되지 아니한다.

(2) 상호

소상인도 자유롭게 상호를 선정하여 사용할 수 있지만 상법상 상호를 등기하거나 상호권자로 보호받지 못한다. 상호에 관한 규정의 적용을 제외한 이유는 소상인이 상호를 독점적으로 사용하여 다른 상인의 상호선정에 방해가 되는 것을 방지하기 위함이다. 따라서 상호에 관한 규정이 적용되지 아니한다고 하여 소상인이 다른 상인의 상호를 침해하여도 좋다는 의미는 아니다. 그러므로 소상인이 회사가 아니면서 회사라는 명칭을 상호로 사용할 수 없고(상법 제20조), 부정한 목적으로 타인의 영업으로 오인할 수 있는 상호를 사용한 경우에는 그 폐지와 손해배상의 청구를 받고(상법 제23조), 상호를 대신하여 소상인이 영업주로 오인하여 거래한 자에 대하여 책임을 진다(상법 제24조).

(3) 상업장부

소상인은 상업장부의 작성・보관・제출의무가 없다.

(4) 상업등기

소상인은 상업등기를 할 필요나 권리가 없다. 따라서 소상인이 상업등기를 하였다고 하더라도 상업등기의 효력을 주장할 수 없고 등기를 하지 아니하였다고 하여 불이익을 받지 아니한다.

5. 영업의 의의

상인의 영업에는 2가지 의미가 있다.

1) 주관적 의미의 영업

영업은 주관적으로는 영리행위를 계속적·반복적으로 행하는 것을 말한다. 이것은 상법상 상인자격을 취득하게 하는 요소로서의 영업이다. 즉, 사람의 행위의 태양으로서의 영업이다. 자연인은 기본적 상행위(상법 제46조)를 영업으로 함으로써 상인이 된다(상법 제4조). 이와 같이 상인의 인격과 직결되어 있는 주관적 측면의 영업을 주관적 의미의 영업이라고 한다.

2) 객관적 의미의 영업

이것은 상인이 주관적 의미의 영업을 행하기 위하여 그리고 행하는 과정에서 형성된 개개의 재산과 무형의 사실관계로 이루어지는 객관적 조직으로서의 영업이다. 이 의미의 영업은 영업양도의 대상과 관련하여 그리고 영업의 임대차 기타 객체와 관련하여 문제된다.

6. 상인자격

1) 의의

상인자격이라 함은 상법 제4조 또는 제5조가 정하는 일정한 종류의 영업 또는 일정한 형식의 영업을 행함에 의하여 인정되는 자격이다. 이는 자연인과 법인의 경우가 다르기 때문에 나누어 본다.

2) 자연인

자연인의 권리능력은 무제한이기 때문에 연령·행위능력과 관련 없이 일정한 행위를 하는 경우에 상인으로 된다. 다만 자연인이 상인으로 되는 경우에도 그의 행위 모두에 상법의 규정이 적용되는 것은 아니다. 개인상인은 상인으로서의 활동범위 외에 개인적 활동(가계생활관계)이 인정되고, 후자에 대하여는 민법이 적용된다.

3) 법인

(1) 법인의 상인자격

일정한 목적을 중심으로 권리능력이 인정되는 법인은 그 성질상 본래의 목적에 의한 제약을 받기 때문에, 회사 이외의 법인에 대하여는 상인이 될 수 있는가가 자주 문제된다.

(2) 영리법인(회사)

회사는 영리를 목적으로 설립된 사단법인이다(상법 제169조·제171조). 회사가 기본적 상행위(상법 제46조)를 할 때에는 당연상인(상법 제4조)이지만, 기본적 상행위를 하지 않더라도 그 영리성으로 인하여 의제상인이 된다(상법 제5조 제2항).

(3) 공법인

① 국가 · 지방자치단체

(가) **국가 · 지방자치단체의 상인자격** 국가와 지방자치단체는 일반적인 행정목적을 가지고 존립하지만, 그 목적을 달성하기 위한 수단에는 특별한 제한이 없고, 직영사업 등의 영업을 하는 경우에는 상인이 될 수 있다.

(나) **영리목적의 내용** 영업이 성립하기 위하여 필요한 영리의 목적은 계속적 · 반복적으로 행하는 행위로 이익을 얻을 의사만 있으면 충분하고, 획득한 이익을 어떠한 목적에 사용하는가는 묻지 아니한다. 공법인의 상행위는 이윤의 추구가 유일한 목적이 아니고 동시에 공공의 목적으로 행하여지는 일이 많기 때문에 어떠한 경우에 영업의 성립을 인정할 것인가가 문제된다. 영리의 의도로 행하여진 이상 그것이 주된 목적이 아니어도 영업은 성립하고 그 행위는 상행위가 된다고 해석한다.

(다) **상법의 적용** 공법인의 영업상의 행위에 대하여는 상행위로서 법령에 다른 규정이 없는 경우에 한하여 상법을 적용한다(상법 제2조). 다만 공법인에게 영업의 성립을 인정하여도 상업장부 · 상호 · 상업등기에 관한 규정은 공법인의 성질상 적용이 없고 또 그 사업에 사용된 자도 공무원으로서 임용된 자가 보통이기 때문에 상업사용인으로 보지 아니한다.

② **특수공법인** 토지개량조합과 같이 그 존립목적이 한정된 공법인은 동시에 영업을 영위할 수 없고 상인으로 될 수 없다.

(4) 비영리공익법인

영리를 목적으로 하지 아니하는 비영리법인(민법 제32조)이 영업을 영위하는 상인이 될 수 있는가에 대하여는 견해가 나뉜다. 비영리법인이 이윤 내지 이익을 추구한 경우에도 구성원에게 획득한 이익을 분배할 의도가 없는 이상 영리법인은 아니다. 또한 이는 획득한 이익이 공익목적에 이용되는 한, 그 단체는 공익성을 상실하지 아니한다. 그러나 공익법인도 이익의 획득을 위하여 영업을 행할 수 있고, 그 한도에서 상인이 된다. 학교법인은 특히 수익을 목적으로 하는 사업을 영위할 수 있다(사립학교법 제6조 제1항).

(5) 중간법인 · 특수법인

① 중간법인

민 · 상법 이외의 특별법에 의하여 인정되는 법인으로 구성원의 상부상조 내지 공통의 이익의 증진을 목적으로 하는 것으로 공익법인도 아니고 영리법인도 아닌 중간적 성격의 법인이 있다. 예컨대 각종 협동조합(농업협동조합, 수산업협동조합, 중소기업협동조합, 신용협동조합 등) 등이 그것이다.

중간법인의 상인성에 관하여는 통설은 이를 부정한다. 즉, 이는 구성원인 소규모사업자 등 조합원의 상부상조 또는 공통이익의 촉진 · 옹호를 목적으로 하는 법인이고, 그 목적사업은 영리의 목적으로 행하여질 수 없기 때문에 상법상 영업의 성립으로 볼 수 없고 상인으로 되지 아니한다고 한다.

그러나 이와 같은 협동조합에 있어서는 그 사업목적을 달성하기 위하여 조합원의 출자금을 일괄적으로 투자 · 운용하는 것이 보통이고, 이 자산운용행위는 명백히 이익의 획득을 목적으로 하는 것으로 영리목적을 인정할 수 있다. 따라서 자산운용행위가 기본적 상행위에 해당하는 경우(예컨대 주식 · 채권(債券)의 매매, 부동산의 취득· 임대)에는 자산운용행위에 관한 한 상인자격을 취득하고, 이 자산운용행위에는 상법의 규정이 적용된다고 해석한다.

판례

(ㄱ) 대판 1977.2.22. 76다1865 …… 농업협동조합중앙회가 사업의 일환으로 한 판매사업이 상행위에 해당한다 하여도 이를 상인이라 할 수 없으므로, 민법 163조 6호 소

정의 상인 또는 이에 준하는 것이라고도 볼 수 없다.

(ㄴ) 대판 1975.4.22.73다1709 …… 농업협동조합중앙회의 신용사업부문의 거래는 기본적 상행위에 속한다고 해석되므로 군농업협동조합이 중앙회의 대리권을 받아 대부행위를 함에 있어서 본인을 위한 것임을 표시할 필요가 없다.

② 특수법인

각종 공사 등 특수법인(한국도로공사, 수출보험공사, 국민연금관리공단)은 그 사업이 공공적 성격이 강하고 경영도 공익적 견지에서 행하여지지만 그 행위는 상법 제46조의 기본적 상행위에 해당하는 경우가 많다. 그리고 이 법인이 독립한 경영주체로서 독립채산제를 채용하는 이상 적어도 수지균형 정도의 이윤을 올리는 것을 전제로 운영되고 있는 것이다. 따라서 그 행위에 의하여 영업의 성립을 인정할 수 있고 상인과 상행위에 관한 상법의 규정을 적용할 수 있다.

7. 상인자격의 취득과 상실

1) 상인자격의 시기(始期) · 종기(終期)

상법의 적용여부는 상인자격의 유무에 따라 정하여지므로, 상인자격의 시기와 종기가 중요하다. 이를 (1) 자연인과 회사 이외의 법인 (2) 회사로 나누어 설명한다.

2) 자연인과 회사 이외의 법인

(1) 상인자격의 취득시기

① 문제의 소재

상법이 규정하는 일정한 종류의 상행위를 영업으로 하거나(상법

제4조) 일정한 형식의 영업(상법 제5조)을 하면 그 자에게는 상인자격이 인정된다. 그러나 문제는 어느 때로부터 상인자격이 취득되는가이다. 회사는 성립시부터 청산시까지 상인자격이 인정된다. 회사 이외의 상인의 경우, 영업을 개시하면 상인이 되는 것은 확실하지만, 그 이전의 단계에서 예컨대 어떠한 자가 영업을 개시할 준비로서 점포를 취득하거나, 영업자금을 차용하는 경우에 이 자의 상인성은 부정되는가.

자연인이 영업을 개시하기 전에 개업준비행위를 하는 경우 예컨대 영업자금을 차용하던가 또는 상업사용인을 고용하는 경우에 이에 대하여는 상사법정이율(상법 제54조), 채무의 연대성(상법 제57조), 상사시효(상법 제64조) 등이 적용되는 것이 합리적이다. 그런데 금전차용행위, 점포취득행위는 상법 제46조 소정의 기본적 상행위가 아니다. 그러나 상법은 일반적으로 상인이 기본적 상행위를 행하는 경우 이외에도 영업을 위하여 하는 행위를 보조적 상행위라고 하여, 상행위로 취급하고 있다(상법 제47조 제1항). 따라서 이 행위에 상법을 적용하기 위하여서는 이를 보조적 상행위로 구성할 필요가 있다. 그런데 보조적 상행위는 상인이 영업을 위하여 하는 행위이기 때문에 위와 같은 결론을 도출하기 위하여서는, 영업을 개시하기 전의 단계에서의 금전차용행위 또는 점포취득행위를 영업에 속하는 행위로 보아 상인자격을 인정할 필요가 있다. 다만, 구체적으로 개업준비의 어느 시점에 상인성이 취득되는가가 문제로 된다.

② 영업개시의 구체적 판단

이 문제를 검토함에 있어서는, 한편으로는 주관적으로는 영업의사를 실현하는 것으로서 보조적 상행위라고 주장하는 상인의 이익과, 다른 한편으로는 이러한 의사를 반드시 인식하지 아니하는 거래 상대방의 이익, 거래의 안전을 고려하여야 한다. 영업의 개시의 판단에 관하여서는 여러 견해가 주장된다.

(가) 학설

(a) **영업의사표시설** 상인자격을 취득하기 위하여는 영업의 준비행위를 행한다는 것만으로는 불충분하며, 영업의 의사가 외부에 발표되어야 한다고 본다. 이는 영업의 의사가 점포의 개설과 개업광고 등에 의하여 외부에 발표될 것이 필요하다는 입장이다. 이에 대하여서는 개업광고나 안내장배포 등의 시점에야 상인자격을 인정하는 것은 너무 늦다는 점이 비판된다.

(b) **영업의사 주관적 실현설** 이는 영업의 의사가 준비행위에 의하여 주관적으로 실현되면, 개업광고 등의 표시행위가 없어도 상인자격이 취득된다고 본다. 이에 대하여서는 선의의 상대방의 보호에 미흡하다는 점이 비판된다.

(c) **영업의사 객관적 인식가능설** 이는 개업준비행위에 의하여 상인자격이 취득되고, 그 행위가 보조적 상행위가 되기 위하여는 영업의사가 주관적으로 실현되는 것만으로 충분하지 아니하고, 영업의사가 객관적으로 인식가능할 것을 요한다고 본다. 현재 다수설의 입장이다.

(d) **단계설** 이에 따르면 (ⅰ) 영업의사의 주관적 실현단계에서는 상대방만이 상법의 적용을 주장할 수 있다고 하고, (ⅱ) 영업의사가 특정인에게만 인식된 단계에서는 그 상대방 이외에 상인도 주장할 수 있으며, (ⅲ) 광고 등에 의하여 영업의사가 일반적으로 인식된 단계에서는 상인자격의 취득을 부정하는 자가 그에 대한 입증책임을 진다(상법 제47조 제2항)고 본다(이균성, 37면). 이 견해는 보조적 상행위라고 주장하는 행위자의 이익을 조정하여 타당한 해결을 도모하고 있다고 할 수 있지만, 통일성을 결하는 단점이 있다.

(나) **판례** 판례(대판 1999. 1. 29. 98다1584)는 “부동산임대업을 개시할 목적으로 그 준비행위의 일환으로 당시 같은 영업을 하고 있던 자로부터 건물을 매수한 경우, 매수행위로부터 영업의사를 상대방이 객관적으로 인식할 수 있으면 위 매수행위는 보조적 상행위

로서의 개업준비행위에 해당하므로 위 매수행위에 착수하였을 때 상인 자격을 취득한다"고 하여 객관적 인식가능성설을 취한다.

판례

> 대판 1999. 1. 29. 98다1584……부동산임대업을 개시할 목적으로 그 준비행위의 일환으로 당시 같은 영업을 하고 있던 자로부터 건물을 매수한 경우, 매수행위로부터 영업의사를 상대방이 객관적으로 인식할 수 있으면 위 매수행위는 보조적 상행위로서의 개업준비행위에 해당하므로 위 매수행위에 착수하였을 때 상인 자격을 취득한다. 영업의 목적인 기본적 상행위를 개시하기 전에 영업을 위한 준비행위를 하는 자는 영업으로 상행위를 할 의사를 실현하는 것이므로 그 준비행위를 한 때 상인자격을 취득함과 아울러 이 개업준비행위는 영업을 위한 행위로서 그의 최초의 보조적 상행위가 되는 것이고, 이와 같은 개업준비행위는 반드시 상호등기 · 개업광고 · 간판부착 등에 의하여 영업의사를 일반적 · 대외적으로 표시할 필요는 없으나 점포구입 · 영업양수 · 상업사용인의 고용 등 그 준비행위의 성질로 보아 영업의사를 상대방이 객관적으로 인식할 수 있으면 당해 준비행위는 보조적 상행위로서 여기에 상행위에 관한 상법의 규정이 적용된다.

(다) 결어 거래의 상대방의 이익을 중시하여 준비행위가 영업을 위하여 행하여지고 있다는 것이 상대방에 인식가능하여야 한다는 영업의사 객관적 인식가능설에 의하여 획일적으로 처리하는 것이 타당하다.

(2) 상인자격의 상실시기

① 상인의 자격의 상실시기는 영업의 목적인 행위 자체의 종료시가 아니라, 잔무처리(殘務處理)의 종료시이다. 이 경우 잔무처리행위는 보조적 상행위가 된다.

② 설비상인의 경우에는 판매 등 영업을 계속하는 경우에도, 그 설비를 폐지하는 경우에는 상인자격을 상실한다.

③ 파산자가 파산하여 파산관재인이 영업을 계속하는 경우에는

(파산법 제7조), 파산자는 상인 자격을 잃고 파산관재인의 행위가 상행위로서 상법의 적용을 받게 된다.

3) 회사

(1) 취득시기

영리법인인 회사는 태생적 상인이기 때문에 상인자격과 법인격은 항상 동반한다. 회사는 설립등기에 의하여 상인이 된다(상법 제172조). 설립등기 전에는 법인격을 가지지 아니하기 때문에 상인자격을 취득할 수 없고, 설립등기전에 설립절차중에 행해지는 개업준비행위는 보조적 상행위에 해당하지 아니한다. 회사가 성립하면, 실제로 영업활동을 개시하지 아니하여도 상인이다.

(2) 상실시기

회사는 해산 후에도 청산의 목적범위 내에서 존속하므로(상법 제245조) 청산의 종료에 의하여 소멸한다. 청산중인 회사도 상인이다. 청산종결의 등기가 되었더라도 실제로 잔존채권채무관계의 정산이 종료되지 않은 경우에는 법인격이 상실되지 아니한다.

판 례

대판 1968.6.18. 67다2528 …… 주식회사의 청산종결의 등기를 하였더라도 채권이 있는 이상 청산은 종료되지 않으므로 그 한도에서 청산법인은 당사자능력이 있다.

8. 자연인의 영업능력

1) 자연인의 상인자격과 영업능력

상인으로서 영업을 할 수 있는 능력을 영업능력이라고 한다. 자연인은 모두 권리능력을 가지고, 상법 제4조와 제5조를 충족시키는 경우에는 누구나 상인이 될 수 있다. 그러나 이와 같이 상인자격을 취득할 수 있다는 것은 스스로 영업활동을 행하여 권리를 취득하고 의무를 부담할 수 있다는 것, 즉 영업능력을 가진다는 것과는 별개이다. 영업능력의 유무와 그 범위에 대하여는 행위능력에 관한 민법의 일반원칙에 따른다. 상법은 행위무능력자의 영업에 관하여 거래의 안전보호의 견지에서 민법의 규정을 수정하는 약간의 특칙을 두고 있다(상법 제6조 이하).

행위무능력자가 능력의 보충을 얻지 아니하고 한 행위도 취소할 때까지는 유효하기 때문에 행위무능력자가 능력의 보충을 얻지 아니하고 한 행위도 유효한 영업인 점도 완전한 행위능력의 경우와 다름없다. 그 영업자가 상인이다.

2) 미성년자

미성년자가 법정대리인의 동의를 얻지 아니하고 한 행위는 원칙적으로 취소할 수 있다(민법 제5조 제2항). 그러나 다음의 경우에는 미성년자도 완전한 상인으로 된다.

(1) 법정대리인의 허락을 얻어 영업을 하는 경우

미성년자가 법정대리인으로부터 허락을 얻은 특정한 영업에 관하여는 성년자와 동일한 행위능력이 있다(민법 제8조 제1항).

① 영업의 의의

여기서 영업이라 함은 상행위에 한하지 않고, 널리 영리를 목적으로 하는 독립적(미성년자 자신이 이익추구의 주체가 되는 것)·계속적 사업을 뜻하고, 제조업, 농업은 물론이며 자유업도 포함한다(곽윤직, 134면). 그리고 그 영업에 관한 행위는 그 영업을 하기 위하여 직접·간접적으로 필요한 행위를 포함한다. 또 개업준비행위를 포함한 보조적 상행위도 포함된다. 영업에 관한 행위인가 아닌가가 의심스러운 때에는 영업을 위하여 한 것으로 추정한다(상법 제47조 제2항).

② 영업의 종류를 특정한 허가

법정대리인이 영업을 허가함에는 영업의 종류를 특정하여야 한다. 종류를 특정하지 않은 허락(어떠한 영업을 하여도 좋다는 허락)은 미성년자를 보호하려는 제도의 목적에 반하기 때문이다. "특정한 영업"이라 함은 영업의 단위의 하나 또는 둘이라는 것과 같이 그 영업의 종류가 특정되어 있는 영업을 말하고, 하나의 단위가 되는 영업의 일부만을 허락하거나 제한하여서는 안 된다(예컨대 학용품의 소매를 허락하면서 물건의 가액이 1천원을 넘는 경우 또는 1만원 이상의 거래는 법정대리인의 동의가 있어야 한다는 것). 영업의 허락이 있는 경우에는 법정대리인의 대리권은 이 범위에서 소멸하고, 그 영업에 관하여 일일이 법정대리인의 동의를 받을 필요가 없다. 법정대리인의 허가가 있었다는 입증책임은 "영업의 허가가 있었음을 이유로 법률행위의 유효를 주장하는 자"에게 있다(곽윤직, 135면).

③ 영업이 상행위인 경우의 등기

영업의 허락의 유무에 따라 미성년자의 영업상의 행위는 취소 여부가 결정되기 때문에, 미성년자가 법정대리인의 허락을 얻어 영업을 하는 때에도 그 영업이 상행위인 경우에는 등기를 하여야 한다(상법 제6조 ; 상업등기법 제47조-제49조).

④ 영업허락의 취소 또는 제한

법정대리인은 영업의 허락을 취소하거나 또는 제한할 수 있다. 그러나 이로써 선의의 제3자에게 대항할 수 없다(민법 제8조 제2항). 등기한 후에 취소·제한하는 경우에는 변경등기를 하여야 한다(상법 제40조). 미성년자가 성년에 달한 때에는 소멸의 등기를 하여야 한다.

(2) 법정대리인이 대리하여 영업을 하는 경우

① 법정대리인이 미성년자를 대리하여 영업을 행하는 경우가 있다. 이 경우에는 미성년자가 상인으로 되는 것이지 법정대리인이 상

인으로 되는 것은 아니다. 후견인이 미성년자에 갈음하여 영업행위를 하기 위하여는 친족회의 동의를 얻어야 한다(민법 제950조 제1항). 이에 위반한 행위는 피후견인 또는 친족회가 이를 취소할 수 있다(동조 제2항).

② 법정대리인이 미성년자를 위하여 영업을 하는 때에는 등기에 의하여 공시하여야 한다(상법 제8조 제1항 ; 상업등기법 제50조-제52조).

③ 법정대리인의 대리권에 대한 제한은 선의의 제3자에게 대항하지 못한다(동조 제2항).

(3) 회사의 무한책임사원으로 되는 것을 허락받은 미성년자의 취급

미성년자가 스스로 영업의 주체로서 상인으로 되지는 아니하지만, 법정대리인의 허락을 얻어 회사의 무한책임사원이 된 때에는, 그 사원자격으로 인한 행위에는 능력자로 본다(상법 제7조).

① '사원자격으로 인한 행위'에는 합명회사의 사원과 합자회사의 무한책임사원으로서 출자의무의 이행 · 지분의 양도 · 의결권의 행사 등과 같은 회사의 내부관계에 있어서의 행위를 말한다. 따라서 이에 대하여는 완전한 행위능력을 가진다.

② 그러나 이에는 회사를 대표하는 행위는 포함되지 아니한다. 왜냐하면 대표행위를 함에는 능력자임을 요구하지 아니하기 때문이다(민법 제117조).

3) 피성년후견인

가정법원은 질병, 장애, 노령, 그 밖의 사유로 인한 정신적 제약으로 사무를 처리할 능력이 부족한 사람에 대하여 본인, 배우자, 4촌 이내의 친족, 미성년후견인, 미성년후견감독인, 성년후견인, 성년후견감독인, 특정후견인, 특정후견감독인, 검사 또는 지방자치단체의 장의 청구에 의하여 성년후견개시의 심판을 한다(민법 제9조 제1항). 피성년후견인의 법률행위는 취소할 수 있지만, 가정법원은 취소할 수 없는 피성년후견인의 법률행위의 범위를 정할 수 있고, 가정법원은 본인, 배우자, 4촌 이내의 친족, 성년후견인, 성년후견감독인, 검사 또는 지방자치단체의 장의 청구에 의하여 취소할 수 없는 피성년후견인의 범위를 변경할 수 있지만, 일용품의 구입 등 일상생활에 필요하고 그 대가가 과도하지 아니한 법률행위는 성년후견인이 취소할 수 없다(민법 제10조).

4) 피한정후견인

가정법원은 질병, 장애, 노령, 그 밖의 사유로 인한 정신적 제약으로 사무를 처리할 능력이 부족한 사람에 대하여 본인, 배우자, 4촌 이내의 친족, 미성년후견인, 미성년후견감독인, 성년후견인, 성년후견감독인, 특정후견인, 특정후견감독인, 검사 또는 지방자치단체의 장의 청구에 의하여 한정후견개시의 심판을 한다(민법 제12조 제1항).

가정법원은 피한정후견인이 한정후견인의 동의를 받아야 하는 행위의 범위를 정할 수 있고(제13조 제1항), 가정법원은 본인, 배우자, 4촌 이내의 친족, 한정후견인, 한정후견감독인, 검사 또는 지방자치단체의 장의 청구에 의하여 한정후견인의 동의를 받아야만 할 수 있는 행위의 범위를 변경할 수 있으며(동조 제2항), 한정후견인의 동의를 필요로 하는 행위에 대하여 한정후견인이 피한정후견인의 이익이 침해될 염려가 있음에도 그 동의를 하지 아니하는 때에는 가정법원은 피한정후견인의 청구에 의하여 한정후견인의 동의를 갈음하는 허가를 할 수 있고(동조 제3항), 한정후견인의 동의가 필요한 법률행위를 피한정후견인이 한정후견인의 동의 없이 하였을 때에는 그 법률행위를 취소할 수 있지만, 일용품의 구입 등 일상생활에 필요하고 그 대가가 과도하지 아니한 법률행위에 대하여는 그러하지 아니하다(동조 제4항).

피한정후견인의 법정대리인이 대리하여 영업을 행함에 의하여 상인이 될 수 있다. 이 때에는 등기를 하여야 한다(상법 제8조 제1항). 법정대리인의 대리권에 대한 제한은 선의의 제3자에게 대항하지 못한다(동조 2항).

제3절 상행위

1. 상행위의 종류

상법은 상행위로서 ① 기본적 상행위, ② 보조적 상행위, ③ 준상행위를 규정하고 있다.

첫째, 상법 제46조에서 영업으로 행하는 경우에 상행위가 되는 '기본적 상행위'를 22종류 열거하고 있다.

둘째, 상법 제47조에서 상인이 영업을 위하여 하는 행위를 '보조적 상행위'로 한다. 이는 기본적 상행위와는 달리 상인개념에서 역으로 도출되는 상행위개념이다.

셋째, 상법 제66조에서 의제상인의 행위에 상행위에 관한 규정을 준용하는데, 이것이 '준상행위'이다.

다음으로 '일방적 상행위'와 '쌍방적 상행위'로 분류된다. 이것은 상행위의 종류에 대한 것이 아니고, 당사자와의 관계를 기준으로 한 구별이다. 소매상인과 일반소비자와의 거래와 같이 당사자 일방에 대하여서만 상행위가 되는 행위는 '일방적 상행위'라 하고, 도매상인과 소매상인의 거래와 같이 당사자 쌍방에게 상행위가 되는 행위가 '쌍방적 상행위'이다.

2. 기본적 상행위

1) 의의

기본적 상행위라 함은 영리의 목적으로 계속·반복되는 것에 의하여 상행위로 되는 행위이고, 상인과 관련하여 상행위성을 취득한다. 이 용어는 당연상인의 개념을 결정하는 기초가 되는데 유래하고, 이에는 상법 제46조에서 열거되는 22가지와 담보부사채신탁법상의 사채총액의 인수가 있다.

(1) 상법 제46조의 법적 성격

상법 제46조는 기본적 상행위로서 21가지를 들고 있는데, 이것의 법적 성격을 한정적 열거라고 해석하는데 이론이 없다. 이는 상법의 적용범위를 명확히 하기 위하여 유추와 확장을 금지하기 위한 취지이다. 1995년 개정상법은 새로운 유형의 상행위로서 리스, 프랜차이즈, 채권매입을 추가하고 있다

(2) '영업으로' 하는 행위

기본적 상행위는 '영업으로' 하는 경우에 한한다. 즉, 행위 자체로서는 당연히 상행위로 되는 것이 아니라, 구체적으로 영업으로 행하는 때에 비로소 상행위로 된다. '영업으로' 행한다는 것은 상법 제4조에서와 같이 영리의 목적으로 계속 반복하여 행한다는 것을 말한다. 그러나 영업으로 하더라도 오로지 임금을 받을 목적으로 물건을 제조하거나 노무에 종사하는 자의 행위는 상행위로 보지 아니한다(상법 제46조 단서). 이것은 상법 제46조에 해당하여도 경영규모가 작기 때문에 상법을 적용하는 것이 적당하지 아니하기 때문이다. 따라서 타인을 사용하지 아니하고 간단한 생산용구를 이용하여 혼자서 일정한 작업을 하거나 물건을 제작하는 사람은 이 규정에 의하

여 상인이 아니게 된다. 어떠한 경우에 "오로지 임금을 받을 목적으로 물건을 제조하거나 노무에 종사하는 자"로 볼 것인가의 문제는 영업의 시설 및 규모를 기준으로 판단한다. 그러므로 상당한 자본을 투하하여 영업시설을 갖추고 근로자를 고용하여 영업을 할 경우는 임금을 받을 목적으로 영업을 한다고 할 수 없다.

판 례

대판 1998.7.10. 98다10793 …… 새마을금고법의 제반 규정에 의하면 새마을금고는 우리 나라 고유의 상부상조 정신에 입각하여 자금의 조성 및 이용과 회원의 경제적·사회적·문화적 지위의 향상 및 지역사회개발을 통한 건전한 국민정신의 함양과 국가경제발전에 기여함을 목적으로 하는 비영리법인이므로, 새마을금고가 금고의 회원에게 자금을 대출하는 행위는 일반적으로는 영리를 목적으로 하는 행위라고 보기 어렵다.

2) 상법상의 기본적 상행위의 종류

(1) 동산, 부동산, 유가증권 기타의 재산의 매매

매매는 재화를 금전과 교환하는 계약으로서 가장 전형적인 상거래형태이다. 매매의 의미에 대하여서는 ① 매수와 매도로 보는 견해(최기원, 57면 ; 서돈각·정완용, 63면 ; 임홍근, 212면), ② 매수 또는 매도(내적 관련성을 요구함 : 정찬형, 57면 ; 채이식, 146면)로 보는 견해, ③ 매수와 매도 또는 매도라는 견해(김성태, 381면)로 나뉜다. ①설과 ②설은 모두 원시산업(수산업·농업을 통하여 채취한 물건을 매도하는 것)은 제외하는 점에서는 같지만 명확성을 위하여 ②설이 타당하다.

(2) 동산, 부동산, 유가증권 기타의 재산의 임대차

임대차는 물건의 사용·수익을 목적으로 하는 채권계약이다.

(3) 제조, 가공 또는 수선에 관한 행위

'제조'라 함은 재료에 노력을 들여 전혀 다른 물건을 만드는 행위를 말하고, '가공'은 물건의 종류에 변경이 생기지 않을 정도로 노력을 가하는 행위이며, '수선'은 효율적인 사용을 위하여 노력을 가하는 것이다. 이에는 ① 타인으로부터 재료를 교부받거나 타인의 계산으로 이를 매입하여 제조·가공·수선하는 행위만을 말하고, 자기의 재료에 행하여 매각하는 행위는 포함하지 아니한다는 견해(서돈각·정완용, 64면 ; 임홍근, 213면)와 ② 양자를 포함한다는 견해(최기원, 59면 ; 정찬형, 60면 등 다수설)로 나뉜다. 이에 관한 행위는 사실행위이므로 본호의 상행위는 이를 인수하는 행위를 말한다.

(4) 전기, 전파, 가스 또는 물의 공급에 관한 행위

대가를 받고 전기 등의 계속적인 공급을 인수하는 계약이다. 전기공급, 방송사업, 가스사업, 상수도사업, 지역난방사업 등이 이에 속한다.

(5) 작업 또는 노무의 도급의 인수

도급은 어느 일의 완성을 목적으로 하는 계약(민법 제664조)이다. '작업의 도급의 인수'는 부동산에 관한 공사의 도급계약, 철도·도로·교량의 건설·보수, 가옥의 건축·개수, 항공기·선박의 건조·수선 등이 이에 속한다. '노무의 도급의 인수'는 근로자를 공급하는 것을 인수하는 행위로서 항만사업, 도로토목사업, 하역업무 등에 종사할 근로자를 공급하는 행위이다.

(6) 출판, 인쇄 또는 촬영에 관한 행위

'출판에 관한 행위'라 함은 문서, 그림 등의 저작물을 복제(複製), 판매, 반포(頒布)하는 행위로서 레코드, 비디오 테이프, 콤팩트 디스크 등을 제작·복제하여 판매하는 행위도 이에 속한다. 통상 출판사는 저작자와 출판계약을 체결하고, 인쇄업자와 인쇄계약을 체결하며, 서점과 판매위탁계약을 체결하지만, 자기의 저작을 출판하는 경우에는 출판계약은 필요 없다. 또한 신문사와 같이 자기가 인쇄하는 경우에는 인쇄계약은 필요 없다. 따라서 출판에 있어서 불가결한 것은 판매반포를 위한 계약이다.

'인쇄에 관한 행위'는 문서나 그림 등을 기계의 힘과 화학적인 힘에 의하여 복제(複製)하는 것을 말한다.

'촬영에 관한 행위'라 함은 사진 또는 비디오의 촬영행위를 말한다. 사진사의 사진 촬영 또는 비디오 출사행위를 말한다. 이 행위를 인수하는 것이 본호의 상행위이다.

(7) 광고, 통신 또는 정보에 관한 행위

'광고에 관한 행위'는 널리 일반에게 선전하거나 알리는 행위를 말하고, 광고업, 광고대행업 등이 이에 속한다. '통신에 관한 행위'이라 함은 서신 또는 기사를 제공하는 것으로서 통신사 등이 이에 속한다. '정보에 관한 행위'라 함은 각종 자료를 제공하는 것으로서 컴퓨터를 통한 법률・증권・스포츠자료제공사업, 신용조사기관 등이 이에 속한다. 최근에는 정보통신사업의 발달로 인하여 통신업과 정보업의 구별이 어렵다.

(8) 수신(受信), 여신(與信), 환(換) 기타의 금융거래

금융거래라 함은 금전 또는 유가증권의 전환을 매개하는 행위이다. 금융거래는 은행이 통상 행하는 거래 전부를 말하는 것이 아니라, 은행업에 고유한 거래를 말하는 것으로 수신, 여신, 환거래가 그 내용을 이룬다.

판 례

대판 1979. 11. 13. 79다1453 …… 은행이 그 영업행위로서 한 대출금에 대한 변제기 이후의 지연손해금에 대하여는 민법 163조 1호 또는 민법 766조 1항 소정의 단기소멸시효가 아닌 상법 64조가 적용된다.

(9) 공중이 이용하는 시설에 의한 거래

다수의 사람이 모이기에 적합한 인적 또는 물적 시설을 갖추고, 모이는 고객의 수요에 따라 설비를 이용하게 하는 거래이다. 여관, 유원지, 극장 등이 그 예이다.

(10) 상행위의 대리의 인수

본인을 위하여 상행위를 대리하는 것을 인수하는 것이다. 체약대리상(상법 제87조)이 그 예이다. 대리의 목적인 행위가 상행위인 이상 영업적 상행위이든 보조적 상행위이든 묻지 아니하지만, 상행위가 아닌 주선 등의 행위를 대리하는 경우는 본 호에 해당하지 아니한다.

(11) 중개에 관한 행위

중개라 함은 타인간에 법률행위가 성립하도록 노력하는 행위를 말하며, 이것을 인수하는 것이다. 중개인(상법 제93조)과 중개대리상(상법 제87조)이 이에 해당한다. 여기에서 중개되는 행위가 위탁자에 대하여 상행위일 것을 요건으로 하지 않고, 부동산매매의 주선과 결혼의 중매와 같이 민사중개이어도 된다.

판례

> 대판 1968. 7. 24. 68다955 …… 복덕방에 상호를 내걸고 부동산 매매 등의 소개를 하는 자는 본호, 제4조에 의하여 상인임이 명백하다.

(12) 위탁매매 기타의 주선에 관한 행위

주선이라 함은 자기명의로 타인의 계산으로 법률행위를 하는 것을 말한다. 즉, 권리의무의 귀속주체는 자기이지만, 경제적 효과가 타인에게 귀속하는 것이 주선이다. 위탁매매인(상법 제101조), 준위탁매매인(상법 제113조), 운송주선인(상법 제114조)의 행위가 이에 해당한다.

(13) 운송의 인수

운송이라 함은 물건 또는 여객을 장소적으로 이동시키는 것을 말하고, 이를 인수하는 것이다. 운송의 목적물(여객, 화물), 운송장소(육상운송 · 해상운송 · 공중운송), 운송의 수단(자동차, 철도, 컨테이너선박)을 묻지 아니한다.

(14) 임치의 인수

타인을 위하여 물건 또는 유가증권의 보관을 인수하는 행위로서 창고업자의 임치(상법 제155조)와 주차장경영이 이에 해당한다. 동종동질의 물건을 혼합하여 보관하는 혼장임치도 된다. 또 수치인이 물건의 소유권을 취득하고, 이것을 소비한 후에 임치물과 동종 · 동질 · 동량의 물건을 반환하는 소비임치도 이에 포함된다(민법 제702조).

(15) 신탁의 인수

신탁이라 함은 재산권을 이전하거나 기타 처분을 하고, 수탁자에게 특정한 목적을 위하여 재산을 관리 또는 처분하게 하는 것을 말한다(신탁법 제1조). 이와 같은 재산의 관리와 처분을 인수하는 행위가 신탁의 인수이다.

(16) 상호부금(相互賦金) 기타 이와 유사한 행위

본 호에서의 상호부금업무를 취급하는 대표적인 기관은 상호저축은행인데, 상호저축은행은 현행 은행법상의 금융기관은 아니고(은행법 제6조), 상호부금업무는 금융거래와 다르므로 본호에서 규정한 것이다(정찬형, 63면). 상호저축은행이 취급하는 부금업무에는 신용계업무와 신용부금업무가 있는데, 전자는 "일정한 계좌수와 기간 및 금액을 정하고 정기적으로 계금을 납입하게 하여 계좌마다 추첨·입찰 등의 방법에 의하여 계원에게 금전의 급부를 약정하여 행하는 계금의 수입과 납부금의 지급업무"(상호저축은행법 제2조 2호)이고, 후자는 "일정한 기간을 정하고 부금을 납입하게 하여 기간의 중도 또는 만료시에 부금자에게 일정한 금전을 납부함을 약정하여 행하는 부금의 수입과 납부금의 지급업무"(동조 2호)이다

(17) 보험

영리보험에 한정된다. 따라서 공보험으로서 사회보험(산업재해보상보험 · 국민건강보험 · 국민연금보험)과 경제정책보험(수출보험 · 농업보험 · 임업보험)은 제외된다.

(18) 광물 또는 토석의 채취에 관한 행위

원시산업이지만 이에 관한 행위는 기업적으로 행하여짐을 고려하여 상행위로 한 것이다.

(19) 기계, 시설 기타 재산의 금융에 관한 행위

리스업무는 임대차와 물적 금융의 성격을 동시에 띠고 있는 새로운 유형의 상행위로 1995년 상법개정시에 추가되었다.

(20) 상호, 상표 등의 사용허락에 의한 영업에 관한 행위

1995년 개정상법은 프랜차이즈(가맹사업)의 거래를 새로운 유형의 상행위로 추가하였다.

(21) 영업상 채권의 매입, 회수 등에 관한 행위

1995년 개정상법은 채권매입거래를 새로운 유형의 상행위로 추가하였다.

(22) 신용카드, 전자화폐 등을 이용한 지급결제 업무의 인수

2010년 개정상법은 지급결제업무의 인수를 새로운 상행위로 추가하고 있다.

3) 특별법상의 상행위

특별법상의 상행위로는 담보부사채신탁법에 의한 사채총액의 인수가 있다. 담보부사채는 사채권(社債權)의 담보를 위하여 물상담보가 붙여진 사채로서, 이를 발행하는 경우에 위탁회사 또는 신탁회사

는 사채의 총액을 제3자에게 인수시킬 수 있는데(동법 제23조 제1항), 사채총액을 인수하는 행위는 단 한번이라도 상행위가 된다(동조 제2항). 그러나 실제로는 증권회사가 사채총액을 인수하여 매출하고 있으며 비상인이 사채총액을 인수하는 경우는 거의 없다.

3. 보조적 상행위

1) 의의

보조적 상행위라 함은 상인이 영업을 위하여 행하는 것에 의하여 상행위로 되는 행위이다. 상인개념을 전제로 하여 인정되는 점에서 상인개념의 기초를 이루는 기본적 상행위와 구별되고 부속적 상행위라고도 한다.

보조적 상행위는 소상인을 포함하여 상인의 행위이어야 하지만, 보조적 상행위가 성립하기 이전에 상인의 개념이 확립되어 있어야 할 필요는 없다. 즉, 개업준비로 행하여지는 행위에 의하여 상인자격을 취득하는 것으로 인정되는 경우에는 아직 영업의 목적인 기본적 상행위가 행하여지고 있지 아니하는 경우에도 상인자격의 취득과 동시에 부속적 상행위가 성립한다. 보조적 상행위는 상인이 영업을 위하여 하는 행위이지만, 그 영업은 존속하고 있어야 할 필요는 없고, 영업폐지 후 잔무처리행위도 보조적 상행위로 인정될 수 있다.

상인이 영업을 위하여 하는 행위는 직접 영업을 위하여 하는 행위에 한하지 아니하고, 영업과 관련하여 그 유지, 편익을 위한 모든 행위를 포함한다. 또한 그 행위가 유상, 무상임을 묻지 아니한다. 따라서 거래선의 채무보증행위, 상인이 점포를 보험에 드는 행위, 매매업자가 매도물건의 운송을 위탁하는 행위 등은 영업을 위한 것으로 보조적 상행위이다.

상인의 신분법상의 행위는 상인이 주관적으로 영업을 위한다는 의사로 행하여져도 보조적 상행위는 아니지만, 재산법상의 행위는 근로계약, 주식의 인수 등은 포함된다. 대한석탄공사가 체결한 근로계약은 보조적 상행위이므로 퇴직금 채무는 상사채무라는 판례가 있다(대판 1976. 6. 22. 76다28).

영업을 위하여 하는 것인지 여부는 상인의 주관적 목적에 의하는 것이 아니라 행위의 객관적 성질에 따라 판단하여야 한다.

2) 상인의 행위의 영업을 위한 것으로의 추정

상인의 행위는 영업을 위하여 하는 것으로 추정된다(상법 제47조 제2항). 따라서 상인의 행위에 대하여는 "그것이 상행위가 아니라고 주장하는 자"가 입증책임을 진다. 회사는 상행위 기타 영리행위를 행할 것을 영업으로 하는 것을 목적으로 설립되었기 때문에(상법 제169조), 그 행위는 모두 영업을 위한 행위이다. 이에 대하여 회사 이외의 법인과 자연인인 상인은 영업 이외의 활동이 존재할 수 있기 때문에 이 추정은 중요한 의미를 가진다.

4. 준상행위

'준상행위'라 함은 의제상인이 영업을 위하여 하는 행위이다(상법 제66조). 설비상인이나 민사회사는 본래의 목적을 상법 제46조의 기본적 상행위에 두지 아니한다. 하지만 설비상인이나 민사회사도 상인이므로 그가 영업을 위하여 하는 행위는 보조적 상행위로 상행위성이 인정되지만, 본래의 목적인 행위에 대하여는 특별히 상행위에 관한 규정이 준용된다는 뜻의 규정이 없으면 상행위성이 부정된다고 할 수 있으므로 상법 제66조가 규정된 것이다.

5. 일방적 상행위와 쌍방적 상행위

상행위에는 상인과 상인간의 거래도 있고, 상인과 비상인간의 거래도 있다. 전자를 '쌍방적 상행위'라고 하고, 후자를 '일방적 상행위'라고 한다. 상법 3조는 일방적 상행위에 대하여도 전원에게 상법이 적용된다는 뜻을 규정하고 있다. 또한 당사자가 수인이고 1인의 행위가 상행위이어도 상법이 적용된다. 다만 상행위편 중에는 상법의 적용범위를 특별히 정하고 있는 규정이 적지 않다. 즉, 상법 제55조와 제58조와 같이 당사자 쌍방이 상인인 것을 요건으로 하는 규정도 있다. 이 경우에는 상법 제3조와 같이 일방적 상행위에 대하여 상행위법이 전면적으로 적용되는 것은 아니다.

제 3 장 상업사용인

제 1 절 상업사용인의 의의

1. 상업사용인의 의의와 기능

상업사용인은 특정한 상인에 종속하여 상업상의 업무를 보조하는 자로서, 상인을 위하여 영업상의 대리권을 가진다. 상업사용인의 보조를 받는 상인을 '영업주'라고 한다. 대규모 기업에서는 상인은 자기 혼자만으로 모든 영업활동을 하기는 곤란하고, 광범위하게 적극적으로 영업을 전개하는 데는 많은 보조자를 필요로 한다. 또 개성이 희박한 기업거래는 거의 모두가 대리에 친한 행위이다. 따라서 타인을 사용하여 영업활동을 보조받을 필요가 있다. 이 경우, 기업의 내부에서 보조하는 자가 '상업사용인'이고, 기업외부에서 독립한 상인으로서 보조하는 자가 대리상, 위탁매매인, 중개인 등의 '보조상'이다.

2. 상업사용인의 특성

상업사용인은 일정한 상인에 종속하여 그의 영업활동을 보조하는 자중에서 영업주를 위한 영업상 대리권을 가진 자로서, 그 특성으로는 종속성, 대리권의 존재를 들 수 있다.

1) 종속성

상업사용인은 상인에게 종속되어 그 영업조직의 내부에서 영업활동을 보조하는 자이다. '상인에게 종속한다'라 함은 상인의 지휘명령에 복종한다는 것을 의미한다. 이 점에서 대리상 등 독립적인 상인과 구별되며, 상업사용인은 영업주와 고용관계가 있는 것이 보통이다.

(1) 대리상 등과의 구별

상업사용인은 영업조직의 외부에서 상인의 영업활동을 보조하는 독립한 상인인 대리상 · 중개인 · 위탁매매인 · 운송주선인과 구별된다.

(2) 고용관계

영업주와 상업사용인의 관계에 고용관계가 요구되는가에 대하여서는 상인의 배우자·가족 또는 친구 등이 영업을 보조하는 경우 상업사용인으로 볼 것인가와 관련하여 논의가 있다. 부정설(이균성, 48면)은 상업사용인이라고 할 수 있기 위하여서는 고용관계가 필요하다고 하여 이것을 부정하고, 고용관계 없이 상업대리권을 가진 자에게 상업사용인에 관한 규정을 유추적용할 것이라고 한다. 그러나 상업사용인에 영업주와 고용관계에 있는 자에 한정하지 아니하고 위임관계에 있는 자도 포함한다고 보는 것이 타당하다(서돈각 · 정완용, 78면 : 임홍근, 77면).

(3) 법정대리인 · 대표이사 등

친권자, 후견인과 같이 법정대리인으로서 본인인 미성년자, 피한정후견인을 위하여 영업을 행하는 자, 회사의 대표사원, 대표이사와 같이 회사의 기관으로서 영업을 행하는 자는 영업주와 지휘 · 복종의 관계에 서 있지 않기 때문에 상업사용인이 아니다.

2) 대리권의 존재

상업사용인은 상인의 영업활동을 대리하는 자이다. 따라서 영업주에 종속하여 그의 영업활동을 보조하는 자이어도 상인을 대리할 권한이 없는 자는 상업사용인이 아니다. 따라서 상인을 내부적으로 보조하는 기사(技師), 현금출납계원, 회계담당자 등은 상업사용인이 아니다.

3. 상업사용인의 종류

상업사용인은 대리권의 범위에 따라 여러 유형으로 구분할 수 있지만, 상법은 지배인(支配人)(상법 제10조), 부분적 포괄대리권을 가진 사용인(상법 제15조), 물건판매점포의 사용인(상법 제16조)의 3종류로 나누어 규정한다. 상법이 이와 같이 상업사용인의 상인을 위한 대리권에 관한 특별한 규정을 둔 것은 상인의 영업활동이 반복적 · 계속적으로 행하여지는 것을 본질로 하기 때문에 이와 같은 영업활동의 보조자인 상업상용인의 대리권에 관하여서는 거래와 원활한 수행과 제3자의 안전을 위하여 민법의 법률행위의 대리에 관한 일반원칙에 맡기는 것으로 충분하지 않기 때문이다.

제2절 지배인(支配人)

1. 지배인의 의의

지배인은 영업주에 갈음하여 그 영업에 관한 재판상 또는 재판외의 모든 행위를 할 권한을 가진 상업사용인이다(상법 제11조 제1항). 이와 같은 포괄적 대리권은 일반적으로 지배권(支配權)이라고 불린다. 어떠한 사용인이 지배인인가는 이 지배권의 유무에 따라 결정된다.

지배인은 보통 지배인, 지점장 등과 같은 영업주임인 것을 나타내는 직책으로 칭해지지만, 지배인은 그 명칭 여하를 묻지 않는 실질적인 개념으로, 내부적으로 영업의 주임으로서의 대리권을 가지고 있는 사용인은 지배인이다. 반대로 지점장이라는 명칭을 사용하고 있어도, 지배권이 없으면 지배인이라고 할 수 없다. 또한 설사 지배권이 없는 자를 지배인으로 등기하여도 지배인이 아니다. 다만 지배인으로서의 실질이 없더라도 지배인과 같은 명칭이 부여된 경우에는 표현지배인(表見支配人)에 관한 영업주의 책임이 문제로 된다.

이와 같이 영업주에 의하여 본점 또는 지점의 지배권이 있는 지배인으로 선임된 자는 당연히 지배인이 되므로, 이와 같은 자와 거래하고자 하는 자는 일일이 그 자의 대리권의 유무와 범위를 살필 필요가 없고, 그자가 영업주에 의하여 본점 또는 지점의 영업주임으로서 선임되었는가만 확인하면 안심하고 거래를 할 수 있게 된다.

〈문제점〉

상법은 지배인에 대하여 거래안전의 관점에서 그 대리권에 관한 규정만을 두고, 기업내부에서의 권한분배의 점에 관한 규정을 두고 있지 아니하여 문제를 야기하고 있다. 이에 상법 14조의 표현지배인에 관한 규정을 유추하여 지배인은 내부적으로 영업주임으로서 영업에 관한 포괄적 대리권을 가진다고 해석한다.

2. 지배인의 선임

1) 선임권자

지배인은 영업주인 상인 또는 그 대리인이 선임한다(상법 제10조). 지배인은 다른 지배인을 선임할 권한을 가지지 못함은 당연하다(상법 제11조 제2항의 반대해석). 영업의 허락을 얻은 미성년자도 지배인을 선임할 수 있다. 소상인은 지배인을 선임할 수 없다. 왜냐하면 지배인제도는 상업등기제도와 불가분한데, 소상인에게는 상업등기에 관한 규정이 적용되지 않기 때문이다(상법 제9조).

2) 회사의 경우 선임기관

주식회사의 경우에는 이사회의 결의에 의한다(상법 393조 1항). 대표이사가 이사회의 결의를 거치지 아니하고 행한 지배인의 선임·해임은 그 지배인의 지(知), 부지(不知)를 묻지 아니하고 무효라고 해석한다. 이와 같이 해석하여도 표현지배인에 관한 상법 제14조와 지배인의 등기가 되어 있으면 상법 제39조에 의하여 거래의 상대방은 보호된다. 합명회사의 경우에는 사원의 과반수의 결의(상법 제203조), 합자회사의 경우에는 무한책임사원의 과반수의 결의(상법 제274조), 유한회사의 경우에는 이사의 과반수의 결의(상법 제564조 제1항)에 의하여 선임된다. 회사의 지배인 해임에도 같은 결의가 요구된다.

3) 지배인의 자격

지배인은 자연인이어야 하지만, 그 자격에는 제한이 없고 제한능력자이어도 된다(민법 제117조). 다만 주식회사와 유한회사에서는 당해회사와 그 모회사의 감사와의 겸임이 금지된다(상법 제411조, 제570조). 다만 지배인과 이사의 겸임은 가능하다(사용인겸직이사).

4) 선임의 형식

선임의 형식에는 특별한 제한은 없다. 다만 지배인의 지배권은 각 영업마다 그 본점 또는 지점의 영업에 대하여 부여되는 것이기 때문에(상법 제10조 참조), 상인이 수 개의 영업을 영위하는 경우에는 그 영업, 1개의 영업에 관하여 수 개의 영업소를 가진 경우에는 그 영업소를 특정하여야 한다.

5) 선임행위의 성질

선임행위의 성질은 대리권수여계약과 고용계약의 복합행위이다. 다만 양 계약이 동시에 성립할 필요는 없고 이미 고용관계에 있는 사용인에게 지배권수여계약을 체결하여 지배인으로 선임할 수 있다.

3. 지배인의 종임

영업주와 지배인의 관계는 대리권의 수여를 수반하는 고용관계 또는 위임관계이다. 따라서 지배인은 ① 대리권의 소멸 ② 고용관계 또는 위임관계의 종료 그리고 ③ 영업의 폐지에 의하여 종임한다.

1) 대리권의 소멸

(1) 지배인의 귀책사유

지배인의 사망 · 성년후견의 개시 · 파산 · 해지에 의하여 종임한다(민법 제127조, 제689조, 제690조).

(2) 영업주의 귀책사유

영업주의 파산, 영업주의 해지에 의하여 종료한다(민법 제127조, 제689조, 제690조). 그러나 영업주의 사망은 종임사유가 아닌데, 지배인의 대리권은 상행위의 위임에 의한 대리권이기 때문이다(상법 제50조). 영업주가 사망하면 지배인은 영업주의 상속인의 대리인이 된다. 지배인은 영업주의 대리인이라기보다는 영업 자체의 대리인이라고 볼 수 있기 때문이다.

2) 고용관계 또는 위임관계의 종료

영업주와 고용관계에 있는 지배인은 고용기간의 만료, 영업주 또는 지배인으로부터의 고용관계의 해지 통고(민법 제660조), 영업주가 파산선고를 받은 경우에는 지배인 또는 파산관재인으로부터의 해지통고에 의하여 종료한다(민법 제663조).

영업주와 위임관계에 있는 지배인은 위임계약의 기간만료, 영업주 또는 지배인으로부터의 위임계약의 해지통고에 의하여 종임한다(민법 제689조).

3) 영업의 폐지

이것이 종임사유로 된 것은 지배인이 영업의 존재를 전제로 하는 이상, 영업이 폐지되면 당연히 종임하기 때문이고, 회사의 해산도 종임사유이다. 다만 영업양도가 지배인의 종임사유인가에 대하여서는 견해가 나뉜다.

(1) 종임긍정설(최기원, 84면 ; 정동윤, 113면)

지배인은 영업주의 고도의 인적 신뢰를 바탕으로 하고 있는 점, 지배인은 영업주만이 선임할 수 있다는 것을 근거로 든다.

(2) 종임부정설(이철송, 117면 ; 임홍근, 80면 ; 이기수, 118면)

영업양도는 인적·물적 조직 그 자체를 그대로 이전하는 것이므로 지배인의 고용관계는 양수인에게 승계된다고 해석하여 원칙적으로 당연히 종임하는 것은 아니라고 본다. 다만 지배인관계를 영업양도의 대상으로부터 제외할 수 있고, 지배인은 영업주와 강한 신뢰관계를 가지는 것으로부터 영업양도가 행하여진 경우 지배인이 해지할 수 있다고 해석한다.

(3) 결어 종임부정설을 취한다.

4. 지배인의 등기

지배인이 누구인가에 대하여 상인과 거래의 상대방은 중대한 이해관계를 가진다. 따라서 지배인의 선임 및 종임은 영업주가 등기하여야 한다(상법 제13조). 지배인의 선임등기는 그 지배인을 둔 본점 또는 지점소재지에서 다음의 사항을 등기하여야 한다. ① 지배인의 성명·주소 및 주민등록번호 ② 영업주의 성명·주소 및 주민등록번호 ③ 영업주가 2개 이상의 상호로 2개 이상 종류의 영업을 할 때에는 지배인이 대리할 영업과 그 사용할 상호 ④ 지배인을 둔 장소 ⑤ 2인 이상의 지배인이 공동으로 대리권을 행사할 것을 정한 때에는 그에 관한 규정(상업등기법 제53조 제1항)

개인상인의 경우에는 지배인등기부가 이용되고(상업등기법 제5조 제1항 4호), 회사의 경우에는 회사의 등기부에 지배인의 등기가 행하여진다(상업등기법 제54조~제55조).

지배인선임등기를 하지 아니하면 선의의 제3자에게 대항할 수 없다(상법 제37조). 반대로 지배인으로 선임되지 아니하였어도, 지배인으로 선임등기가 되어 있는 경우에는 그 자가 지배인이 아니라는 것을 선의의 제3자에게 대항하지 못한다(상법 제39조).

5. 지배인의 대리권

지배인의 대리권은 영업주의 영업에 관한 '포괄적인 대리권'을 가지고, 지배인은 제3자와의 관계에서 제한 없는 '획일적인 대리권'을 가진다.

1) 포괄적 대리권

지배인의 대리권은 첫째, 영업주의 상호 및 영업소 중 선임된 상호 및 영업소에 대하여만 미치고, 둘째, 개별화된 영업에 관한 재판상 또는 재판 외의 모든 행위를 할 대리권을 가진다.

(1) 상호와 영업소에 의하여 '개별화된' 영업에 관한 포괄적 대리권

지배권은 선임된 영업주의 상호 및 영업소에 의하여 개별화된 영업에 대하여 성립한다.

① 본점의 지배인은 지점의 영업에 대하여 대리권을 가지지 아니한다. 다만 1인의 지배인이 복수의 영업소의 지배인을 겸할 수 있다. 이를 총지배인이라고도 하고, 이 경우 영업소마다 지배인의 등기를 하여야 하기 때문에 본점의 지배인이 지점의 지배인도 겸하는 경우에는 지점의 소재지에서도 지배인의 등기가 필요하다.

② 영업주가 수 개의 상호로 수 개의 영업을 영위하는 하는 경우에는 지배권은 선임된 상호, 영업소의 영업에 한정된다. 이 때에는 지배인이 대리할 영업과 그 사용할 상호를 등기하여야 한다(상업등기법 제53조 제1항 3호). 다만 영업주는 상호를 달리하는 수종의 영

업을 1인의 지배인에게 대리하게 할 수 있지만, 이 경우에는 각 영업에 대하여 지배권이 성립하는 것이 된다.

이에 대하여 1개의 상호로 수 개의 영업을 행하는 경우에 지배인에게 그중 일부의 영업만을 대리하게 하는 경우는 지배권의 내부적 제한이 된다(상법 제11조 제3항).

(2) 영업에 관한 포괄적인 대리권

지배권은 영업에 관한 재판상 또는 재판 외의 모든 행위에 미친다.

① '영업에 관한 행위'라 함은 영업의 목적인 행위 외에, 영업을 위하여 필요한 행위를 포함한다. 또 '영업에 관한 행위'에 해당하는가 아닌가는 그 행위의 성질·종류 등을 감안하여, 객관적·추상적으로 관찰하여 결정하여야 한다. 따라서 실제로는 지배인이 자기의 이익을 위하여 한 경우에도 선의의 상대방에 대한 관계에서 그 행위의 효과는 영업주에게 귀속한다.

'영업에 관한 행위'는 영업 자체의 존재를 전제로 행하여지는 행위에 한정되고, 영업의 폐지·양도 및 지점의 설치에는 미치지 아니한다. 영업소의 확장은 그 범위에 포함된다.

② '재판상의 행위'라 함은 소송행위를 말하고, 지배인은 직접 소송대리인이 되거나(민사소송법 제80조) 소송대리인(변호사)을 선임할 수 있다.

③ '재판외의 행위'라 함은 사법상의 적법행위를 말하며 법률행위에 한정되지 아니한다. 영업에 관한 행위인 이상 유상행위·무상행위를 묻지 아니한다. 상법은 지배인은 지배인이 아닌 점원 기타 사용인을 선임 또는 해임할 수 있다(상법 제11조 제2항)고 규정한다. 원래 포괄적 대리권을 가진 지배인이 다른 상업사용인을 선임할 수 있음은 당연하지만, 이 규정은 지배인이 다른 지배인을 선임할 수 없다는 것을 명확히 한 것이다.

2) 획일적 대리권

지배권에 대한 제한은 선의의 제3자에게 대항하지 못한다(상법 제11조 제3항). 이것은 지배인의 대리권은 획일적으로 그 범위가 법정되는 것이고, 영업주는 대리권을 제한할 수 없음을 나타내고 있다. 즉, 지배인은 선의의 제3자에 대한 관계에서 제한 없는 획일적인 대리권을 가지고, 대리권의 제한은 등기할 수도 없다. 그러나 당사자 간에 거래의 종류, 금액, 장소, 시기 또는 그 상대방에 대하여 내부적으로 대리권을 제한할 수는 있고, 대리권의 제한은 지배인과 악의의 제3자에 대하여는 유효하다. 따라서 악의의 제3자에 대하여는 영업주는 지배인의 제한 외의 행위에 대하여 책임을 지지 않는데, 제3자의 악의는 이를 주장하는 영업주가 입증하여야 한다. 또한 대리권에 대한 제한을 위반한 지배인은 영업주에 대하여 손해배상책임을 지고, 이 위반은 지배인의 해임사유로 된다.

3) 지배권의 남용

지배인이 객관적으로 영업주의 영업에 관한 행위로 평가되는 행위를 영업주의 이름으로 자기의 이익을 위하여 한 경우에는 대리권의 남용법리가 적용된다.

이 경우에는 거래의 안전을 위하여 유효하다고 해석되고, 그 상대방이 남용행위라는 것을 안 경우에 영업주는 책임이 없음을 주장할 수 있다는 데에는 다툼이 없지만 그 근거에 대하여는 견해가 나뉜다.

(1) 학설

① 비진의 의사표시설(안강현, 88면)

지배인이 오로지 자기의 이익을 도모하기 위한 목적으로 거래를 행한 경우에는, 민법 제107조 제1항 단서가 유추적용되어 이와 같은 배임적 의도를 알았거나 알 수 있었을 때에는 책임이 없다고 한다.

② **권한남용설**(정동윤, 123면)

악의 또는 중과실이 있는 상대방의 권리행사는 권한남용 또는 신의칙위반이고, 영업주는 이 상대방에 대하여 책임을 지지 아니한다고 해석한다.

(2) 판례

판례(대판 1999. 3. 9. 97다7721,7738)는 비진의의사표시설을 취한다.

판 례

> 대판 1999. 3. 9. 97다7721,7738……지배인의 행위가 영업에 관한 것으로서 대리권한 범위 내의 행위라 하더라도 영업주 본인의 이익이나 의사에 반하여 자기 또는 제3자의 이익을 도모할 목적으로 그 권한을 행사한 경우에 그 상대방이 지배인의 진의를 알았거나 알 수 있었을 때에는 민법 제107조 제1항 단서의 유추해석상 그 지배인의 행위에 대하여 영업주 본인은 아무런 책임을 지지 않는다고 보아야 하고, 그 상대방이 지배인의 표시의사가 진의 아님을 알았거나 알 수 있었는가의 여부는 표의자인 지배인과 상대방 사이에 있었던 의사표시 형성 과정과 그 내용 및 그로 인하여 나타나는 효과 등을 객관적인 사정에 따라 합리적으로 판단하여야 한다.

(3) 결어

상대방이 지배인이 자기의 이익을 위하여 거래를 하는 것을 알았거나 알 수 있었을 때에도 영업주에게 거래의 효과를 귀속시킬 수 없다고 볼 수 있는 점에서 '비진의 의사표시설'이 타당하다.

6. 공동지배

1) 공동지배의 의의

공동지배라 함은 수인의 지배인으로 하여금 공동으로만 대리권을 행사하도록 한 경우이다(상법 제12조 제1항). 1개의 지배권이 복수의 지배인에 의하여 合有되는 것을 의미한다. 지배인의 대리권은 포괄적이어서 한번 남용된다면 영업주의 이익은 크게 침해된다. 따라서 이와 같은 남용을 방지하기 위하여 공동지배인제도를 둔 것이다. 공동대표이사(상법 제389조 제2항)와 같은 취지의 제도이다.

2) 공동지배의 태양

공동지배의 행사태양은 영업주가 임의로 정할 수 있다. 예컨대 3인의 지배인에게 공동으로 행사하게 하는 경우 또는 3인중 갑은 단독으로 을·병은 공동으로 대리하여야 하는 것으로 하거나 3인중 어떠한 2인이 공동으로 행사하게 정할 수 있다.

3) 능동대리

(1) 공동지배인은 공동으로 영업주를 대리하여야 한다. 1인이 대리권을 행사하여도 대리의 효력은 생기지 아니한다.

(2) 공동의 대리가 있기 위하여 공동지배인이 일시에 그 행위를 할 필요는 없고 때를 달리하여 각자 행위의 상대방인 제3자에게 의사표시를 하는 것으로 충분하다. 예컨대 공동지배인 중 1인이 한 행위를 다른 공동지배인이 상대방인 제3자에게 승인하여도 된다.

(3) 각 지배인의 의사표시는 제3자에 대하여 행하여져야 한다. 1인은 제3자에 대하여 의사표시를 하고 다른 지배인은 내부적으로 동의하거나 추인한 것은 공동으로 대리한 것이 아니다.

(4) 공동지배인이 특정한 행위를 1인에게 위임하여 대리하게 할 수 있는가에 대하여는 견해가 나뉜다. 포괄적 위임은 공동지배의 취지에 반하지만 구체적인 특정한 행위에 대한 위임은 제도의 취지에 반하지 아니하고 실제의 편의에도 적합하다고 하여 이것을 긍정하는 것이 다수설이다.

4) 수동대리

수동대리에 대하여서는 각자가 그 권한을 가진다. 지배인 1인에 대한 의사표시는 영업주에 대하여 그 효력이 있다(상법 제12조 제2항). 이것은 통상 공동지배인 전원에게 의사표시를 하는 것은 불편하고, 이와 같은 상대방의 불편을 피하기 위한 것이다.

5) 등기

공동지배인 제도는 포괄적 대리권을 가지는 지배인에 대하여 그 대리권의 행사방법을 제한하고, 거래의 상대방도 큰 영향을 받는 사항이기 때문에, 공동지배인을 정하거나 이를 변경하고자 하는 경우에는 등기하여야 한다(상법 제13조).

7. 표현지배인(表見支配人)

1) 표현지배인의 의의

표현지배인이라 함은 지배인은 아니지만 본점 또는 지점의 본부장, 지점장, 그 밖에 지배인으로 인정될 만한 명칭을 사용하는 상업사용인을 말한다(상법 14조). 지배인은 실질적인 개념이다. 따라서 지점장 등의 명칭이 부여된 사용인이라도 영업주로부터 지배권이 부여되지 않은 경우에는 지배인이 아니다. 그러나 거래의 상대방으로서는 지점장이라는 명칭을 가지고 영업활동을 보조하고 있는 자에게 지배인으로서 포괄적 대리권이 있는 것으로 신뢰하여 거래를 하는 경우가 적지 아니하므로 이러한 상대방의 신뢰를 보호할 필요가 있다. 그리하여 상법은 거래의 안전, 금반언(禁反言)의 법리 또는 외관이론으로부터, 영업주는 지배인으로 신뢰한 거래의 상대방에 대하여, 이 사용인이 한 거래의 효과가 자기에게 귀속한다는 것을 부정할 수 없는 것으로 한 것이다. 이것은 민법의 표현대리의 법리와는 달리 명칭신뢰를 보호한 것이다. 같은 취지의 제도로는 회사법상의 표현대표이사제도(表見代表理事制度)(상법 제395조)가 있다.

2) 표현지배인의 요건

(1) 본부장 등의 명칭을 사용하여 영업에 관한 행위를 할 것(외관의 존재)

① 본부장 등의 명칭사용

표현지배인은 본점 또는 지점의 본부장, 지점장, 그 밖에 지배인으로 인정될 만한 명칭을 사용하는 상업사용인이다. 어떠한 명칭이 이와 같은 명칭에 해당하는가는 거래사회의 일반관념에 따라 결정된다.

지점의 지배인, 지점장(대판 1960. 9. 15. 4293민상54 : 생명보험회사의 지점장), 지사장, 영업소장, 사무소장, 지방분실장(대판 1998.8.21. 97다6704 : 제약회사 지방분실장), 본점의 영업부장은 이에 해당한다.

그러나 지점장대리(대판 1994.1.28. 93다49703 : 증권회사의 지점장대리), 지점차장(대판 1993.12.10. 93다36954 : 보험회사의 지점차장)은 그보다 상위의 직위가 지점에 있는 것을 나타내기 때문에 영업주임의 명칭이라고 할 수 없고, 자동차운송회사의 사업과장(대판 1974.6.11. 74다492 : 부분적 포괄대리권을 가진 사용인으로 인정)에 대하여서도 부정된다.

② 영업에 관한 행위

사용인의 행위가 영업에 관한 재판 외의 행위로서 지배인의 권한에 속하는 행위이어야 한다.

재판상의 행위가 제외되는 것은 표현지배인제도가 지배인과 유사한 명칭으로 인하여 지배권이 있다고 신뢰하여 거래하는 상대방을 보호하는 것을 목적으로 하는데, 재판상의 행위는 외관보호의 필요성이 그다지 높지 아니하기 때문이다.

'영업에 관한 행위'라 함은 영업의 목적인 행위 외에, 영업을 위하여 필요한 보조적 상행위를 포함한다. 또 어떠한 행위가 본점 또는 지점의 영업에 관한 행위에 해당하는가 아닌가는 당해 행위에 관하여 그 행위의 성질·종류 등을 감안하여, 객관적·추상적으로 관찰하여 결정하여야 한다.

(2) 영업소의 실질

상법 제14조 제1항에서 말하는 '본점 또는 지점'이 상법상의 영업소로서의 실질을 갖출 것이 필요한가에 대하여서는 다툼이 있다.

① 학설

(가) 실질설 표현지배인으로서 본조를 적용하려면 당해 사용인의 근무장소가 상법상의 영업소인 '본점 또는 지점'으로서의 실체를 가지고 어느 정도 독립적으로 영업활동을 할 수 있을 것임을 요한다고 본다(정찬형, 92면 ; 정동윤, 129면 ; 최기원, 86면 ; 임홍근, 87면 등 다수설). 그 근거는 본조의 본래의 취지는 영업소인 실질을 갖춘 본점·지점이라면 그 영업의 주임자가 있을 것이고, 영업소의 실질이 없는 경우에는 영업주임이 있다고는 반드시 할 수 없다는 것을 든다.

(나) 형식설 본점 또는 지점으로서의 실체를 가지지 아니한 경우에도 표현지배인제도에 의한 보호가 허용된다고 한다(채이식, 61면). 그 근거는 첫째, 본조의 취지가 영업소의 지배인으로서의 외관이 표시된 경우, 그 외관에 대한 신뢰를 보호하여 거래의 안전을 유지하는 것이고, 둘째, 실질설에 따르면 거래상대방이 당해 본점 또는 지점이 진실로 영업소의 실체를 가지는가 아닌가를 조사하여야 하는 것이 되어 표현지배인제도에 의한 거래 상대방 보호에 충분하지 않기 때문이라고 본다.

② 판례

판례는 영업소로서의 실질을 갖출 것을 요구하고, 사실관계에 따라 해상화재보험주식회사의 부산영업소에 대하여는 표현지배인성립을 부정하고(대판 1978. 12. 13. 78다1567), 제약회사의 부산분실에 대하여는 이를 긍정하였다(대판 1998. 8. 21. 97다6704).

판례

대판 1998.8.21. 97다6704…… 표현지배인에 관한 규정이 적용되기 위하여는 당해 사용인의 근무장소가 상법상 지점으로서의 실체를 구비하여야 하고, 어떠한 영업장소가 상법상 지점으로서의 실체를 구비하였다고 하려면 그 영업장소가 본점 또는 지점의 지휘·감독 아래 기계적으로 제한된 보조적 사무만을 처리하는 것이 아니라, 일정한 범위 내에서 본점 또는 지점으로부터 독립하여 독자적으로 영업활동에 관한 결정을 하고 대외적인 거래를 할 수 있는 조직을 갖추어야 한다.

③ 결어

거래의 안전을 위하여 영업소의 개념을 약간 탄력적으로 해석할 필요성이 있다고 하여도, 거래상대방의 외관에 대한 오인은 지배인의 활동에 관한 것이고, 지배인은 영업소를 중심으로 활동하는 자이므로 결국 영업소를 전제로 하지 아니하고는 거래상대방에 대한 외관의 신뢰도 인정될 수 없다. 또한 영업소의 실질이 없는 경우 단지 제3자가 명칭으로부터 받은 신뢰까지 본조에 의하여 보호하는 것은 지나치다고 할 수 있기 때문에 실질설이 타당하다.

(3) 영업주의 명칭사용의 허락(영업주의 귀책사유)

영업주가 이와 같은 명칭의 사용을 허락할 것이 요구되고, 사용인이 임의로 이 명칭을 사용하여도 상법 제14조는 적용되지 아니한다. 영업주에게 귀책사유가 없기 때문이다.

이와 같은 명칭사용의 허락은 명시적일 필요는 없고, 묵시적이어도 된다. 사용인이 임의로 영업주임임을 표시하는 명칭을 사용하는 것을 알았으면서 이것을 방임하여 금지하지 않은 경우에는 묵시적 사용허락이 있는 것으로 취급된다.

(4) 상대방의 선의(외관의 신뢰)

① 상대방이 악의인 경우에는 표현지배인의 규정은 적용되지 아니한다(상법 제14조 제2항). 악의라 함은 사용인에게 포괄적 대리권이 부여되지 아니한 것을 아는 것이다. 상법 제14조 제2항은 동조 제1항의 예외에 해당하기 때문에, 악의라는 입증책임은 '영업주'가 진다.

② 상대방이 선의이지만 과실이 있는 경우에도 보호된다고 해석된다. 다만 선의임에 중대한 과실이 있는 경우에는 보호되지 아니한다고 보는 것이 통설이다. 상거래에서 중과실은 악의와 동시되는 것을 근거로 한다.

③ 악의 또는 중과실의 유무는 거래시를 표준으로 결정한다.

3) 영업주의 책임

(1) 표현지배인은 재판상의 행위를 제외하고 영업에 관하여 모든 행위에 대하여 영업주를 대리할 권한을 가진다(상법 제14조 제1항).

(2) 영업에 관한 행위에는 영업의 목적인 행위 외에 영업을 위하여 필요한 행위도 포함된다. 표현지배인이 영업주를 대리하여 이와 같은 행위를 행한 경우에는 유권대리로 인정되어 영업주는 그 효과의 귀속을 거부할 수 없다.

제3절 기타 사용인

1. 부분적 포괄대리인

1) 의의

영업의 특정한 종류 또는 특정한 사항에 한정하여 포괄적 대리권이 부여된 상업사용인이다(상법 제15조). 부장, 과장, 계장, 주임 등의 명칭이 부여된 사용인이 이에 해당한다. '특정한 종류 또는 특정한 사항에 대한 위임을 받은 사용인'이기 위하여는 특정한 사항의 법률행위를 할 위임을 받을 것이 필요하고, 계약의 권유와 조건의 교섭 등의 사실행위의 위임을 받은 것만으로 충분하지 아니하다.

2) 선임과 종임

부분적 포괄대리인의 선임과 해임은 영업주외에 지배인도 할 수 있다(상법 제11조 제2항). 선임 및 종임은 등기사항이 아니다.

3) 권한

부분적 포괄대리인은 그 특정한 종류 또는 특정한 사항에 대하여는 영업주의 영업을 대리할 포괄적인 권한을 가지고, 영업주가 그 종류 또는 특정한 사항 중에 대리권에 제한을 하여도 이로써 선의의 제3자에게 대항할 수 없다(상법 제15조 제2항). 예컨대 판매과장은 매매계약을 체결하고 상품 및 대금을 수수하며 대금을 감액하고 지급을 유예하는 등 상품의 매매와 관련하여 생기는 모든 행위에 대하여 영업주를 대리할 권한을 가진다.

판 례

대판 1990. 1. 13. 88다카3250 …… 일반적으로 주식회사의 경리부장은 경리사무 일체에 관하여 그 권한을 위임받은 것으로 봄이 타당하지만, 그 지위나 직책, 회사에 미치는 영향, 특히 회사의 자금차입을 위하여 이사회의 결의를 요하는 등의 사정에 비추어 보면 특별한 사정이 없는 한 독자적인 자금차용은 회사로부터 위임되어 있지 않다고 보아야 할 것이므로, 자금차용에 관한 본조의 부분적 포괄적 대리권이 있다고 할 수 없다.

대판 2006. 6. 15. 2006다13117 …… 전산개발장비 구매와 관련된 실무를 총괄하는 부분적 포괄대리권을 가진 상업사용인의 지위에 있는 자가 회사에 새로운 채무부담을 발생시키는 지급보증행위를 하는 것은 부분적 포괄대리권을 가진 상업사용인의 권한에 속하지 아니한다. 부분적 포괄대리권을 가진 상업사용인이 특정된 영업이나 특정된 사항에 속하지 아니하는 행위를 한 경우, 영업주가 책임을 지기 위하여는 민법상의 표현대리의 법리에 의하여 그 상업사용인과 거래한 상대방이 그 상업사용인에게 그 권한이 있다고 믿을 만한 정당한 이유가 있어야 한다.

2. 물건판매점포사용인

1) 물건판매점포사용인의 의의

물건을 판매하는 점포의 사용인이다. 지배인과 부분적 포괄대리인 이외의 상업사용인은 포괄적인 대리권을 가지지 아니한다. 따라서 영업주를 대리하여 거래를 하기 위하여는 개개의 행위에 대하여 필요한 대리권을 매번 부여받아야 한다. 그러나 물건의 판매를 목적으로 하는 점포의 사용인은 그 점포의 물건을 판매하는데 대리권이 부여되어 있는 것이 보통이고 고객도 대리권을 가진 것으로 보는 것이 보통이다. 따라서 상법은 이에 관한 규정을 두고 있다. 점포라 함은 일반공중이 자유로이 출입하여 그 장소에서 물건을 구입할 수 있는 시설을 말한다.

2) 물건판매점포사용인의 권한

물건판매점포의 사용인은 그 점포에 관한 모든 판매 권한이 있는 것으로 본다(상법 제16조 제1항). 점포에 없는 물건의 판매 또는 점포 밖에서의 물건의 판매에 대하여서는 대리권이 있는 것으로 보지 아니한다.

다만 그 사용인의 판매에 관하여 실제로 대리권이 부여되어 있지 아니함을 알고 있는 제3자에 대하여서는 대리권의 의제에 의한 보호는 미치지 아니한다(동조 제2항).

여기서는 판매에 대하여만 규정하고 있지만, 비디오 대여점과 같이 물건의 대여를 하는 점포의 사용인에게도 본조를 유추적용하여야 할 것이다.

제4절 상업사용인의 의무

1. 상업사용인의 의무

상업사용인은 영업주와 종속적 노무관계에 있기 때문에 상법은 위임의 선관주의의무를 구체화 내지 강화하여 그에게 경업금지의무와 특정지위취임금지의무를 지우고 있다. 이것은 양자사이에 경쟁적 관계가 발생하는 것을 방지하고 상업사용인의 정력이 분산되지 아니하도록 하기 위한 것이다.

2. 상업사용인의 경업금지의무

상업사용인은 영업주의 허락없이 자기 또는 제3자의 계산으로 영업주의 영업부류에 속한 거래를 하지 못한다(상법 제17조 제1항 전단).

1) 영업주의 영업부류에 속한 거래

영업주의 영업부류에 속한 거래만 금지되므로 이에 해당하지 아니하는 거래는 포함되지 아니한다. '영업주의 영업부류'라 함은 영업주의 영업목적인 거래를 의미한다. 이에 속하더라도 영리성이 없는 행위는 포함하지 아니한다. 그것에 속하는 이상 계속적인 거래는 물론 개별적인 거래도 포함한다. 근무시간 뿐만 아니라 근무시간외에도 경업이 금지된다.

2) 영업주의 허락

영업주의 허락이 있으면 금지가 해제된다. 허락은 사전의 명시 또는 묵시의 허락임을 원칙으로 하지만, 사후 추인도 가능하다.

3) 계산관계

자기 또는 제3자의 계산이란 경제적 이익의 귀속주체가 자기 또는 제3자라는 것이다.

3. 상업사용인의 특정지위취임금지의무

상업사용인은 영업주의 허락없이 회사의 무한책임사원, 이사 또는 다른 상인의 사용인이 되지 못한다(상법 제17조 제1항 후단).

이는 '동종영업'에 제한을 하고 있는 대리상(상법 제89조), 회사의 무한책임사원, 이사(상법 제198조, 제269조, 제397조, 제567조)와 달리 아무런 제한을 가하지 아니하여 견해가 나뉜다.

(1) **제한설**(서돈각 · 정완용, 86면)

이 규정은 양자의 이익 충돌을 피하기 위한 규정이므로 동종영업에 한하여 금지된다고 해석한다.

(2) **무제한설**(다수설)

이 견해는 동종영업으로 제한되지 아니한다고 한다. 그 근거로는 이 규정은 상업사용인으로 하여금 영업의 종류와 관계없이 다른 지위를 겸직하지 못하게 하여 영업주의 영업에만 전념하도록 하기 위한 것이라는 것을 든다.

(3) **결어**

사용인의 의무는 넓게 해석하여 영업주의 이익을 보호하는 것이 타당하므로, 법문대로 제한을 가하지 아니하는 것이 옳다.

4. 위반의 효과

1) 경업금지의무 위반의 효과

(1) 해지권과 손해배상청구권

경업금지의무위반은 동시에 고용계약위반이나 위임계약위반인 경우가 대부분일 것이고, 영업주는 이를 이유로 그 계약의 해지와 계약위반으로 인한 손해배상을 청구할 수 있다.

(2) 개입권(介入權)

① 의의

상업사용인이 경업금지의 규정에 위반하여 거래를 한 경우에, 그 거래가 자기의 계산으로 한 것인 때에는 영업주는 이를 영업주의 계산으로 한 것으로 볼 수 있고, 제3자의 계산으로 한 것인 때에는 영업주는 사용인에 대하여 이로 인한 이득의 양도를 청구할 수 있다(상법 제17조 제2항). 이를 영업주의 개입권 또는 '탈취권'이라고 한다.

② 인정이유

일반적으로 경업금지의무 위반으로 인한 손해를 입증하기 매우 어렵기 때문에 영업주로 하여금 손해의 입증이 없이도 개입권을 행사할 수 있도록 하고, 사용인이 손해 이상의 이익을 얻은 경우 영업주에게 손해를 배상한 후에도 이익이 있어서 부당이익을 취하는 결과를 방지하기 위한 것이다.

③ 성질

개입권은 영업주의 사용인에 대한 일방적 의사표시로 효력이 발생하는 형성권이다.

④ 개입권행사의 효과

영업주가 개입권을 행사한 때에는, 상업사용인은 그 거래의 경제적 효과를 영업주에게 귀속시켜야 할 채권적 의무를 부담한다. 거래관계는 그대로 두고 경업금지의무 위반으로 얻은 이익을 영업주에게 이전하여야 한다. 상업사용인은 영업주에게 거래로 인하여 취득한 권리를 이전하고 금전 기타의 물건을 인도하여야 한다. 또 영업주도 거래로 인하여 상업사용인이 부담한 채무를 변제하고 지출한 비용을 상환하여야 한다. 이를 내부적 개입권(內部的 介入權) 또는 실질적 개입권(實質的 介入權)이라고 한다. 반면 위탁매매인(상법 제107조) 또는 운송주선인(상법 제116조)의 개입권을 전면적 개입권(全面的 介入權)이라고 한다. 이들은 직접 거래의 당사자로서의 지위를 취득하는 점에서 사용인의 개입권과 다르다.

⑤ 개입권의 소멸

개입권은 영업주가 그 거래를 안 날로부터 2주간을 경과하거나 그 거래가 있은 날로부터 1년을 경과하면 소멸한다(상법 제17조 제4항). 이 기간은 제척기간이다.

⑥ 개입권 · 손해배상청구권 · 계약해지권

개입권과 손해배상청구권은 병존하며 개입권을 행사한 경우에도 손해가 있으면 그 배상을 청구할 수 있고, 그 반대도 가능하다. 개입권의 행사는 해지권에 영향이 없다.

2) 겸직금지의무위반의 효과

겸직금지의무 위반의 경우는 개입권은 행사할 수 없고 손해배상청구권과 해지권만 행사할 수 있다.

제4장 상 호

제1절 상호의 의의

1. 상호의 의의

1) 상호의 의의

상호는 상인이 영업상의 활동에서 자기를 표시하기 위하여 사용하는 명칭이다.

(1) 상인의 '명칭'

상호는 대외적으로 자기를 표창하는 것인 이상, 호칭(발음)할 수 있어야 하고, 문자로 표시될 수 있어야 한다. 따라서 도형, 무늬 등은 상표 또는 서비스표는 될 수 있어도 상호는 될 수 없다.

또 상호는 등기될 수 있어야 하기 때문에 외국문자에 의한 등기가 인정되지 아니하는 이상, 상호는 우리문자로 표시되어야 한다.

(2) '상인'의 명칭

상호는 상인이 영업활동에서 사용하는 명칭이고, 상인이 아닌 자가 자기를 표시하기 위하여 사용하는 명칭은 상호가 아니다. 예컨대 상호보험회사, 각종 협동조합, 소상인이 자기를 표시하기 위하여 사용하는 명칭은 상호가 아니다.

(3) '영업상의 활동'에서 사용하는 명칭

상호는 상인이 영업활동에서 사용하는 명칭이다. 회사는 상호 이외에 자기를 표시하는 명칭을 가지지 아니하기 때문에 회사는 자기의 동일성을 표시하기 위하여 상호를 사용하여야 하지만, 회사 이외의 상인은 영업상의 활동에서 성명 등의 상호 이외의 명칭을 사용하여도 무방하다.

상호는 상인이 영업상의 활동에서 자기를 표시하기 위하여 사용하는 명칭이므로 그 성립에는 상인의 영업이 전제로 되지만, 상인이 영업활동을 개시하지 아니하여도 영업의 준비활동이 있으면 상호는 성립한다.

2) 상호와 상표, 서비스표와의 관계

'상표'는 문자, 도형, 기호 등을 사용하여 기업이 생산한 상품에 부착하여 자기의 상품임을 거래일반에게 인식시키는 것이다. 즉, 상표는 자타상품의 식별표지이며 상품의 얼굴이다. '서비스표'는 서비스업을 영위하는 자가 자기의 서비스업을 타인의 서비스업과 식별되도록 하기 위하여 사용하는 표장(標章)으로(상표법 제2조 제1항 제2호) 상표와 공통적 성질을 가진다. 즉, 상표는 '상품의 식별표지'임에 대하여, 서비스표는 서비스의 식별표지이다. 따라서 서비스표에는 상표에 관한 규정이 준용된다(동조 제3항).

상표에는 상표가 상호를 표창하는 기능을 하는 '상호상표'와 상품의 구별을 위하여 이용되는 '상품상표'로 나눌 수 있다. 오늘날 상호가 상표로서의 기능을 겸하는 경우가 일반적이다.

서비스표나 상표는 문자로 표시되어야 하는 상호와는 달리 도형, 기호, 무늬 등으로 표시될 수 있는 점에서 차이가 있다.

2. 상호의 연혁

상호는 오래 전부터 널리 사용되어 왔지만, 이에 대한 법률상의 규제는 회사가 출현한 근대에 와서야 회사의 상호에 대하여 행하여졌다. 회사는 구성원인 사원과 별도의 상호를 사용하였기 때문이다. 1794년의 프로이센 상법전이나 1807년의 프랑스 상법전은 회사의 상호에 대하여서만 규제하였다. 그 후 개인 상인의 상호에 대한 규제의 필요성이 대두되어 1861년 독일 구상법이 이를 처음으로 규정하였다.

3. 상호의 기능

'상인'은 상호를 통하여 타인의 영업과 구별하고, 기업의 신용을 유지한다. 이와 같은 상인의 이익을 보호하기 위하여 타인에 의한 상호사용을 배제하고, 타인의 방해 없이 그 상호가 이용되도록 할 필요가 있다. 또한 상호는 이와 같은 고객흡인력 등을 지니고, 재산적 가치를 가진다. 따라서 상인은 타인에게 상호만을 양도하거나 상속할 수 있다.

'일반공중'은 상호를 통하여 기업의 동일성을 식별하고 상품의 제조자를 파악하며 상인의 신용을 평가한다(상표적 기능).

이와 같이 상호에 관하여는 상인의 명칭으로서 상인의 재산의 일부를 이루는 점에서 상인의 개인재산권의 보호의 측면과 상호가 가지는 신용을 신뢰하는 일반 공중의 보호라는 두 가지 측면을 고려하여야 하며, 후자의 측면에서 상호에 관한 법적 규제가 필요하게 된다.

제2절 상호선정자유의 원칙과 상호자유의 제한

1. 상호선정자유의 원칙

상호의 선정에 관하여는 일방으로는 상인과 거래하는 일반공중의 신뢰를 보호하기 위하여 상호가 상인의 상명 또는 영업의 실태와 부합하는 것이 바람직하다. 그러나 상인이 상호를 중심으로 오랜 동안 축적하여 온 영업상의 명성과 거래선과의 고객관계를 유지하거나 또는 영업상 유리하다고 판단하는 상호를 자유롭게 개발·선정 사용하도록 상호가 상인의 성명 또는 영업상의 실태와 합치하지 않아도 되도록 하는 것이 상인의 이익에 합치한다. 이에 관하여는 다음과 같은 입법주의가 존재한다.

1) 상호자유주의

상인은 자유롭게 상호를 선정·사용할 수 있다는 주의이다. '영미법계국가'에서 주로 채택되는 입장으로 이에 기하면 영업의 내용과 상호가 달라질 수 있다. 이는 영업의 내용이 변경되더라도 상호를 계속·사용할 수 있는 장점이 있고, 단점으로는 일반공중이 상호를 통하여 영업의 내용을 알기 어려운 점을 들 수 있다.

2) 상호진실주의

영업의 내용과 상호의 의미가 일치할 것을 요구하는 입장이다. 이는 '프랑스법계'에서 채택하는 입장으로 일반공중의 보호에는 유리하지만 상호선정의 자유가 제한되고 양자가 일치하는가 여부의 판단이 어렵다.

3) 절충주의

상호를 선정할 때에 영업의 내용과 상호가 일치할 것을 요구하지만 영업양도 또는 상속으로 영업이 승계된 경우에는 이전 상호의 계속사용을 허용하는 주의이다. '독일 상법'(제22조)의 입장이다.

4) 우리상법의 입장

우리 상법상 상인은 자기의 성명 기타 명칭을 상호로 선정하여 사용할 수 있다(상법 제18조). 즉, 상인은 자기의 영업의 실태와 관련 없이, 자유로이 상호를 선정할 수 있다. 따라서 우리상법은 기본적으로는 '상호선정자유의 원칙'을 채택하고 있다. 그러나 이 상호선정자유는 전혀 제한이 없는 것은 아니고, 상법은 다음과 같이 예외적으로 몇 가지 제한을 가한다. 이 점에서 약간 절충주의에 접근하고 있다고 할 수 있다.

2. 상호자유의 제한

상호선정자유의 원칙에는 다음과 같은 제한이 있다.

1) 회사의 상호 등의 제한

(1) 회사의 종류의 표시

회사의 상호에는 그 종류에 따라 합명회사, 합자회사, 유한책임회사, 주식회사 또는 유한회사의 명칭을 사용하여야 한다(상법 제19조). 회사는 그 종류에 의하여 조직과 사원의 책임을 달리 하기 때문에 회사와 거래하는 일반공중을 보호하기 위하여 회사의 상호 중에 그 종류를 명확히 하는 것이 타당하기 때문이다. 이에 대한 반면으로 회사가 아니면 상호에 회사임을 표시하는 문자를 사용하지 못한다(상법 제20조). "회사임을 표시하는 문자"라 함은 회사라는 문자뿐만 아니라, 일반인이 회사라고 오인할 수 있는 문자를 포함한다. 예컨대 상회라는 문자는 이에 해당하지 않지만, 합명상회는 이에 해당한다.

이 제한은 회사 이외의 자가 회사의 영업을 양수한 경우에도 적용된다(상법 제20조 2문). 따라서 회사로부터 영업을 양수한 개인상인이 회사가 수년에 걸쳐 축적한 영업의 명성을 상호의 양수에 의하여 사용하기 위하여서는 양도회사의 상호 중 회사의 종류를 나타내는 문자에 부가된 문자를 그 상호로 선정하여 행한다.

(2) 금융기관의 표시

은행 · 신탁 · 증권업 등 공공의 이해와 관계 있는 인허가 사업을 행하는 회사는 각 상호 중에 은행 · 신탁 · 증권의 문자를 사용하여야 한다(은행법 제14조, 신탁업법 제7조, 자본시장법 제38조). 보험회사는 상호 중에 보험사업의 종류를 표시하여야 한다(보험업법 제8조). 반대로 이러한 사업을 영위하지 아니하는 자는 상호 중 이러한 사업목적을 표시하는 문자를 사용할 수 없고, 그 위반에는 벌금 등의 제재가 있다(은행법 제68조 제2항, 신탁업법 제7조 제2항, 제41조, 자본시장법 제446조 3호, 보험업법 제8조 제2항, 제204조).

이것은 위와 같은 금융업무에 대하여는 감독법규에 의한 폭넓은 규제가 행하여지고, 이에 의하여 신용이 유지되는 것이기 때문에 일반공중을 보호하기 위하여 그와 같은 감독을 받는 자에 대하여 이를 명확히 하고, 이와 같은 감독을 받지 않는 자에게는 그러한 명칭의 사용을 금지하여 공중의 오인을 피하기 위함이다.

2) 상호의 부정목적 사용금지

상인은 자기의 성명뿐만 아니라 타인의 성명도 상호로 사용할 수 있지만, 부정한 목적으로 타인의 영업으로 오인할 수 있는 상호를 사용하지 못한다(상법 제23조 제1항).

'부정한 목적'이라 함은 자기의 상호로 어떠한 상호를 사용하여 일반인에게 자기의 영업을 그 명칭이 표시하는 타인의 영업으로 오인시킬 의도를 의미한다. 이는 위법의 목적보다 좁은 개념이다. 사용은 계약체결 등 법률행위에 사용하는 것뿐만 아니라 광고와 같이 사실상의 사용을 포함한다.

부정한 목적으로 사용하는 한, 그 타인이 현재 영업을 행하고 있는가 아닌가, 그 명칭을 현재 타인이 상호로 사용하고 있는가 아닌가를 묻지 아니한다. 상인이 아닌 저명인사의 성명을 자기의 상호로 사용하는 것도 부정한 목적이 있는 한 허용되지 아니한다.

소상인에 대하여서는 상호에 관한 상법이 적용되지 않고, 소상인이 영업관계에서 자기를 표시하기 위하여 사용하는 명칭은 상호가 아니지만, 소상인이 그 영업관계에서 부정한 목적으로 타인의 영업으로 오인할 수 있는 명칭의 사용은 금지된다고 해석된다.

3) 부정경쟁방지법상의 저명상호의 사용금지

(1) 저명한 상호의 사용금지

부정경쟁방지법은 국내에 널리 인식된 타인의 성명, 상호, 표장 기타 타인의 영업임을 표시하는 표지와 동일 유사한 것을 사용하여 타인의 영업상의 시설 또는 활동에 혼동을 일으키게 하는 행위를 금지한다(동법 제2조 제1호). 상법상의 상호전용권은 부정한 목적을 요구함에 비하여(제23조 제1항), 본법상의 제한은 이와 같은 주관적인 목적의 여하를 묻지 하지 아니하는 점에서 차이가 있다.

(2) 위반에 대한 제재-사용중지 · 손해배상 · 신용회복조치

이에 위반한 자가 있는 경우에, 이에 의하여 이익이 침해될 우려가 있는 자는 그 행위의 중지를 청구할 수 있다(부정경쟁방지법 제4조). 또한 이로 인하여 이익을 침해받은 자는 고의 또는 과실이 있는 행위자에 대하여 손해배상을 청구하거나, 실추된 신용회복의 조치를 청구할 수 있다(동법 제4조, 제5조, 제6조).

제3절 상호단일의 원칙

1. 상호단일의 원칙의 의의

동일한 영업에 대하여는 1개의 상호만이 인정된다(상법 제21조 제1항). 이것을 상호단일의 원칙이라고 한다. 1개의 영업에 수 개의 상호를 인정한다면 일반의 공중에게 영업의 동일성에 대한 오인을 발생하게 하고, 영업주체의 인식에 혼란을 야기할 우려가 있으며, 타인의 상호선정의 자유를 제한하기 때문이다.

2. 회사의 상호

회사의 상호는 개인상인의 상호와는 달리 수 개의 영업을 행하는 경우에도, 수 개의 상호를 사용할 수 없다. 회사의 상호는 단지 영업상의 명칭임에 그치지 아니하고, 자연인의 성명과 같이 주체와 인격의 사회적 존재를 표시하는 것이기 때문에, 회사의 인격이 법인으로서 1개인 이상 그 명칭도 1개이어야 한다.

3. 영업소가 수 개인 경우

동일한 영업에 대하여 수 개의 영업소가 있는 경우에도 그 영업소는 동일한 영업의 구성부분에 불과하기 때문에 상인은 각 영업소에 각각의 상호를 사용할 수 없다. 다만, 지점에서의 영업은 본점의 영업으로부터 어느 정도 독립성이 인정되기 때문에(상법 제56조), 상인의 명칭인 상호에 종속관계 있는 것을 나타내는 문자를 부가하여 지점의 영업인 것을 표시하는 것은 무방하다(상법 제21조 제2항).

4. 개인상인의 상호

개인상인이 수 개의 영업을 하는 경우에는, 그 수 개의 영업에 대하여 각각 별개의 상호를 사용할 수 있다. 또 각 영업에 대하여 1개의 상호를 사용할 수도 있다.

5. 영업양수의 경우

상인이 상호와 함께 영업을 양수하여 종래의 영업과 합하여 1개의 영업을 행하는 경우에는 종래의 상호와 양수 상호 중 1개를 선택하여야 한다. 상호단일의 원칙의 적용이다.

제4절 상호의 등기와 가등기(假登記)

1. 상호의 등기

상호의 등기제도는 상인의 이익과 상인과 거래하는 상대방의 이익을 조정하는 것이다. 즉, 상호는 장기간 사용함에 의하여 상호 자체에 사회적·경제적 신용이 인정되기 때문에 상인은 상호를 배타적으로 이용하고자 한다. 타방 상인과 거래하는 상대방으로서는 상호를 통하여 어떠한 상인의 어떠한 영업인가를 알고자 한다. 따라서 회사의 상호는 등기사항으로 되어 있다(상법 제180조 제1호, 제317조 제2항 제1호, 제549조 제2항 제1호). 이에 대하여 개인상인의 상호는 등기하는가 여부는 자유이지만, 등기를 하면 법률상 보호가 강화된다.

2. 상호의 가등기(假登記)

1) 상호가등기의 기능

회사의 설립에는 복잡한 절차와 많은 시일을 요한다. 따라서 설립하려는 회사의 상호권을 미리 보호할 필요가 생긴다. 또한 회사의 상호 변경시 미리 변경상호를 보호하거나, 회사가 본점을 이전하고자 하는 경우 이를 안 제3자가 회사에 앞서 회사의 본점 이전예정지를 관할하는 법원의 등기소에 회사의 상호와 동일하거나 유사한 상호를 등기하여 회사의 본점이전의 등기를 방해하는 것을 배제할 필요가 있다. 이에 따라 1995년 개정상법에서 상호의 가등기제도가 신설되었다.

2) 허용되는 경우

상법상 상호의 가등기가 허용되는 경우는 다음 3가지이다.

(1) 물적회사의 설립

주식회사 또는 유한회사를 설립하고자 할 때에는 본점의 소재지를 관할하는 등기소에 상호의 가등기를 신청할 수 있다(상법 제22조의 2 제1항). 합명회사와 합자회사의 설립시에는 가등기가 인정되지 않는다. 그 이유는 합명회사와 합자회사의 경우에는 설립에 많은 시일을 요하지 않기 때문이다.

(2) 회사의 상호변경

회사가 상호를 변경하고자 하는 경우에도 가등기를 인정한다(동조 제2항). 변경등기절차를 완료하기 전에 다른 회사가 먼저 변경하고자 하는 상호를 등기하면 변경등기를 하지 못하게 되기 때문이다.

(3) 회사의 본점 이전

회사가 본점을 이전하고자 할 때에는 이전할 곳을 관할하는 등기소에 상호의 가등기를 신청할 수 있다(동조 제3항). 타사에 의한 상호등기의 방해를 예방하고자 하는 취지이다.

3) 효과

상호의 가등기가 있으면 동일한 특별시 등에서 동종영업의 상호로 등기하지 못하고(상법 제22조의 2 제4항, 제22조), 이와 같은 상호등기의 신청이 있으면 등기공무원은 이를 각하한다. 다만 상호의 가등기는 동일한 상호의 등기를 배척하는 등기법상의 효력이 인정되지만, 상호가등기를 한 자가 이에 근거하여 타인의 상호사용의 배제를 청구하는 사법상의 효력은 없다.

제5절 상호의 보호

1. 상호권의 의의, 상호사용권 · 상호전용권

1) 상호권의 의의

상호의 사용으로 인하여 발생하는 권리를 상호권이라고 한다. 상호권에는 상호사용권과 상호전용권이 있다. 점유로 인하여 점유권이 발생하는 것과 같이, 상호권은 상인이 적법하게 상호를 사용함으로써 발생하는 권리이다. 상호를 보호하는 요건으로는 영미법은 사용주의를 취한다. 대륙법은 등록주의를 취하여, 상호는 등기 또는 등록을 함에 의하여 비로소 보호받게 된다. 우리 법은 양자를 절충하고 있다고 할 수 있다.

2) 상호권의 법적 성질

상호권의 법적 성질에 관하여는 (i) 인격권설 (ii) 재산권설 (iii) 등기 전에는 인격권, 등기 후에는 재산권으로 보는 설 (iv) 인격권적 성질을 포함한 재산권으로 보는 설이 있다. 생각건대 상호는 영업활동을 위하여 자기를 표시하는 명칭으로서 명예권과 같은 인격권이지만, 상호를 통하여 타인의 상호와 식별하게 하는 상표적 기능의 측면에서 지적재산권의 일종으로서의 재산권이라고 본다. 따라서 고의 또는 과실로 상호권을 침해하여 손해가 발생하면 불법행위로 인한 손해배상을 청구할 수 있고(민법 제750조), 경우에 따라서는 인격권 침해로 인한 위자료를 청구할 수 있다(민법 제751조).

3) 상호사용권과 상호전용권

(1) 등기와 상호권

상호권을 등기의 전후에 따라 미등기상호의 경우에는 상호사용권, 등기상호의 경우에는 상호전용권이 인정된다는 견해가 있다(서돈각 · 정완용, 97면) 그러나 상호사용권과 상호전용권을 등기유무에 의하여 구별할 수 없고, 등기상호의 경우에는 타인이 사용할 때 부정목적이 추정되는 등 그 보호가 강화되는 것뿐이라고 해석한다(통설).

(2) 상호사용권

상호사용권이라 함은 상인이 자기가 선정한 상호를 타인의 방해를 받지 않고 사용할 권리를 말한다. 상호사용권은 법률행위이든 사실행위이든 인정된다. 고의 또는 과실로 이를 침해한 자는 불법행위로 인한 손해배상책임을 진다(민법 제750조). 등기상호이든 미등기

상호이든 상호사용권의 내용은 같다.

가령 갑이 '갑상사'라는 상호로 종래부터 영업활동을 하고 있는데, 이 상호를 등기하지 않은 경우에, 을이 '갑상사'라는 상호를 등기하였다. 갑은 '갑상사'라는 상호에 대하여 등기하지 않았어도, '부정한 목적'을 갖고 있지 아니하기 때문에, 이 상호를 계속 사용할 수 있다. 따라서 부정한 목적을 가진 자가 등기하여도 상호사용권이 부여되는 것은 아니다.

(3) 상호전용권

상호전용권은 타인이 자기의 상호와 동일 또는 유사한 상호를 사용하는 경우에 그 사용의 폐지와 손해배상을 청구할 수 있는 권리를 말한다(상법 제23조). 등기의 전후를 묻지 않는다고 본다. 다만 등기한 상호권자의 상호전용권은 약간 강화된다.

2. 미등기상호의 보호

1) 미등기상호권자의 상호전용권

(1) 개관

부정한 목적으로 타인의 영업으로 오인할 수 있는 상호를 사용하는 자가 있는 경우에 이로 인하여 손해를 받을 염려가 있는 자는 상호사용의 폐지와 손해배상을 청구할 수 있는 권리를 가진다(상법 제23조). 상법은 상호권자를 보호하기 위하여 일반불법행위보다 그 성립요건을 완화하여 직접 손해가 발생하지 아니하였어도 상호권의 침해사실과 손해를 받을 염려만을 요구한다.

(2) 입법취지

이는 상호자유주의 아래에서 신용이 있는 성명·상호 등의 명칭이 불법적으로 사용되는 폐해를 제거하여 그 타인의 명칭을 보호하고 또한 일반공중이 영업주체를 오인하지 아니하도록 하여 일반공중을 보호하고자 함이다.

2) 상호전용권의 성립요건

부정한 목적으로 타인의 영업으로 오인할 수 있는 상호를 사용하고 이로 인하여 손해를 받을 염려가 있어야 한다.

(1) 부정한 목적이 있을 것

① 부정한 목적

'부정한 목적'이라 함은 자기의 영업을 상호권자의 영업으로 오인시켜 상호권자가 가지는 신용 등 경제적 가치를 자기의 영업에 이용하고자 하는 의도를 의미한다.

이와 같은 의도로 타인의 성명·상호 기타 명칭을 자기의 상호로 사용하는 한, 이것에 의하여 타인의 이익을 침해하고자 하는 것인가, 타인의 명성을 이용하여 고객을 유인하여 자기에게 유리하게 하고자 하는 것인가 아닌가를 묻지 아니한다.

판례(대판 1993.7.13. 92다49492)는 1959.7.21. 마산에서 등기된 "고려당"이라는 상호로 마산에서 영업을 해온 상인으로부터 상호사용금지가처분의 신청을 받은 상인이 1991.8.1. "서울 고려당"이란 상호로 1945.9.1. 영업감찰을 받아 영업을 해오던 상인과 마산대리점 계약을 체결하고 그의 간판에 "SINCE 1945 신용의 양과 서울 고려당 마산분점"이라고 표시한 것은 부정한 목적이 없다고 한다.

판례

> 대판 1993.7.13. 92다49492……상호사용금지의 가처분의 피신청인인 상인이 그의 간판에 "SINCE 1945 신용의 양과 서울 고려당 마산분점"이라고 표시한 것이 주식회사 고려당과의 관계를 나타내기 위하여 위 회사의 상호를 표시한 것이라면 이 상인에게 위 상호의 사용과 관련하여 부정경쟁의 목적이 있는가를 판단함에 있어서 서울 고려당과 상호사용금지의 가처분신청인인 상인의 명성과 신용을 비교한 것은 옳다.

피신청인의 상호인 "서울 고려당"은 그 요부가 "고려당"에 있고, 간이신속을 존중하는 거래계에서는 간략히 특징적인 부분인 "고려당"으로 호칭될 것이므로 그 경우 신청인의 상호인 "고려당"과 동일하여 양자는 오인, 혼동의 우려가 있어 서로 유사한 상호로 봄이 상당하고, 신청인의 "고려당"이라는 상호가 1959.7.21. 등기되었으므로 피신청인이 그와 유사한 위 상호를 동일한 시에서 동종영업을 위하여 사용하는 이상 상법 제23조 제4항에 의하여 피신청인에게 부정한 목적이 있다고 일응 추정된다 할 것이나, 거시증거에 의하면, 신청외 망 김동환이 1944. 서울 종로 2가에서 "고려당"이라는 상호 및 상표로 양과자 제조, 판매업을 개시하여 1945.9.1. 위 상호로 영업감찰을 받은 이래 같은 업체를 경영하여 오던 중 1971.10.1. 그의 후손들에 의하여 "주식회사 고려당"이 설립된 사실, 위 회사는 40년이 지난 지금까지 동일한 상표와 상호로 같은 영업을 계속해 오면서 상표인 "고려당"이란 표장을 선전해 왔으며, 매출액도 1990년에 230억원, 1991년에는 270억원이나 되고 전국적으로 250여개의 판매대리점 및 직영점을 가지고 있어 일반수요자들에게 "고려당"은 위 회사의 상호 및 제품에 사용되는 상표인 것으로 널리 인식되기에 이른 사실, 피신청인은 1991.8.1. 위 회사와 위 회사 제품의 마산대리점 계약을 체결함에 있어(위 회사의 상표인 "고려당"을 상품에 관한 광고, 간판 등에 사용할 수 있는 권리도 취득한 사실, 이에 피신청인은 위 회사 마산대리점을 개점, 운영함에 있어 위 회사의 연혁과 그 관계를 표시하기 위하여 "SINCE 1945 신용의 양과 서울 고려당 마산분점"이라는 간판을 사용한 사실, 신청인과 피신청인은 모두 같은 마산시에서 제과점을 경영하고 있으나 신청인은 합포구 창동에, 피신청인은 회원구 양덕동에 제과점이 위치하여 비교적 원거리에 있는 사실이 인정되며 위 인정사실에 비추어 보면 피신청인은 위 회사의 명성과 신용을 믿고 위 회사 등과 마산판매대리점계약을 체결한 자로서 위 회사의 "고려당"이란 상호를 간판에 내세운 것으로 인정될 뿐 신청인의 상호인 마산의 "고려당"이 가지는 신용 또는 경제적 가치를 자신의 영업에 이용하고자 하는 의도는 없었다고 봄이 상당하다.

② 입증책임

부정한 목적의 상호사용에 대한 입증책임은 '상호권자'가 진다. 등기상호를 사용하면 부정한 목적으로 사용하는 것으로 추정되어 입증책임이 전환되므로(상법 제23조 제4항), 등기상호의 상호사용자가 부정한 목적의 상호사용이 아님을 입증하여야 한다.

(2) 상호권자의 영업으로 오인할 수 있는 상호를 사용할 것

① 상호권자의 '영업'으로 오인할 수 있을 것

상호권자의 영업과 사용자의 영업이 동일한 것으로 오인시켜야 한다. 동일한 영업이라고 할 수 있기 위하여는 쌍방의 영업목적이 완전히 일치할 필요는 없고 그 주요부분이 일치하면 된다.

판 례

대판 1996. 10. 15. 96다24637 …… 타인의 영업으로 오인할 수 있는 상호는 그 타인의 영업과 동종 영업에 사용되는 상호만을 한정하는 것은 아니고, 각 영업의 성질이나 내용, 영업 방법, 수요자층 등에서 서로 밀접한 관련을 가지고 있는 경우로서 일반 수요자들이 양 업무의 주체가 서로 관련이 있는 것으로 생각하거나 또는 그 타인의 상호가 현저하게 널리 알려져 있어 일반 수요자들로부터 기업의 명성으로 인하여 절대적인 신뢰를 획득한 경우에는, 영업의 종류와 관련 없이 일반수요자로 하여금 영업주체에 대하여 오인·혼동시킬 염려가 있는 것에 해당한다.

대판 2002. 2. 26. 2001다73879 …… 상법 제23조 제1항은 누구든지 부정한 목적으로 타인의 영업으로 오인할 수 있는 상호를 사용하지 못한다고 규정하고 있는바, 타인의 영업으로 오인할 수 있는 상호는 그 타인의 영업과 동종 영업에 사용되는 상호만을 한정하는 것은 아니라고 할 것이나, 어떤 상호가 일반 수요자들로 하여금 영업주체를 오인·혼동시킬 염려가 있는 것인지를 판단함에 있어서는, 양 상호 전체를 비교 관찰하여 각 영업의 성질이나 내용, 영업방법, 수요자층 등에서 서로 밀접한 관련을 가지고 있는 경우로서 일반 수요자들이 양 업무의 주체가 서로 관련이 있는 것으로 생각하거나 또는 그 타인의 상호가 현저하게 널리 알려져 있어 일반 수요자들로부터 기업의 명성으로 인하여 절대적인 신뢰를 획득한 경우에 해당하는지 여부를 종합적으로 고려하여야 한다.

상호를 먼저 사용한 자(선사용자)의 상호와 동일·유사한 상호를 나중에 사용하는 자(후사용자)의 영업규모가 선사용자보다 크고 그 상호가 주지성을 획득한 경우, 후사용자의 상호사용으로 인하여 마치 선사용자가 후사용자의 명성이나 소비자 신용에 편승하여 선사용자의 상품의 출처가 후사용자인 것처럼 소비자를 기망한다는 오해를 받아 선사용자의 신용이 훼손된 때 등에 있어서는 이를 이른바 역혼동에 의한 피해로 보아 후사용자의 선사용자에 대한 손해배상책임을 인정할 여지가 전혀 없지는 않다고 할 것이나, 상호를 보호하는 상법과 부정경쟁방지및영업비밀보호에관한법률의 입법 취지에 비추어, 선사용자의 영업이 후사용자의 영업과 그 종류가 다른 것이거나 영업의 성질이나 내용, 영업방법, 수요자층 등에서 밀접한 관련이 없는 경우 등에 있어서는 위와 같은 역혼동으로 인한 피해를 인정할 수 없다.

② 오인할 수 있는 '상호'일 것

상호권자의 상호와 동일 또는 유사한 상호를 사용할 것이 요구된다. 상호는 전부 일치하지 않더라도 중요부분이 동일 또는 유사하면 된다.

판례

(ㄱ) 대판 1964. 4. 28. 63다811 …… '뉴 서울 사장'이라는 상호 옆에 혹은 아래에 작은 글자로 '전 허바허바 개칭'이라고 기재하였다면, 이는 '허바허바 사장'이라는 상호를 사용한 것이다.

(ㄴ) 대판 1970. 9. 17. 70다1225, 1226 …… 주식회사 '천일약방'과 '천일한약 주식회사'라는 2개의 상호는 유사상호로 볼 수 있느냐 하는 점은 별문제로 하고 상법상 동일 회사로 볼 수 없다.

(ㄷ) 대판 1976. 2. 24. 73다1238 …… 원고 '보령제약주식회사'와 피고 경영의 '수원보령약국'과는 그 영업의 종류, 범위, 시설, 규모 등 그 영업의 양상을 달리 함은 물론 그 고객을 서로 달리 하므로 원고 회사의 일반고객이 피고 경영의 수원보령약국을 원고회사의 영업으로 혼동하는 일은 좀처럼 있을 수 없다.

(ㄹ) 대판 1993. 7. 13. 92다49492 …… '서울고려당 마산분점'은 '주식회사 고려당'과 유사상호이지만 부정한 목적이 있지 않다.

(ㅁ) 대판 1996. 10. 15. 96다24637 …… '합동공업사'와 '충주합동레카'는 그 칭호와 외관 및 관념을 일반 수요자의 입장에서 전체적, 객관적으로 관찰할 경우 서로 유사하지 아니하여 영업주체에 대한 오인·혼동의 우려는 없다.

③ 사용

'사용'은 계약서에 기재하는 등 법률행위에 사용하는 것 뿐만 아니라 간판 또는 포장지에 사용하는 등 사실행위에 사용하는 것을 포함한다.

(3) 손해를 받을 염려가 있을 것

손해는 상호권자가 받는 불이익을 말하며, 현재 손해가 발생하는 경우뿐만 아니라, 장래 손해발생의 우려가 있는 경우를 포함한다.

3) 상호전용권의 내용

이 요건을 입증하면 상호권자는 상호사용폐지청구권과 손해배상청구권을 가지며, 부정사용자에 대하여 과태료의 제재가 있다.

(1) 상호사용폐지청구권

상호권자는 부정사용자의 사용의 폐지를 청구할 수 있다. 상호권자의 사전적 구제이다. 사용의 폐지는 현재 및 장래의 상호 사용금지를 뜻하고, 부정사용자가 상호를 등기한 경우에는 등기의 말소를 청구할 수 있다.

(2) 손해배상청구권

상호의 부정사용으로 인하여 신용이 훼손되거나 매출액이 감소되는 등 손해를 입은 경우에는 상호권자는 또한 손해배상을 청구할 수 있다(상법 제23조 제3항).

(3) 과태료의 제재

부정사용자에 대하여는 과태료의 제재가 가해진다(상법 제28조).

3. 등기상호의 보호

1) 등기상호의 보호

등기한 상호는 상법상 특별한 보호를 받는다. 즉, 등기한 상호에는, 먼저 동종영업의 상호로 등기할 수 없는 '등기배척권'이 인정되고, 다음으로 '상호전용권의 성립요건'이 완화되어 그 행사가 용이하여진다.

2) 등기배척권

(1) 의의

상호를 등기하면 타인은 동일한 시·읍·면에서 동종영업의 상호로 등기하지 못한다(상법 제22조). 이것이 등기상호에 인정되는 타인의 등기배척권이다.

(2) 법적 성질

이 권리의 법적 성질에 관하여서는 견해가 나뉜다.

① **등기법상의 권리설**(정찬형, 119면)

이 규정은 상호전용권과는 달리 등기법상의 효력을 정한 것에 불과하다는 견해이다. 이 설에 따르면 2중등기가 된 경우에도 등기법상의 이의 등의 방법으로 구제될 수밖에 없다고 본다.

② **실체법상의 권리설**(최기원, 124면 ; 정동윤, 152면 ; 임홍근, 109면 등 다수설)

이 규정은 등기법상의 효력뿐만이 아니라, 사법상의 효력을 정한 것으로, 먼저 등기한 자는 후에 등기한 자에 대하여 사법상의 권리로서 등기의 말소를 청구할 수 있다고 해석한다.

③ 결어

이는 사법상의 등기배척권을 인정한 것으로 보는 것이 타당하다. 왜냐하면 만일 본조가 등기법상의 효력만을 정한 것이라고 하면, 비송사건절차법 제164조가 특별히 같은 것을 규정하는 것은 합리적이라고 할 수 없기 때문이다.

(3) 내용

'동종영업'은 동일한 목적을 갖는 영업을 의미한다. 동일영업인가 아닌가는 자연인인 경우에는 등기사항인 영업의 종류에 따라 판단하고, 회사의 경우에는 등기사항인 회사의 목적에 의하여 판단한다. 동일상호에는 반드시 완전히 동일한 상호에 한정되는 것이 아니라, 유사상호도 포함된다고 해석한다.

본조와 같은 내용이 상업등기법 제30조에 규정되어 있지만, 동법에서는 동일상호뿐만 아니라 확연이 구별할 수 없는 상호도 등기가 금지되어 있다.

(4) 예외

행정구역의 변경에 의하여 2중등기가 된 경우와 지점설치로 인하여 2중등기가 된 경우에는 본조가 적용되지 아니한다.

3) 상호전용권의 성립요건 완화

상호권자가 상호를 등기한 경우에는 상호전용권이 강화된다. 구체적으로는 상호를 등기하면 상호사용 폐지청구권을 행사하기 위한 요건중 부정사용자의 부정목적을 추정하고 상호권자가 손해받을 염려가 있음을 필요하지 아니하도록 하여 상호권자를 보호한다.

(1) 부정목적의 추정

동일한 시·읍·면에서 동종영업으로 타인이 등기한 상호를 사용하는 자는 부정한 목적으로 사용하는 것으로 추정한다(상법 제23조 제4항). 따라서 입증책임이 전환되어 상호사용폐지의 피청구자가 부정한 목적으로 상호를 사용하는 것이 아님을 입증하여야 한다.

(2) 손해 받을 염려의 불필요

상호사용 폐지를 청구함에 있어서 미등기상호권자의 경우에는 손해를 받을 염려가 있음을 입증하여야 하지만, 등기상호의 경우에는 이를 입증할 필요가 없다.

제6절 상호의 양도와 상속 · 변경 · 폐지

1. 상호의 양도

1) 상호의 양도와 그 제한

(1) 상호의 양도의 인정이유

상호의 양도라 함은 상호권을 양도하는 것을 말한다. 상호는 타인의 상호와 식별을 가능하게 하고 상인의 신용을 표창하는 것이기 때문에, 지적재산권의 일종으로서의 재산적 가치를 가지고 영업재산의 일부를 이룬다. 따라서 상호에 관한 권리는 양도의 대상이 된다. 특히 영업을 폐지하는 상인에게는 상호권을 양도하여 재산적 가치를 회수하는 길을 열어줄 필요가 있다. 상호의 양도는 상호의 등기여부를 묻지 않고 인정된다.

(2) 상호의 양도제한

제3자는 상호가 양도되어 영업주가 교체되었어도 상호가 동일하다면 영업도 동일하다고 신뢰한다. 또 영업을 계속하는 채로 상호를 양도하는 것을 인정한다면 일반공중은 오해에 빠질 우려가 있다. 따라서 상호의 양도에 거래의 안전을 보호할 필요가 생긴다.

이에 따라 상법은 상호는 영업을 폐지하거나 영업과 함께 하는 경우에 한하여 양도할 수 있다고 규정한다(제25조 제1항). 이 두 경우에는 양도인의 영업과 양수인의 영업이 혼동될 위험성은 없기 때문이다.

상호의 양도시 영업과 함께 양도되는 경우의 영업은 양도인의 전체 영업이다. 다만 본점 또는 지점의 영업을 분리하여 이것을 상호와 함께 양도하는 것은 허용된다.

상호는 원칙적으로 영업과 함께 양도할 수 있을 뿐이기 때문에 영업과 분리하여 상호만의 압류는 허용되지 않는다고 해석된다.

판 례

대판 1988. 1. 19. 87다카1295 …… 소외 Z가 경영하던 신라당제과는 약 30개 이상의 직영 및 가맹점 점포망을 가지고 있었는데, Z가 부도를 내어 사실상 영업이 폐지되자 Z에 대한 채권자 중의 1인으로서 3억3천만원의 당좌수표를 소지하던 Y는 이 수표를 반환해 주는 대신에 신라당 상호를 양수하기로 약정하였다. 이에 따라 Y는 당좌수표를 반환하고 신라당의 대표자를 변경하여 세무서에 신고하였다. Y는 동일한 영업장소에서 종업원의 일부를 계속 고용하여 영업을 하고, 제과설비와 사무설비등 비품은 경매가 시행되어 경락되었던 것을 다시 재매수하고, 대리점망도 다시 대리점계약을 새로 체결하여 제품을 판매하여 왔다. Z에게 판매한 마아가린 등에 대한 대금채권 2억5천만원을 가지고 있던 X는 Y에 대하여 이 대금의 지급을 청구하였다. 법원은 이 경우에 Y는 영업양수의 방식에 의하여 양수한 것으로 볼 수 없고, 그 영업이 폐지된 후 재산적 가치가 기대되는 상호만을 양수한 것이므로 양도인인 Z의 채무에 대한 책임이 없다고 판시하였다.

2) 상호권의 양도방법

(1) 상호권의 양도방법

상호권의 양도방법에는 특별한 방식을 요하지 아니하고 당사자간의 양도의 합의만으로 그 효력이 발생한다. 따라서 반대의 약정이 없는 한 양도인이 양수인에게 자기의 상호의 사용을 허락하고 상호사용을 중지한 때에 양도의 효력이 발생한다.

(2) 등기의 효력

상호의 양도는 등기하지 않으면 제3자에게 대항하지 못한다(상법 제25조 제2항). 즉, 등기는 대항요건이다. 여기서 대항요건이라 함은 상호를 2중으로 양도한 경우를 예상하고 있다. 예컨대 갑이 상호를 을에게 양도한 다음에, 또다시 병에게도 양도한 경우에, 설령 병은 악의이더라도 먼저 등기하면 을에 대하여 자기가 상호의 양수인임을 주장할 수 있다는 의미이다.

또한 미등기상호를 양수한 경우에, 등기를 하여 대항요건을 갖추어야 하는가가 문제된다. 미등기상호의 경우에는 따로 대항요건을 갖출 필요는 없다고 본다.

2. 상호의 변경, 상속, 폐지

1) 상호의 상속

상호는 재산적 가치를 가지므로 상속의 대상이 된다. 상호의 상속은 법률상 당연히 이전의 효과가 생기므로 등기가 필요 없다. 다만 등기한 상호가 상속되는 경우에는 상속인은 상속에 의한 변경등기를 한다(비송사건절차법 제169조).

2) 상호의 변경

상호를 변경하는 것은 상호선정자유의 원칙의 범위내이면 가능하다. 상호를 등기한 경우에는 지체없이 변경등기를 하여야 한다(상법 제40조). 등기의 변경이 없으면 등기상호로 보호받지 못한다. 상호를 변경한 경우에 2주간 내에 그 상호를 등기한 자가 변경등기를 하지 아니하는 경우에는 이해관계인은 그 등기의 말소를 청구할 수 있다(상법 제27조). 또한 이미 타인이 등기한 상호로 변경할 수 없고(상법 제22조), 부정한 목적으로 상호변경을 하는 경우에는 그 폐지와 손해배상책임을 진다(상법 제23조).

상인이 상호가 아닌 영업의 종류를 변경하는 경우가 문제된다. 상호는 영업관계에서 상인을 표시하는 명칭이고, 특정한 영업을 표시하는 명칭은 아니기 때문에 상인이 영업의 종류를 변경하여도 상호권을 상실하는 것은 아니다. 다만 영업의 변경이 상호의 사용에 관한 부정한 목적으로 행하여지는 경우에는 그 사용이 중지되고(상법 제23조), 그 상호가 등기된 경우에는 영업의 종류도 등기사항이므로 변경등기를 할 필요는 있다(상법 제40조).

상호를 변경하여 새로운 상호를 선정하여 사용하는 경우에는, 그 상인은 종래의 상호에 대하여 상호권을 상실한다.

3) 상호의 폐지

상인이 영업을 폐지하고, 상호의 사용을 폐지하는 경우에는 상호권은 상실하며, 등기상호를 폐지하는 경우에는 등기를 말소하여야 한다. 따라서 상호를 변경 또는 폐지한 경우에 2주간 내에 그 상호를 등기한 자가 변경 또는 폐지의 등기를 하지 아니하는 때에는 이해관계인은 그 등기의 말소를 청구할 수 있다(상법 제27조).

상호를 등기한 자가 정당한 사유 없이 2년간 사용되지 아니하는 때에는 이를 폐지한 것으로 본다(상법 제26조). 상법 제26조는 등기한 상호에 관한 규정이지만 미등기상호에도 본조를 유추적용 하여 정당한 사유 없이 2년간 사용하지 아니하는 경우에는 상호를 폐지한 것으로 해석한다. 상호의 폐지의제는 정당한 사유 없이 사용하지 않는 경우에 적용되는 것으로 국가적인 사회불안에 의한 자금조달·자재조달의 곤란 등으로 인하여 영업을 수행할 수 없는 경우에는, 상호를 사용하지 아니하여도 그 폐지가 의제되지 않는다.

제 7 절 명의대여자의 책임

1. 명의대여의 의의와 명의대여자의 책임

1) 명의대여의 의의

명의대여라 함은 특정인이 타인에게 자기의 성명 또는 상호를 사용하여 영업을 할 것을 허락하는 것을 말한다. 이 때 그 사용을 허락한 자를 '명의대여자'라고 하고, 그것을 사용하는 자를 '명의차용자'라고 한다.

우리상법은 상호자유주의를 채택하고 있기 때문에 상인은 타인의 성명 또는 상호를 자기의 상호로 사용할 수 있다. 타인의 성명 또는 상호를 허락 없이 사용하면 그 타인으로부터 상호의 사용배제를 청구당하는 경우가 있지만(앞의 상호전용권 참조), 그 타인으로부터 허락을 얻어 사용하는 명의대여의 경우에는 이와 같은 문제는 생기지 아니한다. 또한 상호의 양도와 달리(상법 제25조), 자기의 성명 또는 상호를 사용하여 영업을 하는 것을 타인에게 허락하는 것에 대하여 상법상 아무 제한이 없다.

다음과 같은 경우에 명의대여가 인정된다.

(1) 상인이 아닌 갑이 을에게 갑상사라는 상호로 영업을 할 것을 허락하는 경우 (2) 갑상사를 경영하는 갑이 을에게 자기의 영업의 일부인 것과 같이, 갑상사부산지점의 상호로 영업을 할 것을 허락하는 경우 (3) 면허를 요하는 업종(예건대, 건축업)에서 면허를 얻어 영업을 하는 갑회사가, 아직 면허를 얻지 아니한 을에게 갑회사의 명의로 영업을 할 것을 허락하는 경우 등이다.

2) 명의대여자의 책임

명의대여자는 자기를 영업주로 오인하여 명의차용자와의 거래한 제3자에 대하여 명의차용자와 연대하여 변제할 책임을 진다(상법 제24조). 이것은 제3자가 명의대여자를 진실한 영업주로 오인하여 명의차용자와 거래한 경우에 명의대여자가 영업주라는 외관을 신뢰한 제3자가 예측하지 못한 손해를 입는 것을 방지하여 제3자를 보호하고 거래의 안전을 기하기 위한 것이다. 금반언의 법리 또는 외관법리의 표현이다.

3) 상법상의 유사제도

명의대여의 경우 명의대여자의 책임과 같은 성격의 책임으로는 익명조합에 있어서 명칭사용허락 익명조합원의 책임과 인적회사의 자칭사원의 책임을 들 수 있다.

(1) 성명 · 상호 사용허락 익명조합원의 책임

익명조합에서 익명조합원이 자기의 성명 또는 상호를 영업자의 상호로 사용할 것을 허락한 자는 그 사용 이후의 채무에 대하여 영업자와 연대책임을 진다(상법 제81조).

(2) 자칭사원의 책임

인적회사의 사원이 아닌 자가 자기의 성명을 회사의 상호에 사용하는 등 자기를 사원이라고 오인시키는 행위를 하였을 때에는 오인하여 회사와 거래한 자에 대하여 사원과 같은 책임을 지고(상법 제215조, 제269조), 퇴사한 사원의 성명이 회사의 상호 중에 사용된 경우에는 그 사원은 회사에 대하여 그 사용의 폐지를 청구할 수 있다(상법 제226조).

2. 명의대여자의 책임의 성립요건

1) 성명 또는 상호의 사용 허락(외관의 부여)

명의대여자가 자기의 성명 또는 상호를 사용하도록 명의차용자에게 명시 또는 묵시로 허락하였어야 한다. 타인이 자기의 성명 또는 상호를 임의로 사용하는 것을 알고서도 방치한 경우에는 묵시에 의한 허락이 있는 것으로 본다. 또한 약정한 사용기간이 경과한 후에 계속 사용하는 행위에 대하여 명의대여자가 적극적으로 그 사용을 제지하지 아니하는 경우에도 사용허락에 해당한다.

사용허락의 대상은 '성명 또는 상호'이다. 자기의 성명 또는 상호를 그대로 사용하는 것을 허락한 경우에 한정되지 아니하고, 이에 약간의 부가어를 추가하거나, 반대로 간략하게 하여 사용하는 것을 허락하여도 된다. 예컨대 상호에 지점, 출장소 등의 어귀를 붙여 사용하게 하는 경우이다. 자기의 성명 또는 상호의 사용에 해당하는가 아닌가는 거래안전의 보호라는 본조의 입법취지와 거래관념을 고려하여 판단한다. 흔하게 이용되는 명칭의 사용허락도 일반공중이 구체적인 사정에 비추어 특정인을 지칭하는 것으로 인정되는 한 책임이 성립한다.

상호에 국한되지 아니하고 성명의 사용허락도 포함되기 때문에 명의대여자는 상인임을 요하지 아니한다.

2) 외관의 존재

명의대여자의 영업인 것과 같은 외관이 존재하여야 한다. 외관을 갖추는 방법으로는 지입차의 예처럼 운수회사의 상호를 사용하는 경우, 영업시설을 제공하거나 성명 또는 상호를 광고나 선전에 사용하는 경우도 있다.

3) 상대방의 오인(외관의 신뢰)

명의대여자의 책임은 명의대여자가 영업주인 것으로 알고 거래한 선의의 제3자를 보호하기 위한 규정이므로, 상대방의 오인이 요구된다.

오인에 과실이 있는 경우에도 명의대여자는 본조의 책임을 지는가에 대하여는 견해가 나뉜다. 통설과 판례는 오인이 과실로 인한 경우에도 보호되지만, 명의대여사실을 모른데 중대한 과실이 있는 경우에는 중과실은 악의와 같이 취급하여 명의대여자의 책임이 발생하지 아니한다고 본다.

판 례

(ㄱ) 대판 1991. 11. 12. 91다18309 …… 상법 제24조의 규정에 의한 명의대여의 책임은 명의자를 영업주로 오인하여 거래한 제3자를 보호하기 위한 것이므로 거래 상대방이 명의대여 사실을 알았거나 모른 데에 대하여 중대한 과실이 있는 때에는 책임을 지지 아니한다.

(ㄴ) 대판 1992. 8. 18. 91다30699 …… 농수산물시장에서 야채중매인으로 위탁매매업을 하는 갑의 구인 을이 갑의 영업의 대외적인 활동과 수금업무를 보조하고, 갑의 점포내와 앞에서 야채를 매매하고, 자기의 상호를 사용하게 하는 등, 갑이 자신의 사업인 야채중매업과 을이 경영하는 야채판매업을 을과 공동하여 경영하는 것과 같은 외관을 만들어 놓고도 이를 방치한 경우에는 을이 경영한 야채판매업과 관련된 채무에 관하여 명의대여자의 책임을 진다. 또 을에 대하여 대여금채권을 가진 원고는 을 개인과 거래하는 것이 아니라 갑과 경영하는 것으로 오인한 것에 중대한 과실이 있다고 할 수 없다.

4) 어음행위와 명의대여

상법 제24조는 '영업을 할 것'을 허락할 것을 요건으로 하지만, 자기의 성명, 상호 등을 사용하여 오직 어음행위만을 행할 것을 허락한 자는 명의 차용자의 어음행위에 대하여 본조의 유추적용에 따른 책임을 진다고 해석된다. 이와 같은 외관에 대한 신뢰를 보호할 필요가 있기 때문이다.

3. 명의대여자의 책임의 효과

1) 명의대여자의 책임

이 요건이 충족된 경우에 명의대여자는 자기를 영업주로 오인하여 거래한 제3자에 대하여 명의차용자와 연대하여 변제할 책임을 진다. 양자의 책임은 부진정연대책임이다. 명의대여자가 상대방에 대하여 변제한 때에는 명의차용자에게 구상할 수 있다.

2) 책임의 범위

명의차용자와 제3자간의 거래로 인한 채무이어야 한다. 여기에는 영업을 위한 어음행위를 포함하지만, 거래와 관련 없는 불법행위, 예컨대 교통사고와 같은 이른바 사실적 불법행위로 인한 손해배상채무는 포함되지 아니한다(대판 1998. 3. 24. 97다55621). 사실적 불법행위에 대하여는 거래는 문제가 되지 아니하고, 불법행위의 상대방이 명의대여자를 영업주로 오인하는 것은 아니기 때문이다.

그러나 불법행위책임이지만, 거래의 외관을 가진 불법행위는 포함된다. 예컨대 운송업을 경영하는 갑회사로부터 명칭의 사용허락을 받은 을회사가 자동차의 타이어 100개를 사취하였다면 갑회사는 손해배상책임을 진다.

판 례

대판 1998.3.24. 97다55621 …… 명의대여자 책임은 명의차용인과 그 상대방의 거래행위에 의하여 생긴 채무에 관하여 명의대여자를 진실한 상대방으로 오인하고 그 신용·명의 등을 신뢰한 제3자를 보호하기 위한 것으로, 불법행위의 경우에는 설령 피해자가 명의대여자를 영업주로 오인하고 있었더라도 그와 같은 오인과 피해의 발생 사이에 아무런 인과관계가 없으므로, 이 경우 신뢰관계를 이유로 명의대여자에게 책임을 지워야 할 이유가 없다.

제5장 상업장부

제1절 상업장부의 의의

1. 상업장부의 의의와 범위

상업장부는 상인이 영업상의 재산 및 손익의 상황을 명백히 하기 위하여 법률상 작성할 것이 요구되어 있는 장부이다(상법 제29조 제1항).

1) 상인이 작성하는 장부

상업장부는 '상인'이 작성하는 장부이므로 상인이 아닌 자 예컨대 상호보험회사나 각종 협동조합이 작성하는 장부는 그 재산과 손익의 상황을 명백히 하기 위한 것이어도 상업장부가 아니다.

2) '영업상의 재산과 손익의 상황'을 명백히 하기 위한 장부

상업장부는 상인의 '영업상의 재산과 손익의 상황'을 명백히 하기 위한 장부이므로, 상인이 영업외의 재산 또는 손익의 상황을 명백히 하기 위한 장부 또는 영업에 관한 장부이어도 그 재산과 손익의 상황을 명백히 하기 위한 장부가 아니면 상업장부가 아니다. 따라서 상법이 법률상 작성을 강제하고 있는 장부이지만, 주주명부, 사채원부, 주주총회 또는 이사회의 의사록, 중개인의 일기장 등은 상업장부가 아니고, 주식회사가 작성하는 영업보고서는 회사의 영업의 일반적 상황을 나타내는 것이지 그 재산과 손익의 상황을 나타내는 것은 아니므로 상업장부가 아니다.

3) '법률상' 작성이 요구되는 장부

상업장부는 '법률상' 작성이 요구되는 장부로, 상인이 영업상의 재산 및 손익의 상황을 명백히 하기 위하여 작성하는 장부이더라도 상인이 임의로 작성하는 것은 상업장부가 아니다. 따라서 소상인이 작성하는 장부는 소상인에 대하여는 상법의 상업장부에 관한 규정이 적용되지 않아서(상법 제9조), 그 영업상의 재산과 손익의 상황을 명백히 하기 위한 장부를 작성할 것을 요하지 않기 때문에 상업장부가 아니다.

4) 상업장부의 예

상업장부로는 일반상인의 회계장부와 대차대조표, 주식회사와 유한회사의 손익계산서, 부속명세서, 그리고 회사의 청산, 회사의 정리, 파산시 작성하는 비상대차대조표 등이 있다.

5) 구별실익

상업장부인가 아닌가를 구별하는 실익은, 그 제출의무(상법 제32조)와 위반시 벌칙(상법 제635조 제1항 제9호)에 관한 규정이 적용되는지 여부이다.

2. 상업장부의 목적

1) 경영관리

원래 상업장부는 상인의 편의를 위한 제도이고, 그 작성은 상인이 합리적인 경영을 하는데 필요할 뿐이었다. 왜냐하면 상인이 합리적인 경영을 하기 위하여는 명확하고 정확한 장부를 작성하여, 자기의 재무상황과 경영성적을 명확히 하고, 거래의 증거를 남겨두는 것이 중요하기 때문이다. 그러나 만일 상업장부가 이와 같은 것에 그친다면, 각 상인에게 장부의 처리를 맡기면 되지 법에 의하여 규제할 필요가 없을 것이다.

2) 경영감독

기업의 출자자와 기업활동의 경영자가 분리되는 경우에 출자자가 출자자산에 의한 기업활동의 운용상황에 대한 정보를 알고자 하는 것은 당연하다. 합명회사와 민법상의 조합에서는 사원에게 업무와 재산상태의 검사권한이 인정되고(상법 제195조, 민법 제710조), 출자와 경영의 초보적인 분리형태인 합자회사와 익명조합에서는 유한책임사원과 익명조합원의 업무와 재산상태조사권한이 인정된다(상법 제86조, 제277조). 주식회사와 유한회사에서는 출자자가 다수이기 때문에 출자자에 대한 기본적인 정보제공절차가 법정되어 있다. 즉, 경영자인 이사가 재무제표를 작성하여 주주총회와 사원총회에 승인 또는 보고를 하여야 한다(상법 제447조, 제449조, 제579조 제583조). 이를 통하여 출자자의 기업에 대한 경영통제가 가능하여진다.

3) 채권자보호와 기업내용의 공시

기업경영의 근대화가 진행됨에 따라, 기업은 거의 같은 기준으로 계산처리를 행하게 되고, 1개의 기준을 설정하여 법으로 규제할 수 있게 되었다. 나아가 채권자에 대하여 그 상인의 자산상태·신용상태를 명확히 알릴 요청이 높아졌다.

특히 주식회사와 같이 유한책임사원만이 존재하는 회사에서는, 회사재산이 유일한 담보이고, 채권자의 이익을 확보하기 위하여 상업장부의 법규제가 불가결하다. 또한 직접 경영에 참가하지 아니하고 이익의 분배를 기대하는 사원이 많은 기업에서는 사원의 이익을 보호하기 위하여 상업장부의 법규제가 필요하다.

4) 배당규제

주식회사와 유한회사에서는 회사의 자산이 회사채권자에 대한 유일한 담보이기 때문에 회사자산을 적절히 유지하고 회사의 자산이 부당하게 출자자인 주주와 사원에게 배당의 형태로 유출되지 않을 것이 필요하다. 주식회사와 유한회사에 대하여는 대차대조표의 순자산액을 기준으로 배당할 수 있는 최고한도액이 정해진다(상법 제462조, 제583조).

5) 과세표준의 확정

상업장부는 개인사업자의 사업소득의 산정과 법인세법상의 과세이익의 산정과 관련하여서도 중요하다.

3. 상업장부에 대한 규제

상업장부는 일방 기업의 재산상태와 손익의 상황을 정확히 이해할 수 있도록 기술적인 사항과 전문적인 것까지 포함하여야 할 것이다. 그러나 다른 한편 상인의 부담을 경감하고 일반투자자, 근로자, 채권자가 이해할 수 있도록 상업장부의 내용은 간이화하고 단순화하는 것이 적절하다. 따라서 이 반대되는 두 가지 요청을 조정할 필요가 있다. 상법은 고도로 기술적인 사항에 대하여는 모든 상인에게 강제하는 것은 적절하지 아니하다는 입장을 취하고 있다.

이에 따라 상법은 기업의 규모에 따라 규제의 엄격성에 차등을 두고 있다. 먼저 소상인에게는 상업장부에 관한 규정의 적용이 제외되고 있다(상법 제9조). 다음 개인상인에게는 회계장부와 대차대조표의 작성이 강제되고(상법 제29조), 상업장부와 영업에 관한 중요서류의 보존이 요구된다(상법 제33조). 그러나 개인상인이 이를 이행하지 아니하거나 부실기재하여도 상법상 제재는 가해지지 아니하므로, 상법의 이 규정은 불완전법규(lex imperfecta)에 속한다.

회사중 인적회사에 대하여는 상업장부의 부실기재에 관하여 벌칙이 부과되어 있다(상법 제635조 제1항 제9호). 또한 물적회사에서는 엄격한 규제가 행하여져, 자산의 평가와 공시에 관한 많은 규정(주식회사의 경우에는 제447조 이하, 유한회사의 경우에는 제579조 이하)이 있고, 부실기재뿐만 아니라 장부와 서류를 갖추지 아니한 경우에도 벌칙이 부과된다(상법 제635조 제1항 제21호).

특히 주식회사에서는 ① 대차대조표 ② 손익계산서 ③ 이익잉여금처분계산서, 결손금처리계산서와 그 부속서류의 기재방법이 법정되어 있고(상법 제447조), 이들을 합하여 재무제표라고 부른다.

제2절 상업장부의 작성 · 보존 · 제출

1. 상업장부의 작성

상인은 소상인을 제외하고는 일정한 상업장부를 작성하여야 한다(상법 제29조 제1항). 상업장부의 작성에 관하여는 상법 제29조에서 제33조는 모든 상인에게 적용되고, 주식회사에 대하여는 제447조에서 제457조의 2, 유한회사는 제579조에서 제579조의 3, 제583조가 각각 규정되어 있지만, 이와 같이 상법에 규정한 것을 제외하고는 일반적으로 공정·타당한 회계관행에 의하여 작성한다(동조 제2항). 일반적으로 공정·타당한 회계관행에 의한 상업장부의 작성요청은 1984년 상법개정시 규정된 것이다. 일정규모 이상의 주식회사는 주식회사의 외부감사에 관한 법률에 근거하여 증권관리위원회가 작성하여 기획경제부장관의 승인을 받아 시행되는 기업회계기준에 따라 상업장부를 작성하도록 되어 있다. 이에 상법과 기업회계기준의 두 가지 기준이 다른 것은 타당하지 아니하므로 상법상의 상업장부의 작성에 대하여도 기업회계기준에 기초한 기업회계원칙에 따라 작성하도록 한 것이다.

기업회계는 급속히 기술적으로 발전하기 때문에, 상법에서 상업장부의 작성에 관하여 상세한 규정을 두는 것은 실제상 곤란하다. 따라서 상법에서는 기본적인 규정만을 두고, 나머지는 회계관행에 맡기고 있다.

① '일반적'이라 함은 다수권위의 지지를 받아 일반적으로 인정된 상태를 의미한다. 그리고 공정한가 여부는 상업장부를 작성하는 목적에 비추어 판단한다.

② '회계관행'은 기업회계실무 가운데 보편화된 회계관행을 의미한다. 기업회계기준은 기업회계를 규율하는 근본원칙이라고 할 수 있다. 기업회계기준은 관습으로 발달한 기업회계실무 중에서 일반적으로 공정·타당하다고 인정되는 것을 요약한 것이다. 그러나 기업회계기준이 회계관행 모두를 포함하고 있지는 아니하기 때문에 이에 규정되어 있지 않더라도 일반적으로 공정·타당한 회계관행은 상업장부의 작성기준으로 된다.

2. 상업장부의 보존

상인은 10년간 상업장부와 영업에 관한 중요서류를 보존하여야 한다. 다만 전표 또는 이와 유사한 서류는 5년간 보존하여야 한다(상법 제33조 제1항). 1995년 개정상법은 은행 기타 금융기관에서 이들 중 특히 전표류는 양이 방대하여 그 보존에 필요한 공간의 확보와 관리에 어려운 실정을 고려하여 그 보존기간을 단축하였다. 이 기간은 장부에 기재한 시점부터가 아닌 폐쇄한 날 즉, 장부의 사용을 중지한 시점부터 기산한다(동조 제2항).

'영업에 관한 중요서류'라 함은 영업에 관한 서신, 중개인일기장(상법 제97조) 등이고, 그 보존이 요구되는 것은 장래 분쟁이 있는 경우에 증거로서의 의미가 있기 때문이다.

상인은 영업을 폐지한 때에도 보존의무를 지고, 상인이 사망한 경우에는 상속인이 의무를 승계한다. 영업과 함께 상업장부와 영업상 중요서류가 양도된 경우에는 양수인이 보존의무를 지고, 회사가 합병한 경우에는 존속회사 또는 신설회사가 보존의무를 진다.

또한 회사가 청산절차의 종료에 의하여 소멸한 경우에는 회사의 장부 기타 영업의 청산에 관한 중요한 서류는 본점소재지에서의 청산종결의 등기후 10년간, 전표 또는 이와 유사한 서류는 5년간 보존하여야 하고, 보존인과 보존방법은 법원이 정한다(상법 제541조). 이 보존의무는 상법 제33조의 보존의무와는 별개이고, 회사에 현존하는 모든 장부와 영업의 청산에 관한 중요서류의 보존이 요구된다.

1995년 개정상법은 정보처리기술의 발달에 따라 상업장부와 영업서류는 마이크로필름 기타의 전산정보처리조직에 의하여 이를 보존할 수 있도록 하고 있다(상법 제33조 제3항). 따라서 서면이 아닌 마이크로필름, 자기테이프, 프로피 디스켓, 컴팩트 디스크 등에 보존할 수 있다.

3. 상업장부의 제출

상업장부는 영업상의 중요한 사항에 관하여 중요한 증거자료가 된다. 따라서 상법은 법원이 당사자의 신청 또는 직권으로 당사자에게 상업장부의 제출을 명할 수 있다고 규정한다(제32조). 민사소송법상은 서증의 제출에 당사자의 신청이 필요하고(제315조), 일정한 경우 외에는 제출을 거부할 수 없지만(동법 제316조), 상업장부는 법원의 직권으로 제출이 명하여지고, 또 제출을 거부할 수 없는 점에서 민사소송법의 특칙인 것이다. 다만, 증거력은 자유심증주의의 일반원칙에 의하고 특별한 증거력은 없다. 그러나 상법 제32조에 의하여 일반인이 상인의 상업장부의 열람을 청구할 수 있는 것은 아니다. 상업장부의 열람을 청구할 수 있기 위하여서는 상법 제466조와 같은 특별한 규정이 필요하다.

제3절 상업장부의 종류

1. 회계장부

1) 의의

상인이 영업상 행하는 거래와 천재사고 등 영업상의 재산에 영향을 미치는 사항에 대하여 계속적이고 반복적으로 기재하는 장부이다(상법 제30조 제1항). 회계장부는 '일정기간 동안'의 거래와 영업상의 재산에 영향을 미치는 사항을 기재하는 점에서, '동태장부'(動態帳簿)라고 한다. 이 회계장부를 기초로 대차대조표가 작성된다. 회계부기상의 일기장, 분개장, 원장이 회계장부에 해당한다.

2) 기재사항

회계장부에 기재할 사항은 상인의 영업상의 재산에 영향이 있는 사항이다.

(1) '영업상의 재산'에 관한 사항

영업상의 재산은 상인이 영업을 위하여 가지는 재산으로 적극재산뿐만 아니라 채무와 같은 소극재산도 포함한다. 회사가 가지는 재산은 모두 영업상의 재산이지만, 개인상인은 영업상의 재산뿐만 아니라 사용재산(私用財産)도 가지며, 사용재산에 관한 사항은 회계장부에 기재할 필요가 없다.

(2) 영업상의 재산에 '영향이 있는 사항'

이는 영업상의 거래뿐만 아니라 영업상의 재산에 영향을 미치는 모든 사항을 포함한다. 영업상의 거래와 같은 법률행위, 도난과 같은 불법행위도 기재할 수 있고, 화재, 수해 등의 사실행위도 기재할 수 있다. 법률행위에 대하여서는 적법행위뿐만 아니라 주주의 권리 행사에 관한 재산상의 이익제공과 같은 위법행위까지도 회계장부에 기재가 요구된다. 금전채권 중 회수가 불가능한 것이나 매매계약은 성립하였지만 그 인도나 대금지급이 종료하지 아니한 것은 기재할 수 없다.

어떠한 사항이 영업상의 재산에 영향이 있는 사항인가는 법률적 의미가 아니라 경제적 관점에서 판단한다.

3) 작성방법과 작성시기

회계장부는 각 재산변동의 사실을 그 발생사실별로 개별적으로 기재하는 것이 원칙이지만, 반복적·유형적으로 행하여지는 소액이고 다수인 거래에 대하여는 개별적으로 기재할 필요가 없다. 회계장부는 매일 기재하여야 하는 것은 아니고, 기재할 사실 발생 후 상당한 시기까지 그 발생순서에 따라 기재하면 된다.

회계장부의 작성자는 기명날인 또는 서명하여야 한다(상법 제30조 제2항).

2. 대차대조표

1) 의의

대차대조표라 함은 좌측에 자산을, 우측에 부채와 자본을 기재하여, 일정한 시점에서의 상인의 재산의 상황에 대하여 그 구성을 명확히 나타내는 서류이다(상법 제30조 제2항). '일정한 시점에서의' 상인의 재산상황을 표시하는 점에서 '정태장부'(靜態帳簿)라고 한다.

2) 작성방법

대차대조표는 영미기업회계에서 채택되고 있는 회계장부에 기초하여 작성하는 유도법에 따라 작성된다.

3) 작성시기

대차대조표의 작성시기에는 2가지가 있다. 첫째, 일반상인의 경우는 개업시, 회사의 경우에는 회사성립시이다. 둘째, 일반상인의 경우는 매년 1회 일정한 시기, 회사에 대하여는 매결산기이다(상법 제30조 제2항). 전자의 시점에 작성하는 것을 '개업대차대조표'라고 하고, 후자의 시점에서 작성하는 것을 '결산대차대조표'라고 한다.

또한 상법 제30조 제2항이 요구하는 시점에 작성되는 대차대조표는 '통상대차대조표'라고 부르고, 그 이외의 시점에서 작성되는 대차대조표도 있는데, 이것을 '비상대차대조표'라고 한다. 합병대차대조표(상법 제522조의 2), 청산대차대조표(상법 제256조, 제534조), 회사정리대차대조표, 파산대차대조표 등이 이에 속한다. 통상대차대조표와 비상대차대조표가 다른 점은 전자는 영업의 존속을 전제로 함에 대하여, 후자는 이것을 전제로 하지 않는 것이다.

4) 작성자의 기명날인 또는 서명

대차대조표에는 작성자의 서명이 요구된다(상법 제30조 제2항). 여기서 말하는 작성자는 실제로 작성하는 경리담당자를 말하는 것이 아니라, 작성의무자를 의미한다. 작성자의 서명을 요구하는 것은 그 작성에 대한 책임의 소재를 명확히 하고, 그 내용의 진실성을 확보하여, 대차대조표의 신용을 높이기 위함이다.

제6장 상업등기

제1절 상업등기의 의의

1. 상업등기의 목적

상거래활동은 대량으로 반복하여 행하여지고, 이해관계를 가진 제3자도 매우 많기 때문에, 상인과 제3자간의 이해조정을 위한 제도가 필요하다. 상업등기는, 상인이 자기의 기업내용을 공시하여 상인과 관련된 경제주체간의 이익조정을 도모하기 위한 제도이다.

1) 일반공중의 보호

거래의 상대방으로서는, 등기를 통하여 상인의 내부관계 특히 거래상 중요한 사항(기업의 기본적 조직구조, 상인의 영업능력, 상업사용인의 대리권의 유무·범위 등)에 대한 정보를 취득할 수 있고, 그 결과 불리한 교섭을 피하고 안전한 거래를 할 수 있다. 예컨대 개인상인·회사 어느 것에나 지배인은 무형의 존재이므로 등기로 명확히 하여야 하고, 복잡한 내부조직을 가지는 회사에 대하여는 그 성립사실·회사대표 등이 등기로 명확히 되어야 한다. 반면 일반공중은 등기로 공시된 사항에 대하여는 그가 실제로 알지 못하였더라도 대항받게 되어, 그 불이익을 피하기 위하여서는 상인에 대한 등기를 확인하는 것이 필요하게 된다.

2) 상인의 보호

상업등기제도는, 상인측에서 본다면, 등기한다면 제3자가 그 사항을 알고 있을 것이라고 대항할 수 있고, 기업내용을 공시함에 의하여 신용을 높이는 이점이 있다. 그러나 등기에 의하여 기업비밀이 외부로 누설된다는 단점도 있다.

2. 상업등기의 의의

상업등기는 상법의 규정에 의하여 상업등기부에 하는 등기이다(상법 제34조). "등기부"란 등기기록을 저장한 보조기억장치(자기디스크, 자기테이프, 그 밖에 이와 유사한 방법에 의하여 일정한 등기사항을 기록·보관할 수 있는 전자적 정보저장매체를 말한다)(상업등기법 제2조 3호)이고, 상업등기에는 상호등기부를 위시하여 9가지 종류가 있다(상업등기법 제5조 제1항). 이 이외의 등기부에 행하여진 등기는 상업등기가 아니다. 예컨대, 선박등기는 상법의 규정에 따라 행하여지는 등기이지만(상법 제743조), 상업등기부에 하는 등기가 아니기 때문에 상업등기가 아니다.

누구든지 수수료를 납부하고 대법원규칙으로 정하는 바에 따라 등기부에 기록되어 있는 사항의 전부 또는 일부의 열람과 이를 증명하는 서면의 교부를 청구할 수 있으며, 이해관계 있는 부분에 한하여 등기부의 부속서류의 열람을 청구할 수 있고(상업등기법 제10조 제1항), 그 열람 및 교부 청구는 관할 등기소가 아닌 등기소에 대하여도 할 수 있으며(동조 제2항). 그 등기사항증명서는 다른 법령에서 규정하고 있는 등기부의 등본 또는 초본으로 본다(동제 제3항). 상업등기의 기능은 법률에 특별한 정함이 있는 경우를 제외하고는(상호양도의 등기는 상호양도의 대항요건이다 : 상법 제25조 제2항) 일정한 사항을 공시하는데 불과하지만, 부동산등기는 권리관계의 공시기능뿐만 아니라 권리변동의 요건이라는 기능을 가지는 점에서, 양자는 성격을 달리 한다.

3. 상업등기의 과제

1) 상업등기사항의 법정

등기에 의하여 기업에 관한 사항의 공시내용이 상세할수록 상인의 신용이 유지되고 거래의 안전에 기여하게 된다. 그러나 영업상의 비밀을 유지하기 어렵게 된다.

2) 기업정보공시의 철저화

오늘날 기업은 다수의 상대방과 대량의 거래를 하고 등기사항도 적지 아니하기 때문에 거래마다 등기부를 열람하는 것은 번잡하다. 따라서 상업등기 외에도 공개상장회사에 대하여서는 인터넷상에 상세한 정보공시를 위하여 금융감독원의 전자공시시스템 등이 도입되고 있다.

3) 공고제도의 폐지

1995년 개정전 상법은 또한 법원에 의한 공고를 요구하고 있었지만(상법 제36조), 그 시행은 유보되어 있었다. 개정상법은 공고제도를 폐지하여 등기만에 의하여 대항력이 생기게 되었다. 따라서 상업등기의 공시적 기능에는 커다란 한계가 있게 된다.

4) 상법상 상업등기제도

상법은 상업등기사항을 법정하고, 상업등기의 일반적 효력을 정하고 있다. 위와 같은 점은 상업등기를 해석함에 있어서 충분히 유념하여야 한다.

제2절 상업등기사항

1. 각종 상업등기사항

등기와 관련된 이익을 조정하기 위하여서는, 적절한 사항을 등기할 사항으로 정하여 둘 필요가 있다. 상업등기부에 등기할 대상이 되는 사항은 상법 이외에도 파산법, 회사정리법, 보험업법 등에 의하여 인정된다. 상법 이외의 법률에 의하여 등기사항이 되는 사항에 대하여서도 상업등기부에 기재되어 행하여지는 등기는 상업등기이다. 법률에 의하여 등기사항으로 정하여 있지 아니한 사항은 등기할 수 없다.

상업등기로서 등기의 대상이 되는 사항은 일반적으로는 상인의 거래에 있어서 중요한 법률적 의의가 있는 사항이다. 상업등기사항은 다음과 같은 기준에 따라 분류될 수 있다.

2. 절대적 등기사항과 상대적 등기사항

등기사항에는, 반드시 등기하여야 하는 '절대적 등기사항'과 등기할지 여부가 당사자의 판단에 맡겨진 '상대적 등기사항'으로 나뉜다. 후자도 일단 등기를 한 때에는, 그 사항의 변경·소멸이 발생한 때에는 그 뜻을 등기하여야 한다(상법 제40조).

여기에서 등기하여야 한다는 의미는, 등기를 하지 아니하면 제3자에게 대항할 수 없는 불이익을 받는 것이다(상법 제37조 제1항). 다만, 회사에 대하여는 일정한 사항에 대한 등기를 해태한 경우에는 과태료의 제재를 받는다(상법 제635조 제1항 제1호). 상호를 폐지하거나 변경한 경우에는, 그 상호를 등기한 자는 폐지 또는 변경등기를 하여야 하지만, 이를 해태하는 경우에는 이해관계인은 그 등기의 말소를 청구할 수 있다(상법 제27조).

3. 설정적 등기사항과 면책적 등기사항

등기에 의하여 법률관계가 창설되는 사항을 '설정적 등기사항'이라고 하고, 등기에 의하여 당사자의 책임이 면제되는 사항을 '면책적 등기사항'이라고 한다. 전자에는 지배인(상법 제13조), 대표이사(상법 제317조 제2항 제9호), 회사의 설립(상법 제172조) 등이 해당된다. 후자에는 지배인의 퇴임(상법 제40조), 대표이사의 사임(상법 제317조 제3항, 제183조) 등이 해당된다. 1개의 등기사항이 설정적 등기사항이면서 면책적 등기사항인 경우도 있다.

제3절 상업등기의 절차

1. 상업등기의 절차

1) 당사자신청주의

상업등기는 영업소소재지를 관할하는 법원에 비치된 상업등기부에 등기사항을 기재하여 행하여지는데, 이 등기는 당사자의 신청에 의하는 것을 원칙으로 한다(상법 제34조).

다만, 합병무효판결(상법 제238조)과 주주총회결의취소판결(상법 제378조)이 내려진 경우와 같이, 등기사항이 재판에 의하여 생긴 경우에는 법원의 촉탁으로 등기한다. 또 휴면회사의 해산(상법 제520조의 2)의 경우와 같이, 등기공무원의 직권으로 등기가 행하여지는 경우도 있다.

2) 영업소에서의 등기, 변경·소멸의 등기

절대적 등기사항과 같이, 본점에서 등기할 사항은, 상법에 다른 규정이 없으면(예컨대 제13조), 지점소재지에서도 등기하여야 한다(상법 제35조).

일단 등기한 사항은, 그 사항이 변경 또는 소멸한 경우에는, 당사자는 지체없이 변경 또는 소멸의 등기를 하여야 한다(상법 제40조). 여기서 말하는 등기할 사항은 절대적 등기사항 뿐만 아니라, 상대적 등기사항도 포함한다.

3) 상업등기사무의 전산정보처리조직화

전산기술의 발달에 따라 상업등기사무도 자기디스크, 자기테이프

등을 사용하여 신속하고 안전하게 등기사항을 기록·보관할 수 있게 되었다 이에 따라 상업등기법은 "등기부"란 등기기록을 저장한 보조기억장치(자기디스크, 자기테이프, 그 밖에 이와 유사한 방법에 의하여 일정한 등기사항을 기록·보관할 수 있는 전자적 정보저장매체를 말한다고 하고(동법 제1조 2호), 등기사무는 전산정보처리조직에 의하여 처리하여야 한다(동법 제6조 제1항).

2. 등기공무원의 심사권

당사자의 상업등기의 신청이 행하여진 경우 등기공무원이 어느 범위까지 심사할 권한이 있는가에 대하여는 견해가 나뉘어 있다.

1) 형식적 심사주의(임홍근, 152면 ; 이철송, 245면)

이는 등기공무원은 단지 신청된 사항이 등기사항인가, 이에 대하여 관할권이 있는가 등의 형식적 적법성에 대해서만 심사할 권한과 직무를 가진다는 입장이다. 그 근거로는 ① 법관이 아닌 법원공무원이 실질적 심사를 하는 것이 적절하지 아니하다는 점, ② 진실을 확정하기에 용이하기 아니하기 때문에, 실질적 심사로 인하여 절차가 지연될 우려가 있다는 점, ③ 이 견해를 취한다고 하여도 고의 또는 과실로 부실한 사항을 등기한 자는 상법 제39조에 의하여 불이익을 받기 때문에 허위의 사실이 등기될 우려는 많지 않을 것이라는 점이 들어진다.

2) 실질적 심사주의(서돈각·정완용, 120면)

등기공무원은 신청된 사항이 진실한지 여부에 대해서까지 조사할 권한과 직무를 가진다는 입장이다. 그 근거로는 영업에 관한 중요한 사항을 공시하여 공중이 예측하지 못한 손해를 입지 않도록 보호하고자 하는 상업등기제도의 정신에 비추어 등기공무원에게 실질적 심사권을 인정하는 것이 타당하다는 이유가 들어진다.

3) 절충주의(최기원, 164면 ; 정찬형, 150면 ; 정동윤, 189면)

등기공무원은 신청된 등기사항의 진실성에 대하여 의문을 가지는 경우에는 이를 심사할 권한이 있지만, 그렇지 않은 경우에는 적극적으로 심사할 권한은 없다는 입장이다.

4) 결어

여러 학설의 실제적인 차이는 거의 없다고 생각되지만, 현행법은 절충설의 입장에서 이해하는 것이 바람직하다. 상업등기법은 등기공무원이 신청을 각하하여야 하는 사유를 열거하고 있는데(제27조), 이것은 한정적 열거로서 등기공무원의 심사권의 범위가 명확하다는 점에서는 형식적 심사주의의 입장을 전제로 하고 있다고 생각된다. 그러나 상업등기법 제27조 10호는 "등기할 사항에 관하여 무효 또는 취소의 원인이 있는 때"를 들고 있는데, 등기사항의 법률상 효력에 관하여 다툼이 있는 경우에 등기공무원이 무효 또는 취소의 원인의 유무를 판단하여 등기신청을 각하할지 여부를 결정하도록 하는 것은 형식적 심사주의의 입장에서는 설명할 수 없다. 현행법상 정관의 절대적 기재사항이 흠결된 정관의 등기신청이 있는 경우는 각하하여야 한다고 해석되지만, 등기사항에 관하여 소로써만 주장할 수 있는 무효 또는 취소원인이 있는 경우에는 제소기간 내에 제소가 있는 경우에만 각하할 수 있다고 규정한다(제28조). 따라서 형식적 심사주의를 원칙으로 하지만, 일정한 경우에는 예외적으로 실질적 심사를 하여야 한다고 본다.

제4절 상업등기의 효력

1. 상업등기의 일반적 효력

상인의 거래는 대량적이고 반복적으로 행하여지고, 다수의 이해관계자가 있기 때문에, 등기에 의하여 상인과 제3자의 이익을 조정하기 위하여 상법은 거래의 안전에 중요한 사항을 등기할 사항으로 하고, 등기의 효력에 관하여 규정하고 있다. 개정전 상법은 등기사항을 공고하도록 하였지만, 1995년 개정상법은 기업의 수가 늘어나 상업등기의 양도 엄청나게 되어, 그 공고가 물리적으로 불가능할 뿐만 아니라, 일반인에 대한 공시로서의 효력도 작을 것을 고려하여 공고제도를 폐지하였다.

상업등기의 효력은 등기를 하지 아니한 경우의 소극적 측면과 등기후의 적극적 측면으로 나누어 고찰된다.

1) 등기전의 효력-상업등기의 소극적 공시력

(1) 의의

등기할 사항은 이를 등기하지 아니하면 선의의 제3자에게 대항하지 못한다(상법 제37조 제1항). 이와 같이 등기사항을 등기하지 아니하면 그 사항을 알지 못한 제3자에게 대항할 수 없는 것을 상업등기의 '소극적 공시력'이라고 한다.

(2) 상업등기의 소극적 공시력의 내용

① 개관

등기할 사항은 그것이 실체법상 존재하여도 등기 전에는 당사자는 선의의 제3자에게 대항할 수 없다. 여기서 등기사항에는 절대적 등기사항 뿐만, 아니라 상대적 등기사항도 포함한다. 가령, 갑주식회사의 대표이사 을이 사임하였지만, 을이 갑회사를 대표하여 제3자인 병과 거래를 한 경우, 을의 사임등기가 행하여지지 아니한 경우에는, 갑회사로서는 을이 대표권이 없음을 주장할 수 없다. 다만 을의 사임을 병이 알고 있음을 갑회사가 입증한 경우에는, 갑회사는 을에게 대표권이 없음을 주장할 수 있다.

그러나 상호양도의 등기는 선의·악의를 묻지 아니하고 등기하지 아니하면 제3자에게 대항하지 못한다(상법 제25조 제2항). 이 경우에는 상법 제37조 제1항과 달리, 등기를 하지 아니하는 한, 알고 있는 제3자에게도 대항할 수 없는 것이다.

② 선의의 의미

'선의'라 함은 거래 당시에 제3자가 등기사항을 알지 못한 것을 말한다. 제3자의 선의는 법률상의 이해관계가 발생한 때 즉, 거래시를 기준으로 한다. 등기전에는 제3자는 선의로 추정되어 '등기의무자'에게 악의의 입증책임이 있다. 제3자가 선의이면 중과실이 있어도 상관없다.

③ '대항할 수 없다'는 의미

'대항'할 수 없다라 함은 물권변동의 대항문제와는 다르다. 등기의무자가 선의의 제3자에게 그 사실·법률관계를 항변으로 대항할 수 없다는 것을 의미할 뿐이다. 예컨대 대표이사 또는 지배인이 퇴임 후 회사를 대표·대리하여 한 행위는 무권대표·대리행위이지만, 그 사실이 미등기인 경우 소극적 공시력에 의하여 등기의무자(회사·영업주)는 선의의 제3자에게 대표이사·지배인이 이미 퇴임하였다는 사실을 항변으로 주장할 수 없고 그 행위에 의한 효과가 자기에게 귀속하는 것을 승인할 수밖에 없다.

다만 선의의 제3자이지만, 제3자측이 등기사항을 인정하는 것을 방해하는 것은 아니다. 예컨대, 대표이사에 취임하였지만, 이를 등기하지 아니한 경우에, 그 자가 회사를 대표하여 발행한 어음에 대하여, 선의의 제3자인 어음의 취득자는 회사에 대하여 어음상의 책임을 물을 수 있다.

(3) 상업등기의 소극적 공시력의 적용배제

상법 제37조 제1항은 등기당사자가 제3자에게 대항할 수 있는가의 문제이다. 따라서 제3자 상호간에는 제37조 제1항의 문제는 없다. 왜냐하면 등기당사자의 등기해태에 의하여 등기신청의 의무도 권리도 없는 제3자가 불이익을 받을 우려가 있기 때문이다. 따라서 등기할 사항이 미등기인 경우에도 그 사실・법률관계는 실체법상 존재하는 것이고, 제3자 사이에는 일반적인 사실・법률관계와 같이 미등기인 사실・법률관계에 대하여 주장·대항할 수 있다.

2) 등기 후의 효력-상업등기의 적극적 공시력

(1) 의의

당사자는 등기할 사항을 등기한 후에는 선의의 제3자에 대하여도 그로써 대항할 수 있다. 이것을 상업등기의 '적극적 공시력'이라고 한다. 등기에 의하여 제3자의 악의가 의제된다.

(2) 악의의제의 배제

등기한 후라도 제3자가 정당한 사유로 인하여 등기에 대하여 알지 못한 경우에는, 제3자에게 대항할 수 없다(상법 제37조 제2항).

여기서 '정당한 사유'라 함은 주관적 사정은 포함하지 아니하고, 등기사항이 기능을 하지 아니하는 객관적인 사유에 한정된다고 해석한다. 따라서 태풍 등의 재해로 인하여 교통이 두절되어 등기소까지 갈 수 없는 경우 또는 등기부가 멸실 또는 훼손되어 열람할 수 없는 경우는 정당한 사유라고 할 수 있지만, 제3자가 입원 중이었다던가, 해외출장중이서 등기를 열람할 수 없었던 것과 같은 경우에는 정당한 사유가 아니다.

정당한 사유(그리고 등기사항에 대한 선의)의 입증책임은 이를 주장하는 제3자측이 진다.

3) 상업등기의 일반적 효력의 적용범위

상업등기의 효력이 거래행위 외에도 부당이득, 불법행위에 대하여서도 적용되는가, 소송행위에 대하여서는 어떠한가가 문제된다. 또한 지점에서의 상업등기의 효력을 고찰할 필요가 있다.

(1) 부당이득과 불법행위

상업등기의 효력이 부당이득과 불법행위에도 미치는가에 대하여는 견해가 나뉜다.

① 학설

(가) **긍정설**(정희철, 122면) 상업등기의 효력을 거래행위에 대하여서만 적용하는 것은 법적 생활의 안정성을 부당하게 무시하는 것이므로 널리 일반기업의 활동에 적용된다고 본다.

(나) **부정설**(서돈각·정완용, 122면 ; 정찬형, 154면 ; 채이식, 108면 ; 이철송, 216면) 상업등기는 거래관계에만 그 효력이 미친다고 해석하여 부당이득과 불법행위에의 적용을 배제한다.

(다) **제한적 긍정설**(정동윤, 196면 ; 최기원, 171면 ; 임홍근, 155면) 순수한 부당이득·불법행위에는 이 규정을 적용할 여지가 없지만, 이들이 거래관계와 불가분적인 관계를 가지고 발생한 경우에는 그 적용을 긍정한다.

② 판례

대법원판례(대판 1960. 4. 21. 4290민상816)는 부정설을 취한다.

③ 결어

제한적 긍정설이 타당하다. 왜냐하면 거래와 밀접한 관련을 가진 불법행위 등에 대하여는 상업등기의 효력을 적용하여도 제3자의 신뢰보호에 반한다고 할 수 없기 때문이다.

(2) 소송관계

상업등기의 효력은 소송행위에도 적용된다(이설없음). 가령 대표이사가 사임하였지만, 그 사실을 등기하지 아니하였기 때문에, 제3자가 이 자를 상대로 회사에 대하여 제소한 경우에, 회사는 사임한 대표이사가 회사를 대표할 권한이 없다고 주장하지 못한다.

(3) 지점에서의 등기의 효력

지점소재지에서 등기한 사항에 대하여는, 그 지점소재지에서 행한 거래에 대하여서만 상법 제37조가 적용된다. 지점에서의 등기는 독립한 등기의 의미가 있고, 그 지점에서 행한 거래에 대하여만, 제3자의 악의가 의제된다. 가령 본점소재지에서 등기가 되었지만, 지점소재지에서 등기가 필요한데도 등기가 되지 않았으면, 악의가 의제되지 아니한다.

2. 부실등기의 효력

1) 상업등기의 제한적 공신력

원래 등기는 어떠한 사실이 존재하는 경우, 이것을 등기에 의하여 공시하는 것이다. 따라서 진실 이외의 사항을 등기하여도 아무 효력이 생기지 않는 것이다. 그런데 현행법상 등기공무원은 형식적 심사권밖에 가지지 아니하기 때문에, 사실이 아닌 사항이 등기될 위험성이 높다. 그리고 제3자는 등기된 사항을 신뢰하게 된다. 이 경우에 제3자가 등기가 사실인 아닌 것을 알지 못하였기 때문에 예측하지 못한 손해를 입도록 방치하는 것은 적절하지 않다. 또한 이러한 사실이 아닌 사항을 등기한 자를 아무 제재도 하지 아니하는 것도 옳지 않다.

따라서 상법은 영미의 금반언의 법리 내지 독일의 외관법리에 따라 부실한 등기를 신뢰한 제3자를 보호하기 위한 규정으로 제39조를 두고 있다. 즉, 고의 또는 과실로 인하여 사실과 상위한 사항을 등기한 자는 그 상위를 선의의 제3자에게 대항하지 못한다. 따라서 사실과 달리 등기되었더라도 이를 신뢰한 선의의 제3자가 보호받게 된다. 이것을 상업등기의 '제한적 공신력'이라고 한다.

2) 상법 제39조의 적용요건

(1) 신청자의 고의 또는 과실

본조가 적용되기 위하여서는 등기신청자의 고의 또는 과실이 있을 것이 요구된다. 즉, 신청자가 그 사항이 사실이 아님을 알았다던가, 상당한 주의를 기울였으면 진실이 아닌 것을 알 수 있었을 것을 알지 못하고 등기한 경우에 한정된다. 따라서 등기공무원의 과실로 인한 경우 또는 신청권자가 아닌 자에 의한 부실등기는 본조의 대상이 아니다. 예컨대 갑회사의 대표이사의 사망 후, 그 회사의 이사인 을이 임의로 자기가 대표이사로 선임되었다는 뜻의 등기를 하고, 을이 회사를 대표하여 회사소유의 부동산을 제3자인 병에게 양도한 경우에, 병에 의한 갑회사에 대한 부동산의 소유권확인청구는 인정되지 아니한다.

그러나 제3자에 의하여 등기되어 있는 경우 이를 시정할 의무가 있는 자가 고의 또는 과실로 방치한 때에 본조를 유추 적용할 수 있는가에 대하여는 견해가 나뉜다.

① 학설

(가) **긍정설**(정찬형, 160면 ; 이철송, 262면 ; 정동윤, 204면) 등기의무자 이외의 제3자에 의하여 부실등기 된 사실을 알고 방치한 경우뿐만 아니라 부실등기 사실을 발견하여 시정하지 못한 데 과실이 있는 경우에도 본조가 적용된다고 본다.

(나) **부정설**(최기원, 181면) 본조는 고의나 과실로 스스로 사실과

상위한 내용의 등기신청을 함으로써 부실의 사실을 등기하게 한 자는 그 부실등기임을 내세워 선의의 제3자에게 대항할 수 없다는 취지이지 등기신청권자에게 부실등기 상태를 발견하여 이를 시정하지 못한 점에 있어서 과실이 있다고 하여 적용할 수 없다고 본다. 즉, 제3자의 허위신청으로 인한 부실등기에 대하여 등기신청인의 고의 또는 중대한 과실이 있는 경우에만 본조가 적용된다고 해석한다.

② 판례

대법원(대판 1975. 5. 27. 74다1366)은 그 적용을 부정한다.

판 례

대판 1975. 5. 27. 74다1366 …… 제3자가 문서위조등의 방법으로 회사의 명의를 모용(冒用)하여 부실등기를 경료한 경우에는, 비록 그 제3자가 그러한 등기를 신청함에 있어 회사에게 과실이 있거나 또는 이미 경료된 부실등기의 존속에 관하여 회사에게 과실이 있다 하더라도 이로써 곧 스스로 고의나 과실의 부실의 등기를 신청한 것과 동일시 할 수 없다.

③ 결어

등기신청권자가 아닌 제3에 의하여 부실등기가 경료되어 있는 경우는 본조의 적용대상은 아니지만, 이를 시정할 의무가 있는 자가 이를 알면서도 책임질 사유로 인하여 이를 방치한 경우에도 본조가 유추적용된다고 해석한다.

(2) 제3자의 선의

선의의 제3자라 함은 등기와 사실의 불일치를 알지 못한 제3자를 의미한다. 그러나 부실한 등기임을 알지 못한 데 과실이 있어도 보호된다. 본조는 상업등기라는 공시제도에서 외관의 신뢰를 보호하는 것을 목적으로 하기 때문이다. 다만, 중과실은 악의와 같이 보아 제외한다.

(3) 이사의 선임 · 퇴임등기와 제3자에 대한 손해배상책임

이사의 선임 또는 퇴임의 등기와 이사의 제3자에 대한 손해배상책임(상법 제401조)과의 관계가 문제된다.

① 부실의 선임등기

상법 제39조의 부실한 사항을 등기한 자라 함은 그 등기를 신청한 상인을 말하는 것이므로, 이사로 선임되지 아니한 자를 이사로 등기한 경우에 상법 제401조의 이사가 아니다. 그러나 부실한 등기사항이 이사의 취임이고, 또 그 이사가 등기를 승낙하였다면, 부실등기의 출현에 협력한 것이기 때문에 제39조를 유추적용하여, 취임등기가 행하여진 이사 본인에게 고의 과실이 있으면 그 등기사항이 존재하지 아니함을 선의의 제3자에게 대항할 수 없고, 그 결과 제401조의 책임을 면할 수 없다고 본다(일본 최판 1972. 6. 15 판결 참조).

② 사임등기를 게을리하는 경우

이사사임의 경우에도 위와 같다. 즉, 이사를 사임한 자가, 여전히 적극적으로 이사로서 대외적 또는 내부적인 행위를 하는 경우를 제외하고는, 사임등기가 되어 있지 아니하여 그 자가 이사라고 신뢰하여 거래한 제3자에 대하여 상법 제401조의 책임을 지지 아니한다. 다만 이사를 사임한 자가, 등기신청권자인 회사의 대표자에 대하여, 사임등기를 신청하지 아니하여 부실한 등기를 잔존시키는 것과 같은 특별한 사정이 존재하는 경우에는, 이사를 사임한 자는 제39조가 유추적용 되고 선의의 제3자에게 대항할 수 없게 되어, 제401조의 책임을 진다고 본다(일본 최판 1988. 1. 26 판결 참조).

3. 상업등기의 추정력

상업등기는, 형식적 심사주의를 취하고 있기 때문에 등기공무원은 진실과 다른 사항에 대한 등기신청도 수리할 가능성이 있다. 따라서 등기한 사항에 대하여 그것이 사실이라는 추정력이 생기지 아니한다. 이것은 등기에 법률상의 추정력이 생기지 아니한다는 것이다. 즉, 등기된 사항이어도, 이를 다투는 자가 적극적으로 부실이라는 것을 입증할 책임을 지는 효과를 가지는 것은 아니다.

그러나 등기에는 사실상의 추정력이 존재하고, 진실이라는 추정적 증거(prima facie evidence)로서의 효력은 인정된다고 해석된다. 그 이유는 상업등기의 신청에는 첨부서류와 인감이 필요하여 어느 정도 진실성을 담보하기 때문이다. 또 상법 제23조 제4항과 같이 법률상 추정력이 인정되는 규정도 있다.

4. 상업등기의 특수한 효력

1) 창설적 효력

등기에 의하여 새로운 법률관계가 창설되는 경우에, 이것을 상업등기의 창설적 효력이라고 한다. 통상의 등기는, 일정한 법률관계의 발생・변경・소멸이라는 사실이 있고, 이를 공시하는 것이다. 이에 대하여 회사는 회사의 설립등기에 의하여 법인격이 창설되고(상법 제172조), 회사의 합병은 합병등기에 의하여 비로소 효력이 생긴다(상법 제234조).

이 경우에는 상법 제37조가 적용되지 아니한다. 따라서 악의의 자가 있어도 등기를 하지 아니하는 한 그 효력발생을 주장할 수 없다.

2) 보완적 효력

이는 상업등기에 의하여 법률관계상의 당사자가 하자의 존재를 더 이상 주장할 수 없게 되고, 그 결과 하자가 보완된 것과 같은 효과가 생기는 효력이다. 즉, 주식회사에서 설립등기를 하면 회사가 성립하여, 주식인수인은 주식청약서의 요건흠결을 이유로 인수의 무효로 하거나, 착오·강박·사기를 이유로 주식의 인수를 취소할 수 없다(상법 제320조 제1항). 따라서 등기에 의하여 하자가 보완되는 것과 같은 효과가 인정된다.

같은 효과가 인정되는 경우로서, 신주발행으로 인한 변경등기가 있은 후에는, 아직 인수하지 아니한 주식이 있거나 주식인수의 청약이 취소된 때에는 이사가 공동으로 인수한 것으로 보는 상법 제428조를 들 수 있다.

3) 부수적 효력

상업등기가 일정한 행위를 허용되거나 면책하는데 기초가 되는 효력이다. 즉, 주식회사에서 설립등기를 하여 회사가 성립하면, 주식의 양도가 가능하고(상법 제335조 제1항), 주권(株券)의 발행이 가능하다(상법 제355조). 또한 합명회사와 합자회사의 사원은 퇴사등기 후 2년(상법 제225조, 제269조), 해산등기후 5년이 경과하면 책임을 면한다(상법 제267조, 제269조).

제7장 영업양도

제1절 영 업

1. 영업의 의의

상법상 영업이라는 용어는 2가지 의미로 사용된다. 첫째, 주관적 의의의 영업으로 상인의 영업활동을 뜻한다. 예컨대 영업을 하는(제5조, 제6조, 제8조, 제10조 등), 영업에 관한(제11조, 제33조), 영업의 부류 또는 범위(제17조, 제62조, 제87조 등)가 이에 해당한다. 둘째, 객관적 의의의 영업으로서 상인이 영업활동의 기초를 이루는 조직적인 재산을 의미한다. 영업의 양도(제41조 이하), 영업의 임대차(제374조)에서의 영업은 조직적 일체로서의 재산을 뜻한다.

이와 같이 파악하면 양자는 전혀 별개인 것 같지만, 양자는 밀접한 관계를 가진다. 즉, 주관적 의의의 상인의 영업활동은 객관적 의의의 영업으로서 조직적인 재산을 사용하여 행하여지고, 조직적인 재산은 영업활동을 통하여 유기적인 일체성을 가지는 관계에 있으며 영업활동을 통하여 형성된다.

2. 객관적 의의의 영업

객관적 의의의 영업이라 함은 상인이 영업활동을 함에 의하여, 단순한 개개의 재산의 합계 이상의 가치를 가지게 되는 조직적 재산을 말한다.

객관적 의의의 영업은 일정한 영업목적을 위하여 결합된 조직적인 재산이므로, 개인상인의 경우에는 그 상인의 영업 외에서 사용되는 사용재산은 제외된다. 또한 개인상인이 수 개의 독립한 영업을 행하는 경우에는 각 영업에 대하여 독립적인 영업재산이 성립하고, 각각 다른 객관적 의의의 영업으로 된다. 이에 대하여 회사의 경우에는 사용재산이란 존재하지 않고, 또 수 개의 영업을 영위하는 경우에도 그것이 상법상 독립성이 없고, 따라서 회사가 가지는 모든 재산이 하나의 영업용재산을 구성한다.

객관적 의의의 영업에는 토지, 건물, 기계, 상품 등과 같은 동산과 부동산 이외에도, 영업에 관하여 취득한 채권, 특허권 등의 각종 지적재산권, 영업상의 비결, 고객관계 등과 같은 가치 있는 사실관계를 포함한다. 이상과 같은 적극재산 이외에도, 소극재산인 영업상의 채무도 포함된다.

제2절 영 업 소

1. 영업소의 의의

상법에서 영업소는, 영업활동의 중심이 되는 장소이다. 영업소는 단지 거래 등의 영업활동이 행하여지는 장소인 것만으로는 충분하지 않고, 내부적으로 이곳에서 지휘명령이 내려지며 주요한 영업행위가 행하여져야 한다. 또 대외적으로 이와 같은 장소로 표시되어야 한다. 이 요건이 충족되면 되고, 상인의 주관적인 의사는 반드시 결정적인 의미를 가지지 아니한다. 거래의 상대방을 보호하기 위함이다.

영업소는 본점과 지점으로 구분된다.

2. 영업소의 효과

특정한 장소가 영업소로 된 경우, 그 효과로서는 ① 상행위로 인한 채무의 이행장소는 특정물채무를 제외하고는 채권자의 영업소가 되고(민법 제467조 제2항), ② 회사의 보통재판적은 그 주된 영업소가 기준이 되며(민사소송법 제10조), ③ 상업등기는 그 상인의 영업소 소재지의 법원이 관할하고(비송사건절차법 제129조), ④ 소송서류의 송달장소로 수령인의 영업소가 될 수 있으며(민사소송법 제170조 제1항), ⑤ 파산사건, 회사정리사건에서 관할법원의 기준이 되고(파산법 제96조, 회사정리법 제6조), ⑥ 다수설과 판례의 입장에 따르면 영업소로서의 실질을 갖추면 표현지배인이 된다(상법 제14조).

3. 본점과 지점

영업소는 본점과 지점이 구분된다. 본점은 전체 영업을 통괄하는 영업소이고, 지점은 그 이외의 영업소이다. 지점인가 아닌가는 각 장소의 명칭과 관련 없이, 그 실질에 따라 결정한다. 가령 출장소라는 명칭을 가진 장소이어도, 독립하여 영업활동을 결정하고, 대외적으로 거래를 하는 영업소로서의 실태를 가졌다면, 상법상의 지점이다.

지점으로 되는 경우 그 효과는 다음과 같다. ① 지점에서 행한 거래는 그 지점이 영업소로 되어, 그 거래에 대한 채무의 이행장소가 보고(상법 제56조), ② 본점소재지에서 등기할 사항은 지점소재지에서도 등기가 필요하며(상법 제13조, 제35조, 제38조, 제181조 제1항, 제614조), ③ 각 지점에서는 그 지점만의 지배인을 둘 수 있고(상법 제10조, 제13조, 제14조), ④ 각 지점이 독립적으로 영업양도의 대상이 된다.

제 3 절 영업양도

1. 영업양도의 의의와 법적 성질

1) 영업양도의 의의

영업양도라 함은 조직적 일체로서의 영업을 계약에 의하여 이전하는 것이다. 즉, 영업목적을 위하여 조직화된 유기적 일체로서의 기능재산의 동일성이 유지된 일괄이전을 의미한다.

(1) 유기적 일체로서 동일성이 유지된 영업재산의 이전

영업을 유기적 일체로서 동일성을 유지하며 이전할 것이 요구되고, 사실관계의 이전도 포함되어 있어야 한다. 구체적인 사안에서 영업양도인가 아닌가가 문제된 경우에는 가치 있는 사실관계의 이전이 있는가 여부가 그 판단에 있어서 매우 중요하다.

판례

> 대판 1988. 11. 9. 87다카1295 …… 상호만을 양수한 동일한 영업장소에서 일부 종업원을 계속 고용하여 영업을 하였을 뿐 제과설비 등 유체동산을 제3자로부터 새로이 매수하고 공장건물에 대한 임대차계약을 별도로 체결하였으며, 영업조직체로 가장 중요한 판매망 역시 기존의 대리점 등을 그대로 인수한 것이 아니고 새로이 각 대리점계약을 체결하여 구축한 것이니 만큼 양수인은 양도인의 제과영업을 유기적 일체로서 동일성을 유지하며 이른바 영업양도의 방식에 의하여 양수한 것으로 볼 수 없다.

(2) 특정승계

영업양도의 효과로서, 특약이 없는 한, 객관적 의의의 영업에 속하는 일체의 구성요소가 양도인으로부터 양수인에게 이전한다. 그러나 영업양도는 합병, 상속과 같은 포괄승계가 아니기 때문에, 영업의 개별적 구성요소의 이전절차를 밟아야 한다. 즉, 영업양도계약은 영업을 이전할 의무를 부담하는 채권계약이다.

2) 영업양도의 이용형태

영업양도는 다음과 같은 경우에 많이 이용된다.

첫째, 기업의 재편성의 방법으로 이용된다. 급속한 경제상황의 변동에 대응하거나, 세계화·복잡화하는 사회에 능동적으로 적응하기 위하여, 기업은 항상 가장 적절한 형태로 변화하는 것을 검토하여야 한다. 이를 위한 기업의 재편성에 합병과 같이 영업양도가 이용된다. 영업양도는 특히 감량경영(減量經營)을 위하여 기업이 종래 경영하던 영업 중 일부를 매각하거나 자회사에 이전하는 경우에 유용하다. 영업양도에는 합병과 달리(상법 제174조) 회사형태에 대한 제한은 없다.

둘째, 기업의 경영파탄의 경우이다. 경영파탄에 빠진 기업이 채권자의 강제집행을 피할 목적으로 새로운 회사를 설립하여 종래의 상호와 영업목적, 영업재산은 승계하지만, 채무는 승계하지 아니하는 경우이다. 이와 같은 영업양도가 행하여진다면, 종래의 기업에 대한 채권자는 채권을 회수하지 못할 우려가 있다. 따라서 상법은 이 경우 채권자를 보호하고자 한다(상법 제42조-제45조).

3) 영업양도의 법적 성질

이에 관하여는 여러 견해가 주장된다.

(1) **영업재산양도설**(최기원, 186면 ; 정찬형, 166면)

영업양도를 영업재산의 양도로 해석한다. 여기에서 영업재산은 물건, 지적소유권 이외에도 사실관계를 포함한다.

(2) **영업유기체양도설**(차낙훈, 143면)

영업을 일종의 유기체로 보아 영업양도는 이러한 유기체의 양도로 해석한다. 유기체를 어떻게 해석하는가에 따라 약간의 차이가 있지만, 영업재산을 중심으로 고찰하는 점에서 '영업재산양도설'에 가깝다.

(3) 영업조직양도설

영업에 고유한 사실관계 내지 영업조직의 양도에 영업양도의 본질이 있다고 해석한다. 사실관계를 중요시하고, 사실관계 이외의 영업재산은 이러한 영업조직의 종물로서 영업양도에 수반하여 양수인에게 이전하는 데 그친다고 본다.

(4) **지위재산이전설**(서돈각 · 정완용, 137면)

영업양도를 경영자의 지위의 이전과 영업재산의 이전의 2요소를 포함한 행위로 이해한다.

(5) 결어

영업양도는 일정한 목적을 위하여 조직화된, 유기적 일체로서 기능하는 영업재산을 이전하는데 그 본질이 있으므로 영업재산양도설이 타당하다.

4) 상법의 규정

상법은 영업양도에 관하여 다음과 같이 규정한다.

(1) 양도인과 양수인과의 관계이다(상법 제41조).

(2) 양도당사자와 양도인의 채권자 또는 채무자와의 관계이다(상법 제42조-제45조).

(3) 양도당사자가 회사인 경우에 그 내부적 절차를 규정한다(상법 제257조, 제374조, 제576조). 즉, 영업양도는 양도회사·양수회사 모두에 대하여 중요한 영향을 미치기 때문에, 합명회사·합자회사의 경우에는 영업양도에는 총사원 과반수의 결의, 주식회사의 경우에는 영업의 전부 또는 중요한 일부의 양도·다른 회사의 영업 전부의 양수·회사의 영업에 중대한 영향을 미치는 다른 회사의 영업의 일부의 양수에는 주주총회의 특별결의, 유한회사의 경우에는 영업의 전부 또는 중요한 일부의 양도·다른 회사의 영업 전부의 양수에 사원총회의 특별결의가 요구된다. 따라서 이 결의를 거치지 아니하고 체결된 영업양도계약은 무효이다.

2. 영업양도의 효과

1) 당사자 사이의 관계

영업양도가 행하여지면 양도인은 양수인에 대하여 영업재산을 이전할 의무를 진다. 이때 양수인이 종업원을 포괄적으로 승계하는가가 문제된다. 또한 양도인은 동종영업을 하지 못하는 경업금지의무를 진다.

(1) 영업재산의 이전의무

영업양도계약은 채권계약이므로 양도인은 영업재산의 개별적 구성요소를 재산의 종류에 따라 개별적으로 양수인에게 이전하여야 한다. 즉, 동산은 인도, 부동산과 상호는 등기, 특허권과 상표권은 등록 등의 소유권이전절차를 밟아야 한다. 또한 임대차계약과 같이 상대방이 있는 권리는 그 상대방의 동의가 필요하다(민법 제629조).

(2) 영업양도와 종업원의 인계

영업양도의 경우에 종업원이 당연히 포괄적으로 승계되는 것인가, 개별적 합의가 있는 경우에만 승계되는가가 문제된다. 이에 대하여는 견해가 나뉜다.

① 학설

(가) **승계부정설** 영업양도의 경우 종업원도 양수인에게 당연히 승계되는 것은 아니라고 해석한다. 즉, 영업과 노사관계를 불가분의 것으로 해석하는 것에 반대하여, 종업원과의 근로관계의 양도에는 각 근로자의 동의(민법 제657조)를 요하는 것으로 설명한다. 그 이유로서 영업양도의 경우는 양도인인 기업주체가 여전히 존속하고, 또 권리의무의 이전에 개별적인 절차를 요한다는 것이 들어진다.

(나) **승계긍정설** 이것은 근로자를 사용자 개인보다도 기업 자체에 고용되어 있다고 해석하여, 사용자의 변경은 노무의 내용에 변경을 발생시키지 아니한다고 한다. 이 견해는 대부분의 노동법학자가 취하는 것으로 노동조건의 확보·실업방지의 입장으로부터 영업양도에 근로자의 동의를 요하지 아니하고 노동관계는 당연히 승계된다고 주장한다. 따라서 이 견해에 의하면 영업양도의 경우에 종업원은 실질적으로는 영업 그 자체에 소속하는 것이라고 인정되기 때문에 영업양도의 계약에 다른 정함이 없는 경우에는 종업원의 고용관

계도 당연히 양수인에게 이전된다.

② **판례** 판례(대판 1992. 7. 14. 91다40276 ; 대판 2002. 3. 29. 2000두8455)는 퇴직금산정에 관한 사안에서 영업양도로 근로자의 근로관계가 양수기업에 승계된다고 한다.

판례

대판 1992. 7. 14. 91다40276 …… 기업이 사업부문의 일부를 다른 기업에 양도하면서 그 물적 시설과 함께 양도하는 사업부문에 근무하는 근로자들의 소속도 변경시킨 경우에는 원칙적으로 해당 근로자들의 근로관계가 양수하는 기업에게 승계되어 그 계속성이 유지된다고 할 것이다. 이 경우에 있어 근로자가 자의에 의하여 계속 근로관계를 단절할 의사로써 사업을 양도하는 기업에 사직서를 제출하고 퇴직금을 지급받은 다음 사업을 양수하는 기업에 입사하였다면 전자와의 근로관계는 일단 단절되고 근로자가 사업을 양수한 기업에서 근무하다가 퇴직하는 경우에는 그 기업에서의 근속기간에 상응하는 퇴직금만을 지급받게 될 것이지만, 그것이 근로자의 자의에 의한 것이 아니라 사업을 양도하는 기업의 퇴직금을 지급하기 위한 방편이나 사업을 양도·양수하는 기업들의 경영방침에 의한 일방적인 결정에 따라 퇴직과 재입사의 형식을 거친 것에 불과하다면 이러한 형식을 거쳐서 퇴직금을 지급받았더라도 근로자에게 근로관계를 단절할 의사가 있었다고 할 수 없고, 따라서 계속근로관계도 단절되지 않는다고 할 것이므로, 이와 같은 경우에 근로자가 최종적으로 사업을 양수한 기업에서 퇴직하면 그 기업은 합산한 계속근로연수에 상응하는 퇴직금에서 이미 지급된 퇴직금을 공제한 나머지를 지급할 의무가 있다.

대판 2002. 3. 29. 2000두8455…… 영업이 양도되면 반대의 특약이 없는 한 양도인과 근로자 사이의 근로관계는 원칙적으로 양수인에게 포괄적으로 승계되고, 영업양도 당사자 사이에 근로관계의 일부를 승계의 대상에서 제외하기로 하는 특약이 있는 경우에는 그에 따라 근로관계의 승계가 이루어지지 않을 수 있으나, 그러한 특약은 실질적으로 해고나 다름이 없으므로 근로기준법 제30조 제1항 소정의 정당한 이유가 있어야 유효하며, 영업양도 그 자체만을 사유로 삼아 근로자를 해고하는 것은 정당한 이유가 있는 경우에 해당하지 않는다.

③ 결어 승계긍정설을 따른다면 다음으로 영업양도시 종업원의 인계를 양도 당사자간의 합의로써 배제할 수 있는가가 문제로 된다. 생각건대 영업양도시 종업원의 고용관계도 당연히 양수인에게 이전한다고 보되, 영업의 동일성을 침해하지 아니하는 범위에서는 일정한 고용관계를 이전하지 아니하는 것으로 하여도 무방하다고 판단된다. 그러나 이에 대하여는 노동법학자로부터 강한 반대가 있다. 그 이유는 노동관계와 영업과의 일체성을 인정하는 것이 노동법적 관점에서부터 타당하다면, 상법상의 해석으로도 영업양도 당사자간의 합의로써 근로자의 인계를 제외할 수 없다고 해석하여야 한다고 주장한다.

(3) 경업금지의무

① 경업금지의무의 의의와 금지범위

영업양도가 행하여지면 양도인은 원칙적으로 양도한 영업과 동종의 영업을 하지 못한다. 이를 경업금지의무라고 한다. 그것은 양도인이 종래와 같이 영업을 한다면, 양수인이 영업양도의 경제적 가치를 얻을 수 없기 때문이다. 다만, 넓게 영업을 금지하면, 양도인은 완전히 영업활동을 하지 못하게 되어 헌법상 보장되는 직업선택의 자유가 침해되기 때문에 이것은 일정한 범위로 한정되고 있다. 판례(헌재 1996.10.4. 94헌가5)는 상법상의 경업금지의무에 관한 규정이 직업선택의 자유를 침해하지 아니하여 적법한 것으로 판단한다.

② 경업금지의무의 내용

(가) 특약이 없는 경우 당사자간에 다른 약정이 없는 한, 양도인은 10년간 동일한 특별시 등에서 동종 영업을 하지 못한다(상법 제41조 제1항).

(나) 특약이 있는 경우 경업금지기간을 10년 이상으로 확장하는 특약도 유효하다. 다만, 경업금지약정은 동일한 특별시 등에 한하여 20년을 초과하지 아니한 범위내에서 그 효력이 있다(동조 제2항).

판례

헌재 1996.10.4. 94헌가5 …… 영업양도인의 경업가능성은 영업의 종류 및 영업지 등에 따라 다양하게 나타날 수 있어 경업금지구역과 기간을 세분한다는 것이 입법기술상 쉽지 아니할 뿐 아니라, 상법 제41조 제1항은 그에 반하는 특약을 인정하고 있고 그 위반에 대한 처벌규정을 두고 있지 않으며 경업과 손해 사이에 상당인과관계가 있어야만 손해배상을 청구할 수 있어서 일률적인 경업금지구역 및 기간의 설정에서 오는 불합리성이 완화되고 있는 점 등에 비추어 입법재량권의 한계를 벗어나 직업선택의 자유를 과잉침해한 것으로 볼 수 없다. 또한 면단위에서 영업양도계약을 체결하는 당사자들의 거래환경과 대도시에서의 그것은 질적으로 다른 것이며, 일반적으로 거래당사자들은 그러한 각자의 거래환경을 염두에 두고 계약체결에 임하는 것이므로, 면단위에서 행해진 영업양도행위와 서울특별시에서 행해진 영업양도행위는 그 대상업종이 같은 종류라 하여도 이들을 같은 기준점에 놓고 판단할 수는 없는 것이다. 따라서 달리 다른 기준점이 쉽게 책정될 수 없는 한 이 사건 규정으로 인하여 서울특별시와 같은 대규모 지역이 다른 면 등의 소규모 지역에 비해 같은 종류의 영업양도인에게 더 불리하다 하더라도, 그 이유만으로 바로 입법자에게 이 사건 규정의 입법에 있어서 자의성이 있다고 할 수 없다.

2) 양도인의 채권자와의 관계

(1) 양수인과 양도인의 채권자에 관계

영업양도가 행하여져도 채무의 이전절차를 밟지 아니하는 한, 양수인이 양도인의 영업상의 채무에 대하여 당연히 채무자가 되는 것은 아니다. 그러나 상법 제42조는 양수인이 양도인의 상호를 계속 사용하는 경우에는 양도인과 양수인의 부진정연대채무가 되는 것을 규정한다.

(2) 양수인이 상호를 속용하는 경우

① 상법의 규정

영업양수인이 양도인의 상호를 계속 사용하는 경우에는 양도인의 영업으로 인한 제3자의 채권에 대하여 양수인도 변제할 책임이 있다(제42조 제1항). 양수인이 이 채무에 대하여 책임이 없음을 등기하거나, 양도인과 양수인이 책임이 없음을 채권자에게 통지한 경우는 제외된다(동조 제2항).

② 제42조의 입법취지

(가) **외관이론** 양도인의 영업활동으로 인하여 생긴 채무에 대하여 양도인 뿐만 아니라 양수인도 변제책임을 지는 근거로 양도인의 채권자의 외관신뢰보호를 드는 견해로, 통설의 입장이다. 즉, 영업양도가 행하여진 경우에, 양도인의 채권자로서는, 영업주가 교체되었는가를 알지 못하거나 알더라도 양수인이 양도인의 상호를 계속 사용하는 경우에는, 양수인이 그 채무를 인수할 것으로 생각할 것으로 예상하므로, 이와 같은 신뢰를 보호하기 위하여 양수인의 연대변제책임을 규정한 것이라고 본다. 이에 대하여는 상법 제42조 제1항이 외관신뢰에 근거한 규정이라면, 악의의 채권자에 대하여는 적용되지 아니하는 것으로 해석되지만, 기업의 도산시에 영업양도가 행하여진 경우에 영업양도를 알고 있는 채권자는 본조에 의하여 보호되지 아니한다는 모순이 지적된다.

(나) **영업재산의 담보이론** 상법 제42조 제1항은 외관신뢰보호에 근거한 규정이 아니라, 영업상의 채무에 대하여는 영업재산이 담보로 되어 있다고 인정되는 것에서, 채권자를 보호하기 위하여 양수인에게 채무인수를 의무화한 것으로 해석한다. 영업상의 채무에 대하여는 기업재산이 담보로 되어 있기 때문에, 새로운 상호를 사용하여, 채무를 인수하지 아니한다는 뜻을 적극적으로 표시하지 아니하는 한, 양수인이 채무를 인수한 것으로 보아, 기업재산의 현재의 소유자인 양수인에게도 책임을 지운 것으로 해석한다.

(다) **판례의 입장** 대법원(대판 1998.4.14. 96다8826)은 외관이론과 영업재산담보이론을 함께 근거로 제시하고 있다.

판 례

> 대판 1998.4.14. 96다8826 …… 상법 제42조 제1항이 상호를 계속 사용하는 영업양수인에게 양도인의 영업으로 인한 채무에 대하여도 변제할 책임이 있다고 규정하고 있는 것은 일반적으로 채무자의 영업상 신용은 채무자의 영업재산에 의하여 실질적으로 담보되는 것이 대부분인데 채무가 승계되지 아니함에도 상호를 계속 사용함으로써 영업양도의 사실이, 또는 영업양도에도 불구하고 채무의 승계가 이루어지지 않은 사실이 대외적으로 판명되기 어렵게 되어 채권자에게 채권 추구의 기회를 상실시키는 경우 양수인에게도 변제의 책임을 지우기 위한 것이라 할 것이다.

③ 적용요건

(가) **상호의 계속사용** 영업양도인이 사용하던 상호와 양수인이 사용하는 상호는 엄격히 동일하여야 하는가가 문제된다. 학설과 판례는 양자는 동일할 것까지는 없고, 다만 전후의 상호가 주요 부분에 있어서 공통되기만 하면 상호를 계속 사용한다고 본다. 판례(대판 1989. 3. 28. 88다카12100)는 그 동일여부는 명칭, 영업목적, 영업장소, 이사의 구성 등을 참작하여 결정한다고 한다. 남성사와 남성정밀공업주식회사(대판 1989. 3. 28. 88다카12100), 삼정장여관과 삼정호텔(대판 1989. 12. 26. 88다카10128), 주식회사 파주레미콘과 파주콘크리트 주식회사(대판 1998.4.14. 96다8826)의 동일성을 인정한 판례가 있다.

(나) **영업상의 채무** 영업상의 채무는 영업상의 일체의 채무이고, 불법행위로 인한 손해배상채무도 포함한다.

판 례

> 대판 2002. 6. 28. 2000다5862 …… 영업양수인이 양도인의 상호를 계속 사용하는 경우에, 양도인이 그 영업으로 인한 채권을 가진 채권자에게 양수인이 위 채무에 대한 책임이 없음을 통지한 것만으로는, 양수인이 위 채무에 대하여 변제책임이 없다 할 수 없다. 상법 제42조 제1항은 영업양수인이 양도인의 상호를 계속 사용하는 경우에

는 양도인의 영업으로 인한 제3자의 채권에 대하여 양수인도 변제할 책임이 있다고 규정하고 있고, 이 때 양도인의 영업으로 인한 채무란, 영업상의 활동에 관하여 발생한 채무를 말한다. 영업양도인이 주식회사인 경우에는 회사에게 사적인 생활이 존재하지 아니한 관계로 주식회사의 명의로 한 행위는 반증이 없는 한 일단 회사의 영업을 위하여 하는 행위로 추정되며, 따라서 그로 인하여 회사가 부담하는 채무도 영업으로 인한 채무로 추정된다고 할 것이지만, 반증에 의하여 그 채무가 영업으로 인한 채무가 아니라는 점이 밝혀지는 경우 그러한 추정은 복멸될 수 있다. 따라서 레미콘 회사의 사실상의 소유자가 회사의 목적사업이나 영업과는 전혀 무관하게 개인적으로 주유소영업을 위하여 주유소부지를 매입한 후 그 대금지급을 위하여 보관 중이던 회사의 명판과 대표이사의 인감을 이용하여 약속어음과 당좌수표를 발행하여 회사가 부담하게 된 어음금채무 또는 연대보증금채무는 회사의 영업활동과는 전혀 무관한 것으로서 영업양도인의 영업으로 인한 채권으로 볼 수 없으므로 상호 속용 양수인에 대하여 그 이행책임을 물을 수 없다.

(다) **양도인의 항변** 양수인은 양도인이 채권자에 대항할 수 있는 모든 항변사유를 주장할 수 있다.

(라) **현물출자** 제42조는 영업양도에 관한 규정이지만, 회사의 설립시 영업을 현물출자하는 경우에도, 상호가 계속 사용되면 본조가 유추적용된다(대판 1989. 3. 28. 88다카12100). 영업양도의 경우와 같이, 채무자가 채무를 면탈하기 위하여 현물출자의 형태로 새로운 회사를 설립하는 경우에, 채권자를 보호할 필요성이 있기 때문이다.

판 례

대판 1989. 3. 28. 88다카12100 …… 영업을 출자하여 주식회사를 설립하고 그 상호를 계속사용하는 경우 영업의 양도는 아니지만, 출자의 목적이 된 영업의 개념이 동일하고 법률행위에 의한 영업의 이전이라는 점에서 영업의 양도와 유사하며, 채권자의 입장에서 볼 때에는 외형상 출자와 양도를 구분하기 어려우므로, 새로 설립된 법인은 출자자의 채무를 변제할 책임이 있다.

④ 책임의 배제

영업양수인이 상호를 속용하는 경우에 지는 이와 같은 책임을 면하기 위하여서는 (i) 양수인이 영업양도를 받은 후 지체없이 양도인의 채무에 대하여 책임이 없음을 등기하거나, (ii) 양도인과 양수인 양자가 지체없이 책임이 없음을 채권자에게 통지하면 된다(상법 제42조 제2항). 이 등기는 양수인이 신청하고, 신청서에는 양도인의 승낙서를 첨부하여야 하며, 상호의 양도를 증명하는 서면에는 등기소에 제출한 양도인의 인감이 찍혀 있어야 한다(상업등기법 제33조, 제34조).

판례

> 대판 1976. 4. 27. 75다1209, 1210 …… 영업양수인이 양도인의 상호를 계속 사용하는 경우에, 양도인이 그 영업으로 인한 채권을 가진 채권자에게 양수인이 위 채무에 대한 책임이 없음을 통지한 것만으로는, 양수인이 위 채무에 대하여 변제책임이 없다 할 수 없다.

(3) 양수인이 상호를 속용하지 아니하는 경우

① 원칙

영업양수인이 양도인의 상호를 계속사용하지 아니하는 경우에는 영업이전이 뚜렷하여 영업주의 교체사실을 식별하기 용이하므로 양도인의 채권자를 보호할 필요가 없다. 따라서 양수인은 양도인의 영업으로 인한 채무를 변제할 책임을 지지 않지만 상법 제44조는 영업양수인이 채무인수를 광고한 경우에는 그 의사를 존중하여 양수인의 변제책임을 예외적으로 인정한다.

② 채무인수의 광고의 경우

(가) 양수인이 상호를 속용하지 아니하는 경우에도 양도인의 영

업으로 인한 채무를 인수할 것을 광고한 때에는 채권자는 양수인에 대하여도 변제를 청구할 수 있다(상법 제44조). 양도인과 양수인의 책임은 부진정연대책임이다.

(나) 광고의 방법

(a) 독일의 경우 ; 상법 제44조는 모법인 독일 상법 제25조 제3항에서 유래한다. 즉, 동법은 "영업양수인이 양도인의 상호를 계속 사용하지 아니하는 경우에는 특별한 채무부담원인이 있는 경우 특히 양수인이 상관행적 방법에 의하여 채무인수를 공고한 경우에 한하여 종래의 영업상의 채무에 대하여 그 책임을 진다"라고 한다. 여기서 '채무인수의 공고'는 단순한 영업양수사실의 공고만으로는 충분하지 아니하고, 채무인수의 의사표시가 행해지는 것을 요하는 것으로 도이치에서도 일반적으로 해석되고 있다. 또한 이 방법으로서는 신문광고 등에 한정하지 아니하고, 다수채권자에 대한 개별적인 통지도 인정되고 있다.

(b) 우리 법의 해석 ; 상법 제44조는 구체적으로 광고의 방법에 대하여 규정하지 아니하므로 무엇이 채무인수의 광고에 해당하는가가 문제된다. 생각건대 사회통념에 비추어, 그 광고가 양수인이 영업으로 인한 채무를 인수한다고 일반적으로 채권자가 신뢰할 필요가 있다. 따라서 광고 중에 '채무인수'라는 문구가 있어야 할 필요는 없지만, 영업양도의 사실을 나타냄에 불과한 광고까지 확대하는 것은 타당하지 아니하다. 또한 신문광고와 안내장(개별적 통지)은 본질적으로 구별할 필요가 없다고 생각된다.

(4) 양도인의 책임의 존속기간

상호를 계속 사용하는 영업양수인이 변제책임을 지거나(상법 제42조 제1항), 광고에 의하여 변제책임을 지는 경우(상법 제44조)에는, 양도인의 변제책임은 영업양도 또는 광고 후 2년이 경과하면 소멸한다(상법 제45조). 이 기간은 제척기간이다.

3) 양도인의 채무자와의 관계

(1) 양수인의 변제의 효력

양수인이 양도인의 상호를 계속 사용하는 경우에는, 양도인에 대한 채무자가 양수인을 양도인으로 오인하여 변제할 우려가 있다. 따라서 상법은 양도인의 영업으로 인한 채권에 대하여, 양수인에게 한 변제는, 변제자가 선의이며 중대한 과실이 없는 한 유효하다고 규정한다(상법 제43조). 이것은 외관법리에 따른 것이고, 영업양도가 있은 사실을 알지 못하는 선의의 변제자를 2중지급의 위험에서 보호하기 위함이다.

(2) 예외

민법 제450조의 대항요건을 갖춘 경우와 지시증권 및 무기명증권에 대하여는 본조가 적용되지 아니한다. 이러한 증권의 경우에는 채권자인지 여부는 상호가 고려되지 아니하고, 증권의 소지에 따라 결정되기 때문이다. 따라서 증권을 소지하지 아니하는 자에 대하여 상호를 오인하여 변제한 채무자는 상법 제43조에 의하여 보호받지 못한다.

제4절 영업의 담보와 강제집행

1. 영업에 대한 담보

영업위에 질권이나 저당권을 설정하는 것은 공시방법이 없으므로 인정되지 아니한다. 영업에 특별재산성이 없는 이상, 영업을 구성하는 재산에 대하여 개별적으로 질권과 저당권을 설정할 수밖에 없다. 다만, 기업에 속하는 재산을 일괄하여 저당권을 설정하는 재단저당제도가 있다. 이러한 일괄적인 저당권설정은 각 재단에 관한 특별법(공장저당법, 광업재단저당법)이 있는 경우에 한정되어 허용된다.

2. 영업에 대한 강제집행

영업 전체에 대하여 강제집행은 인정되지 아니한다. 따라서 개별적인 영업재산에 대하여 집행할 수밖에 없다.

제 2 편

상행위

제1장 상행위법 통칙

제1절 민법의 특칙규정

상법전 2편 상행위법의 규정 중, 통칙규정은 제46조에서 제66조까지이다. 이 중 제46조, 제47조, 제66조는 상행위법의 적용대상에 관한 규정으로서, 앞에서 기술하였다. 따라서 이하에서는 이 규정을 제외한 상행위법의 통칙에 관한 규정을 계약의 성립에 관한 규정, 채권담보에 관한 규정, 채무의 이행에 관한 규정, 대리·위임 및 임치에 관한 규정, 상행위의 영리성에 관한 규정의 5가지 유형으로 나누어 설명한다. 이 규정은 민법에 대한 특칙으로 되어 있다.

제2절 계약의 성립에 관한 규정

일반적으로 계약은 청약자에 의한 청약에 대하여, 상대방이 승낙함으로써 성립한다. 그러나 상법은 신속성을 중시하여, 이 원칙에 수정을 가하고 있다. 다만, 명시하고 있지 않지만, 상법 제51조와 제52조는 상행위에만 적용된다. 또한 상법은 보험계약의 성립과 관련하여 소비자를 보호하기 위한 규정을 두고 있다(제638조의 2).

1. 대화자간의 청약의 효력

대화자간의 청약은 상대방이 즉시 승낙하지 아니한 때에는 그 효력을 잃는다(상법 제51조). 민법 제529조는 승낙기간 없는 청약의 경우에는 청약자에게 상당한 기간 안에 승낙의 통지가 도달하지 아니하면 청약의 효력이 상실함을 규정하는데, 상법은 이를 구체화하고 단축하여 즉시 승낙할 것을 요구하여 거래의 신속한 처리를 도모하고 있다. 대화자라 함은 지리적인 원근(遠近)의 개념이 아니라, 직접 상대방과 의사의 교환이 가능한 경우를 말하며, 상대방이 원격지에 있어도 전화로 교섭을 행하고 있는 경우 등은 대화자간의 청약에 해당한다.

본조는 승낙기간을 따로 정한 경우에는 적용되지 아니한다. 이 때에는 민법 제528조가 적용된다.

본조가 적용되기 위하여서는, 그 행위가 쌍방적 상행위일 것을 요하지 아니하고, 당사자 일방에게 상행위이면 된다.

2. 격지자간의 청약의 효력

종래에는 격지자(隔地者)간의 계약의 청약은 승낙기간이 없으면 상대방이 상당한 기간내에 승낙의 통지를 발송하지 아니한 때에는 그 효력을 잃는다(개정전 상법 제52조 제1항)고 하여 발송주의를 취하고 있었다. 2010년 개정상법은 이 조항을 삭제하여 민법상으로는 격지자간의 청약에 승낙기간이 있는 경우와 없는 경우 모두 「민법」상 발송주의가 적용되도록 하여 청약의 효력발생 시기를 동일하게 하고 있다.

3. 청약에 대한 낙부(諾否)통지의무

1) 의의

원래 계약의 청약에 대하여, 명시적이든 묵시적이든, 승낙이 없는 한, 계약은 성립하지 아니한다. 또한 청약을 받은 상대방이 승낙여부의 의사를 표시하지 아니하였다고 하여 그에게 어떠한 불이익을 가할 수 없다. 그러나 상법 제53조는 상인에 대하여, 종래부터 일정한 계속적인 거래관계에 있고, 이후에도 거래가 계속될 것으로 예상되는 상대방의 청약이 있는 경우에, 지체없이 승낙여부의 통지를 할 의무를 지우고 있다. 이를 해태하는 때에는 승낙이 의제된다. 이 규정은 계속적 거래관계가 있는 상인의 신뢰를 보호하고, 상거래의 신속성에 비추어 청약자를 보호하기 위함이다. 또한 상법은 이외에도 보험소비자를 보호하기 위하여 보험료상당액을 납입한 후 30일내에 낙부의 통지를 발송하지 아니한 때에는 보험계약이 성립한 것으로 본다(제638조의 2).

2) 적용요건

(1) 계속적 거래관계가 있을 것

종래 계속적 거래관계가 있으면 충분하고, 청약이 있는 사항에 대하여 거래관계가 있었을 것을 요하는 것은 아니다.

(2) 상인의 영업부류에 속한 계약의 청약일 것

청약은 상인의 영업부류에 속하여야 한다. 이는 상인이 영업으로 행하는 기본적인 거래와 관계있는 계약에 한정된다. 따라서 은행거래에서 보증인이 탈퇴신청을 한 경우 등은 본조가 적용되지 아니한다.

(3) 거래의 성질상의 제한

청약의 내용이 조건 등의 점에서 합리적인가 여부를 고려하여, 청약에 대한 침묵이 승낙을 의미한다고 해석하는 것이 당연한 유형의 거래에 한하여 본조가 적용된다. 예컨대 취소불능신용장의 조건변경의 청약에 대하여는 본조가 적용되지 않는다.

(4) 상인성

청약을 받은 자는 상인이어야 하지만, 청약자는 상인일 필요는 없다.

3) 의무해태의 효과

청약을 받은 자가 이 통지를 해태하면 계약의 성립이 의제된다. 청약을 받은 상인은 승낙 여부의 통지를 발송하기만 하면 되고(발신주의), 도달하지 못하는 데 대한 위험은 청약자가 진다.

4. 물건보관의무

1) 물건보관의무의 의의

상인이 영업으로 행하는 기본적인 거래와 관련된 계약의 청약과 동시에 물건을 받은 때에는, 청약을 거절하는 경우에도, 물건을 보관할 의무를 진다(상법 제60조).

민법상은 이와 같은 의무는 없다. 즉, 민법상으로는 계약의 청약을 받은 자가 청약과 동시에 물건을 받았어도 청약자의 물건반환청구에 응하거나, 물건을 반송하거나 또는 보관할 의무는 없는 것이 원칙이다. 그러나 상법은 상거래를 신속하고 원활하게 하여, 그 신용을 유지시키기 위하여 이 의무를 지운 것이다.

2) 물건보관의무의 범위

(1) 상인의 영업부류에 속한 계약의 청약시 물건수령

상인의 영업부류에 속한 계약의 청약과 함께 물건을 수령한 경우에 발생한다.

영업부류에 속한 계약의 청약을 받은 경우 물건을 수령하면 청약자가 통상 거래를 행하는 자인가 아닌가, 상인인가 아닌가를 묻지 아니한다. 그러나 상인에게 일반적으로 이 보관의무를 지우는 것은 지나치다 할 것이며, 입법론으로는 계속적 거래관계가 있는 자로부터 청약을 받은 경우로 제한하는 것이 타당하다. 또한 명문의 규정은 없지만, 청약자는 격지자에 한정되는 것으로 해석한다. 왜냐하면 격지자가 아닌 경우에는 청약자가 적절한 조치를 취할 수 있다고 생각되기 때문이다.

물건은 청약과 관련할 것을 요하지만 청약과 관련이 있으면 계약의 목적물일 것을 요하지 않는다.

(2) 보관방법

물건의 보관은 선량한 관리자의 주의로 행할 것을 요하지만, 보관은 상인 자신이 하여도 되고, 자신의 책임아래 창고업자에게 위탁하는 것도 가능하다.

(3) 피청약자가 승낙하지 아니한 경우

보관의무는 피청약자가 청약을 승낙하지 아니한 경우 발생하는 것이고, 적극적으로 승낙거절의 통지를 한 경우뿐만 아니라 승낙기간 또는 승낙기간이 없는 경우에는 상당한 기간 내에 승낙의 통지를 발송하지 아니한 경우에도 피보관자는 수령한 물건을 보관할 의무를 진다.

(4) 보관비용

보관비용은 청약자가 부담한다. 창고업자에게 보관을 위탁한 경우에도 같다.

3) 보관의무불이행의 효과

피청약자가 보관의무를 지는데도 불구하고 이를 게을리한 때에는 청약자에 대하여 이로 인한 손해배상책임을 진다. 보관은 청약자의 부담으로 행하는 것이고, 물건을 보관한 피청약자는 보관에 든 비용을 청약자에게 구상할 수 있고, 이 비용의 구상권에 대하여 보관물상에 유치권을 행사할 수 있다(민법 제320조, 상법 제58조).

4) 보관의무의 배제

물건의 가액이 보관비용을 상환하기에 부족하거나, 보관으로 인하여 손해를 받을 염려가 있는 때에는 보관의무가 부정된다(상법 제60조 단서).

판례

> 대판 1996.7.12. 95다41161, 41178 …… 상법 제60조는 상거래에 있어 청약을 받은 상인에게 일정한 범위 내에서 청약과 동시에 송부받은 견품 등 물건에 대하여 그 청약을 거절하는 경우라도 이를 반송할 때까지 보관의무를 지움과 아울러 그 보관에 따르는 비용의 상환을 구할 수 있음을 정한 규정으로서, 그 송부 받은 물건의 현상이나 가치를 반송할 때까지 계속 유지·보존하는데 드는 보관비용의 상환에 관한 규정일 뿐, 그 물건이 보관된 장소의 사용이익 상당의 손해의 배상에 관한 규정은 아니다.

제 3 절 채권담보에 관한 규정

1. 다수채무자의 연대책임

1) 의의

채무자가 수인인 경우에, 민법 제408조에 의하면, 특별한 의사표시가 없으면, 각 채무자는 균등한 비율로 의무를 진다(分割債務의 原則). 이에 대하여 상법은 신용을 강화하기 위하여 채무자의 책임을 가중하여 연대채무로 한다. 즉, 수인이 그 1인 또는 전원에게 상행위가 되는 행위로 인하여 채무를 부담한 때에는 연대하여 변제할 책임이 있다(상법 제57조 제1항).

2) 적용범위

(1) 채무자에 대한 상행위

이 규정은 오직 채무자측에게 상행위가 되는 경우에만 적용되는 것으로 해석한다. 따라서 채권자를 위하여서만 상행위가 되는 때에는 이 규정이 적용되지 아니한다. 채권자측에게만 상행위가 되는 경우에도 이 규정을 적용하면 비상인의 책임을 강화하게 되어 적절하지 아니하기 때문이다.

(2) 동일성 있는 채무

채무자에 대하여 상행위가 되면, 이것과 동일성 있는 채무 즉, 손해배상의무와 해제의 경우의 원상회복의무에도 이 규정이 적용된다.

2. 보증인의 연대책임

1) 의의

민법상 보증인은 특별히 연대보증이라는 뜻의 의사표시를 하지 아니하는 한 최고·검색의 항변권(제437조)을 가지고, 공동보증의 경우에는 분별의 이익(제439조)을 가진다. 이에 대하여, 상법은 일정한 요건을 갖춘 경우에는 보증채무를 연대보증으로 한다고 규정한다. 즉, 보증인이 있는 경우에 그 보증이 상행위이거나 주채무가 상행위로 인한 것인 때에는 주채무자와 보증인은 연대하여 변제할 책임이 있다(상법 제57조 제2항). 이에 의하여 보증인의 책임이 가중되어 채권자의 지위가 강화된다.

2) 적용요건

상법상 보증인의 책임이 가중되는 경우는 다음 두 가지이다.

(1) 보증이 상행위인 때

보증보험자가 수수료를 받고 채무를 보증하는 경우가 그 예이다.

(2) 주채무가 상행위로 인한 때

어음채무가 약속어음의 발행인의 상행위로 인하여 발생한 경우에,

이 어음채무에 대하여 보증을 한 자는, 각자 연대하여 어음금을 지급할 책임을 진다.

3. 유질계약(流質契約)의 허용

1) 민법상 유질계약의 금지

유질계약이라 함은, 질권설정자가 질권설정시 또는 채무변제기 이전에, 질권자에게 변제에 갈음하여 질물(質物)의 소유권을 취득하게 하거나 법률에 정한 방법에 의하지 아니하고 임의로 처분할 것을 내용으로 하는 계약을 말한다. 민법 제339조는 유질계약을 금지하고 있다. 민법이 이것을 금지하는 이유는 채권자가 채무자의 경제적 궁핍을 이용하여 폭리를 취하는 것을 방지하기 위함이다.

2) 상사채권에 대한 유질계약의 허용

상사채권에 대하여 설정한 질권에 대하여는 질권설정이 허용된다(상법 제59조). 그 이유로는 첫째, 상인이라면 냉정히 이해득실을 계산할 능력을 가지므로 이와 같은 보호를 할 필요가 없는 점, 둘째, 민법 제339조와 같은 규정이 있으면, 오히려 상인에 대하여 금융의 길을 막을 수도 있는 점이 들어진다.

4. 상사유치권

1) 인정이유

계속적 거래관계가 있는 상인간에는, 서로 채권을 확보하기 위하여는, 유동적으로 담보를 서로 취득할 수 있도록 하는 것이 편리하다. 상인간에도 개별적으로 담보를 설정하는 것은, 신속성을 중시하는 상거래에는 적당하지 아니하다. 따라서 상법 제58조는 상인간의 특별한 유치권을 규정하고 있다. 이 유치권은 민법상의 유치권과 다음과 같이 적용요건을 달리한다.

2) 적용요건

(1) 피담보채권

피담보채권은 쌍방에게 상행위이어야 하고, 또 변제기가 도래하여야 한다.

(2) 유치물

유치물은 채무자소유의 물건 또는 유가증권이어야 한다. 물건의 소유자가 채무자이어야 하는 점에서, 반드시 채무자 소유일 것으로 요하지 아니하는 민법상의 유치권(제320조)과 특별상사유치권(상법 제91조, 제111조)과 다르다.

(3) 점유취득원인

유치물은 상행위로 인하여 점유를 취득하여야 한다. 점유의 이전행위가 채권자에 대하여 상행위이면 된다. 따라서 채무자의 의사에 반하여 점유를 취득한 목적물에 대하여는 유치권이 인정되지 아니한다.

(4) 유치권의 배제

이 유치권은 특약에 의하여 배제할 수 있다. 이 특약은 명시 또는 묵시적이어도 된다.

3) 효력

일반상사유치권의 효력은 민법의 일반원칙에 따른다.

제4절 채무의 이행에 관한 규정

1. 채무이행의 장소

민법에 따르면 채무의 이행장소는 다음과 같다. ① 특정물의 인도채무는 채권 성립당시 그 물건이 있던 장소이고(제467조 제1항) ② 그밖의 채무에 대하여는 지참채무가 원칙이되, 일반채권의 경우에는 변제장소는 채권자의 현주소이지만, 영업으로 인한 채권의 경우에는 채권자의 영업소이다(동조 제2항). ③ 지시채권의 경우에는 증권에 변제장소를 정하지 아니한 때에는, 채무자의 현영업소가, 영업소가 없는 때에는 현주소가 변제장소로 된다(민법 제516조).

상법은 지점거래의 채무이행장소에 관하여 특칙을 두고 있다. 즉, 채권자의 지점에서의 거래로 인한 채무이행의 장소가 그, 행위의 성질 또는 당사자의 의사표시에 의하여 특정되지 아니한 경우 특정물의 인도 이외의 채무의 이행은 그 지점을 이행장소로 본다(상법 제56조).

채권자의 지점 거래의 경우에만 그 지점이 채무이행 장소가 되고, 채무자의 지점 거래의 경우에는 민법 제467조 제2항 단서에 따라 채권자의 현 영업소가 채무이행 장소가 되도록 하고 있다. 다만, 여기서 말하는 지점은 현재의 지점이고, 예컨대 지점에서 거래가 있었지만, 그 후 그 지점이 폐지되어 존재하지 아니하는 경우에는, 본점이 채무이행장소가 된다.

2. 거래 시간

법령 또는 관습에 의하여 영업시간이 정하여져 있는 때에는, 채무의 이행 또는 이행의 청구는 그 시간내에 하여야 한다(상법 제63조). 이것은 상사거래의 특칙만은 아니고, 민사거래도 같이 해석된다. 당사자는 특약에 의하여 이와 다른 정함을 할 수 있다.

3. 상사채권의 소멸시효

1) 상사채권의 소멸시효

상법은 상행위로 인한 채권의 소멸시효기간을 민법의 원칙인 10년(제162조 제1항)으로 한 것이 아니라, 5년으로 정한다(상법 제64조). 이것은 상거래는 신속히 이루어지는 것이 보통인 점이 고려된 것이다.

2) 적용범위

(1) 상행위로 인한 채권

본조는 채권자에 대해서건, 채무자에 대해서든 상행위로 인한 채권에 대하여 적용된다. 본조는 채무의 발생원인이 상행위인 경우에 적용된다. 또한 상행위로 인한 채권과 동일성을 가진 채권, 즉, 채무불이행으로 인한 손해배상청구권 및 상행위인 계약의 해제로 인한 원상회복의무에도 본조가 적용된다(대판 1997. 8. 26. 97다9260). 부당이득반환청구권에 대하여는, 일률적으로 본조의 적용유무를 결정할 수 없고, 구체적인 경우로 나누어 판단하여야 한다. 그러나 불법행위로 인한 손해배상청구에는 적용되지 아니한다(대판 1985. 5. 28.

84다카966).

판례

> 대판 1997.8.26. 97다9260 …… 상사시효가 적용되는 채권은 직접 상행위로 인하여 생긴 채권뿐만 아니라 상행위로 인하여 생긴 채무의 불이행에 기하여 성립한 손해배상채권도 포함한다.

(2) 일방적 상행위 · 보조적 상행위

본조는 일방적 상행위에도 적용된다. 즉, 채권자와 채무자 양자에게 상행위이어야 하는 것은 아니고, 어느 일방에 대하여 상행위이면 된다. 또한 상법 제46조 각호에 해당하는 기본적 상행위뿐만 아니라 상인이 영업을 위하여 하는 보조적 상행위도 포함한다(대판 1998. 7. 10. 98다10793).

(3) 상행위로 인한 채권의 양도

상행위로 인한 채무이면, 이것이 타인에게 양도되어도 본조가 적용되지만, 상행위로 인하여 발생하지 아니한 채무가, 상행위로 인하여 양도되어도 본조가 적용되는 것은 아니다.

제 5 절 대리, 위임 및 임치에 관한 규정

1. 본인의 사망과 대리권의 존속

민법 제127조 제1호에 의하면, 본인이 사망하면, 대리권은 소멸한다. 그러나 상인이 대리인을 선임하여 영업행위를 하게 하는 경우에는, 상인의 사망으로 기업활동을 중단시키는 것보다는, 오히려 영업활동을 계속하게 하는 것이 적절하다. 또한 이와 같이 하는 것이 거래의 안전에 바람직하다. 따라서 상법은 상행위의 위임에 의한 대리권은 본인의 사망으로 소멸하지 아니하는 것으로 하였다(제50조). 이 경우 대리인은 상속인의 영업을 대리하는 것이 된다.

2. 대리의 방식-현명주의(顯名主義)의 예외

1) 상법의 규정

민법에 따르면, 대리인이 본인을 위한 것임을 표시하든지(顯名), 상대방이 본인을 위하여 한 것임을 알지 아니하는 한 대리의 효과는 발생하지 아니한다(제115조). 이에 비하여 상법에 따르면, 본인에게 상행위가 되는 계약에서, 대리인이 본인을 위한 것임을 표시하지 아니하여도 즉, 현명(顯名)을 하지 아니하여도, 대리인의 행위의 효과가 본인에게 귀속한다(제48조). 그러나 상대방이 대리행위인 것을 알지 못한 때에는 대리인에게도 이행을 청구할 수 있다(동조 단서).

2) 상법규정의 취지

이와 같이 민사상의 대리에서는 현명주의를 취함에 비하여, 상사대리에서는 현명주의의 예외가 정하여져 있다. 그 이유는 상행위에서는 顯名은 번잡하고, 상대방도 본인이 누구인가를 알고 있는 것이 보통이며, 누가 당사자인가를 중시하지 아니하기 때문이다.

3) 본조의 적용범위

(1) 본조가 적용되는 것은 '상행위의 대리'에 대하여서이지만, 이것은 본인을 위하여 상행위가 되는 행위를 대리하는 것을 뜻한다.

(2) 본조 단서가 대리행위인 것을 알지 못한데 대하여 상대방에게 과실이 있는 경우에도 적용되는가에 대하여는 견해가 나뉜다.

① **긍정설**(최기원, 219면 ; 정찬형 205면 ; 채이식, 155면 ; 서돈각·정완용, 148면 ; 이철송, 335면) 이 견해는 상법 제48조가 이에 관하여 명시하지 않고 있음을 근거로 하고, 거래상대방을 보다 두텁게 보호하고자 하는 입장이다.

② **부정설**(정동윤, 299면 ; 강위두, 239면) 민법 제115조 단서와의 균형을 중시하여 과실이 있는 상대방을 예외로 하는 입장이다.

③ **결어** 거래상대방의 보호를 중시하는 입법취지에 비추어 긍정설이 타당하다.

(3) 본조의 적용결과

본조에 따라 대리인이 현명을 하지 아니하여도, 상대방과 본인간에 계약이 성립한다. 다만, 대리행위임을 알지 못한 상대방은 대리인에게 책임을 물을 수 있다. 이 경우에 본인와 대리인은 상대방에 대하여 어떠한 관계에 있는가에 대하여는 견해가 나뉜다.

① **부진정연대채무설**(최기원, 219면 ; 강위두, 239면 ; 채이식, 155면 등 다수설) 이 견해는 대리인은 본인의 채무에 대하여 부진정연대채무관계에 있다고 해석한다.

② **상대방과 대리인간의 법률관계의 성립을 인정하는 견해**(정동윤, 301면 ; 임홍근 228면) 이 견해는 상대방과 본인 사이 이외에도 상대방과 대리인 사이에도 법률관계(채권·채무)가 성립하고 상대방은 양자 중 하나를 선택할 수 있지만, 그 중 어느 하나의 법률관계가 종료하면 다른 법률관계도 종료한다고 해석한다.

③ **결어** 대리의 법률관계가 본인과 대리인 양 당사자 모두에게 성립한다고 하는 것은 대리의 본질에 반하므로 이 때 지는 대리인의 책임은 부진정연대책임으로 해석하는 것이 타당하다.

3. 수임인의 권한

상행위의 수임인은, 위임의 본지에 반하지 아니하는 범위안에서 위임을 받지 아니한 행위를 할 수 있다(상법 제49조). 본조는 수임인의 대외적인 대리권을 확장하는 규정으로 볼 수도 있지만, 단지 위임인과 수임인간의 내부관계에서의 수임인의 권한을 규정한 것으로 보는 것이 타당하다

본조는 주의적 규정이라고 해석한다. 왜냐하면, 민법 제681조의 '위임의 본지'는 넓게 해석하여 상법 제49조와 같이 해석하여도 무방하기 때문이다.

4. 상사임치

민법상 보수를 받지 아니한 수치인은 임치물을 자기 재산과 같은 주의로 보관하면 된다(제695조). 그러나 상법은 상인이 그 영업범위내에서 물건의 임치를 받은 경우에는, 보수를 받지 아니하였어도 선량한 관리자의 주의를 하여야 한다고 규정하여(제62조), 주의의무를 가중하고 있다. 이는 상인의 신용을 높이기 위한 것이다.

제6절 상행위의 영리성에 관한 규정

1. 보수청구권

1) 원칙

계약에 따라 타인을 위하여 법률행위를 하거나, 물건을 보관하여도 특별한 약정이 없으면, 민법상 보수를 청구할 수 없다(제701조, 제686조). 이에 대하여, 영리를 목적으로 조직적이고 계속적으로 행위하는 상인에 대하여는 특칙이 정하여져 있다. 즉, 상법 제61조는 상인이 영업의 범위내에서 타인을 위하여 행위한 때에는 이에 대하여 상당한 보수를 청구할 수 있다고 규정한다.

2) 적용범위

(1) 상인의 영업범위내의 행위 일 것

'영업의 범위내'라 함은 영업과 관련한다는 의미이고, 영업의 목적으로 행하는 경우뿐만 아니라 영업을 위하여 행하는 경우를 포함한다.

(2) 타인을 위한 행위일 것

'타인을 위하여 행위한다'라 함은 타인의 이익을 위하여 행위한다라는 의미이다(대판 1977. 11. 22. 77다1839). 이에 해당하면, 결과적으로는 본인에게 이익이 되지 아니한 경우에도 보수청구권이 성립한다.

다만 타인의 이익을 위한 행위이기 위하여서는 행위자의 주관적 관점에서뿐만 아니라, 객관적으로 이와 같이 인정될 것을 요한다. 타인의 이익을 위하여 행위한 이상 결과적으로는 본인에게 이익이 되지 아니하였는가는 묻지 않는다.

타인을 위한 행위는 법률행위에 한정하지 않고 사실행위를 포함한다.

구체적으로 다음과 같은 문제가 있다. 상인인 부동산 중개업자가 부동산매매계약을 성립시킨 경우에, 의뢰인에 대하여는, 부동산 중개업자는 보수를 청구할 수 있다. 그러나 의뢰를 받지 아니한 계약 상대방에 대하여는 보수를 청구할 수 있을까. 이 점에 대하여는 객관적으로 보아 이 당사자를 위한다는 의사로써 중개행위를 할 것이 요구되며, 단지 위탁자만을 위한다는 의사로써 중개행위에 따라 계약이 성립하고, 그 중개행위의 반사적 이익이 상대방에게 미치는 것으로는 충분하지 아니한 것으로 해석한다. 판례(대판 1977. 11. 22. 77다1889)도 같다.

판 례

> 대판 1977.11.22. 77다1889 …… 타인을 위하여 행위한다라 함은 타인의 이익을 위하여 행위한다는 뜻이므로, 부동산중개업자가 부동산매매를 중개하였다 하여도, 계약당사자의 일방의 이익을 위하여 행위한 사실이 인정되지 않는 이상 그 당사자에 대하여는 보수청구권이 없다.

(3) 타인의 위임 여부

타인의 위임을 받은 경우뿐만 아니라 사무관리로 행한 경우를 포함한다.

2. 이자청구권

1) 금전소비대차상의 이자청구권

민법상은 소비대차계약은 무상을 원칙으로 한다(제598조). 그러나 상인이 대주인 소비대차에 대하여는, 상인인 대주는 영리를 목적으로 활동하고 있고, 대주가 만일 대부를 하지 아니한다면, 금전을 다른 곳에 유리하게 운용할 수 있다. 이에 따라 상법은 상인이 그 영업에 관하여 금전을 대여한 경우에는, 특별한 약정이 없어도, 상인인 대주는 법정이자를 청구할 수 있음을 규정한다(제55조 제1항). 이 규정은 상법 제61조의 상인의 보수청구권과 유사하다.

2) 체당금의 이자청구권

상인이 그 영업범위내에서 타인을 위하여 금전을 체당한 때에는 체당한 날 이후의 법정이자를 청구할 수 있다(상법 제55조 제2항). 금전의 체당이라 함은 소비대차 이외에 타인을 위하여 금전을 출연하는 것이다. 상인이 그 영업의 범위내에서 타인을 위하여 금전을 체당한 경우에는 그것이 타인의 위탁에 의한 것이든 사무관리로 행한 것이든 묻지 않고 법정이자의 청구권이 발생한다. 또한 이자청구권은 보수청구권과 다른 것이기 때문에 금전의 체당의 경우 상인은 이자청구권뿐만 아니라 보수청구권도 가진다(상법 제61조).

3. 상사법정이율

민사법정이율은 연 5분(5%)인데 대하여, 상행위로 인하여 생긴 채무에 대하여는, 상법은 연 6분(6%)으로 한다(제54조). 상행위로 인한 채무에 대하여 법정이율을 높인 이유는 상인은 일반인보다 유리하게 자금을 운용할 수 있고, 상인이 부담하는 채무에 대하여는 높은 이자를 지급하기 때문이다.

채무를 발생시키는 행위는 채권자 또는 채무자 중 어느 일방에게 상행위로 인하여 생긴 채무이면 적용된다.

상행위로 인한 채무라 함은 채무의 발생원인이 상행위인 것을 의미하고, 그 동일성이 유지되는 한 상행위로 인한 채무의 변형인 것으로 고찰되는 것, 즉 채무불이행으로 인한 손해배상채무와 계약해제의 경우 원상회복의무에도 적용된다. 그러나 불법행위로 인한 손해배상청구권은, 상행위로 인한 채권은 아니기 때문에, 본조가 적용되지 아니한다. 또한 상법 제401조에 따른 손해배상채무도, 상행위로 인한 채무는 아니므로, 그 지연이자의 이율은 민법소정의 연 5분(5%)이다.

본조는 영업을 위하여 체결한 고용계약에도 적용된다. 따라서 고용계약에 따라서 상인인 사용자가 근로자에게 부담하는 임금채무의 지연이자의 이율은, 상행위로 인한 채무로서, 상사법정이율이 적용된다.

제 7 절 유가증권에 관한 규정

금전, 물건 또는 유가증권의 지급을 목적으로 하는 유가증권에는 지시채권과 무기명채권에 관한 민법의 규정(제508조 내지 제525조)을 적용하는 외에, 어음의 배서에 관한 규정(어음법 제12조 제1항, 제2항)을 준용한다(상법 제65조).

제2장 상사매매

제1절 상법의 매매에 관한 규정

상법의 상행위편은 매매라는 장을 두어 규정하고 있지만, 그 조문의 수는 5개뿐이다. 이와 같이 조문의 수가 적은 이유는, 매매에 관하여는 상세한 조문이 민법에서 규정되어 있고, 계약자유가 존중되기 때문에 상법에서는 필요한 최소한의 규정을 두는 것으로 충분하다고 고찰하였기 때문이다. 따라서 여기에서 규정되어 있지 아니한 것은, 민법의 매매에 관한 규정이 적용된다.

상법상의 매매에 관한 규정은, 모두 매도인 보호의 입장을 취하고 있다. 이와 같이, 매수인이 아닌 매도인을 보호하는 것에는 의문이 있을 수 있다. 그러나 상인간의 거래에서는, 서로 매도인 또는 매수인이 될 가능성이 있으므로 매도인을 보호하는 것이 크게 문제되지 않는다고 할 수 있다. 또한 거래의 원활화에 그 이유가 있다.

여기서 매매의 목적물은, 동산이든 부동산이든 상관없다.

제 2 절 매도인의 공탁 · 경매권

1. 의의

상인간의 매매에서, 매수인이 목적물의 수령을 거부하거나 이를 수령할 수 없는 경우에는, 상거래의 신속성에 비추어 매도인을 계약상의 의무로부터 조기에 면제하여 주는 것이 적절하다. 따라서 이와 같은 경우에, 상법에서는, 매도인이 목적물을 공탁하거나, 상당한 기간을 정하여 최고한 후 경매하여, 매도인은 인도의무를 면한다는 뜻을 정하고 있다(제67조). 이것을 '자조매각권(自助賣却權)'이라고 한다. 매도인에게는 공탁 또는 경매의 선택권이 부여되어 있다.

2. 민법상의 공탁 · 경매권과의 차이

민법상은 상법과 달리 공탁을 원칙으로 하고, 경매의 방법이 예외로 되어 있다. 즉, 민법에서는 경매를 하기 위하여서는, 변제의 목적물이 공탁에 적당하지 아니하거나, 멸실 · 훼손될 염려가 있는 경우에, 법원의 허가를 얻어야 한다(제487조, 제490조). 이에 비하여 상법에서는 매도인의 공탁 또는 경매의 선택권이 인정되어 권리행사가 용이하게 되어 있다.

3. 내용

상법 제67조가 적용되기 위하여 다음과 같은 요건이 필요하다.

(1) 상인간의 매매일 것

다만, 상인의 대리인으로 행위한 자가, 무권대리인이고 비상인이어서 민법 제135조의 책임을 물을 때에는, 본조가 적용된다.

(2) 매수인이 목적물의 수령을 거부하거나 수령불능일 것

수령을 거부하거나 수령불능의 사실이 있으면 되고, 매도인이 이행의 제공을 하지 않아도 된다(민법 제460조). 수령불능은 매수인의 귀책사유로 인하지 아니하여도 무방하다.

(3) 경매를 위한 최고

경매를 위하여서는 상당한 기간을 정하여 최고하여야 한다. 이 경우 최고의 내용은 목적물을 수령할 것이고, 경매할 것까지 언급하지 아니하여도 된다. 최고는 구두로 하여도 무방하다.

(4) 최고 없이 경매할 수 있는 경우

최고할 수 없거나, 목적물이 멸실 또는 훼손될 염려가 있는 때에는, 최고 없이 경매할 수 있다(상법 제67조 제2항). 여기서 '훼손될 염려'라 함은, 물리적인 것만을 의미하는 것은 아니고, 예컨대 시장가격의 등락이 격심하여, 이를 방치하면 폭락할 경우도 포함한다.

(5) 경매시 조치

경매를 한 경우에는, 매도인은 지체없이 매수인에게 그 통지를 발송하여야 한다(상법 제67조 제1항). 다만, 통지가 없다고 하여, 경매가 무효로 되는 것은 아니고, 그로 인하여 매수인이 입은 손해를 매도인이 배상할 의무가 생길 뿐이다.

경매대금은 공탁하는 것이 원칙이지만, 매도인에게 충당권이 인정된다. 즉, 대금의 전부 또는 일부를 매매대금에 충당할 수 있다(상법 제67조 제3항). 이 경우에 대금이 부족하면, 이를 매수인에게 청구할 수 있다.

(6) 계약해제의 경우

경매는 매도인의 권리로서, 매도인은 경매를 하지 아니하고 계약을 해제할 수 있다. 본조는 상거래의 신속성에서, 매도인에게 계약상의 의무를 조기에 면하게 하려는 것을 목적으로 한다. 따라서 계약을 해제한 경우에는, 본조는 적용되지 아니한다. 즉, 매도인은 수령거부 또는 수령불능으로 시장가격이 하락하여 입은 손해의 배상을 매수인에게 청구할 수도 있다.

제 3 절 확정기매매의 해제

1. 확정기매매의 의의

확정기매매라 함은, 인쇄된 연하장의 매매와 같이, (1) 매매의 성질상 일정한 일시 또는 일정한 기한내에 이행하지 아니하면 의미가 없는 경우와 (2) 계약당사자의 의사표시에 의하여 일정한 일시 또는 일정한 기간내에 이행하지 아니하면 의미가 없다는 뜻이 합의된 경우의 매매를 말한다. 상법은 확정기매매계약에서 당사자의 일방이 이행을 하지 아니하고 이행시기가 경과한 경우에 대하여, 상대방이 즉시 이행을 청구하지 아니하면, 계약은 당연히 해제된 것으로 본다고 규정한다(제68조). 본조도 매도인의 보호를 그 입법취지로 하고 있다.

2. 민법과의 비교

일정 시기가 경과하면 당연히 해제된 것으로 보는 상법과 달리, 민법 제545조는, 이행시기에 이행하지 아니한 때에는, 상대방은 최고 없이 해제할 수 있다는 것만을 규정하고 있다. 따라서 민법상은 상대방은 해제의 의사표시를 하여야 한다. 또 상대방은 이행의 청구를 할 수도 있는 것이다.

이와 같은 차이는 다음을 의미한다. 민법상은, 매도인이 목적물을 기한까지 제공하지 아니한 경우에, 매수인의 의사에 따라 해제 여부가 결정되어, 매도인에게 불리한 결과가 된다. 즉, 시장가격이 상승하는 경향이 있는 경우에는, 매수인은 이행의 청구를 하고, 시장가격이 하락하는 경향이 있는 경우에는, 매수인은 해제를 할 수 있게 된다. 그 결과 매수인은 매도인의 부담으로 투기를 할 수 있게 된다. 또한 매도인은 이행의 준비도 하여야 하기 때문에, 다른 곳에 전매할 수도 없게 되는 것이다. 즉, 매도인 측으로서는 해제될 때까지는 매수인 측으로부터 그 이행의 청구와 계약해제의 양자에 대비하여야 하는 매우 불안정한 지위에 서게 된다. 그러나 상사매매에 있어서는 항상 신속성이 요구되기 때문에, 최고가 없어도 일정한 기간의 도과에 의하여 매매계약은 해제된 것으로 보고 있다.

3. 본조의 적용요건

(1) 상인간의 매매

확정기매매이기 위하여서는 상인간의 매매이어야 한다.

(2) 계약의 성질 또는 의사표시상 일정한 시기에 이행하여야 할 것

매매계약의 성질 또는 당사자의 의사표시에 의하여 일정한 일시 또는 일정한 기간내에 이행하지 아니하면 계약의 목적을 달성할 수 없어야 한다. 어떠한 매매가 확정기매매인가는 구체적으로 판단할 사실문제이고, 단지 당사자가 계약의 이행에 관하여 기한을 엄수하기로 한 것만으로는 본조에서 말하는 확정기매매가 되는 것은 아니다.

(3) 이행시기가 경과할 것

불이행이 당사자의 귀책사유에 의한 것인가를 묻지 않고, 이행시기의 도과라는 객관적 사실에 의하여 판단된다.

(4) 매수인이 즉시 이행을 청구하지 않을 것

이행기가 도래하였음에도 불구하고 바로 이행을 청구하지 않을 것으로 요하고, 그 이행의 청구에는 반대급여의 제공을 수반할 필요는 없다. 이행의 청구는 상대방에게 도달하여야 효력이 있다(민법 제111조).

4. 확정기매매의 효과

확정기매매에 대하여 매도인이 이행을 하지 아니하고 이행시기가 경과한 경우에 대하여, 매수인이 즉시 이행을 청구하지 아니하면, 계약은 당연히 해제된 것으로 본다. 이에 매도인은 원상회복의무와 손해배상책임을 진다(민법 제548조, 제551조).

제4절 매수인의 검사 · 통지의무

1. 의의

(1) 매도인이 매수인에게 하자있는 상품을 제공한 경우 (2) 상품의 수량이 부족한 경우에는, 매수인은 민법의 규정에 의하여, 매도인에게 상당한 기간안에 하자담보책임을 물을 수 있다(제580조, 제 제572조, 제573조, 제574조, 제575조).

그러나 이것은 매도인을 장기간 불안정한 입장에 서게 한다. 매도인이 즉시 통지를 받는다면, 매수인에게 교환 등을 청구하거나, 이것을 다른 곳에 전매하는 등 대처를 할 수도 있기 때문이다. 또한 매수인은, 책임을 물을 수 있는 기간이 장기간이면, 시장의 동향을 보아 자기에게 유리한 때를 선택하여 담보책임을 물을 수 있다. 이 결과는 매도인의 위험부담아래 매수인이 이익을 얻는 것을 의미한다.

따라서 상법은 상인간의 매매에 대하여, 매수인이 목적물을 수령한 때에는 지체없이 이를 검사하고, 하자 또는 수량의 부족을 발견한 경우에는 즉시 그 통지를 발송할 의무를 지우고 있다(제69조). 이를 위반하면, 매수인은 민법에 의한 하자담보책임(계약해제 · 대금감액 · 손해배상)을 물을 수 없게 된다.

2. 적용요건

1) 상인간의 매매일 것

양 당사자가 상인이고 쌍방에 대하여 상행위가 되는 매매이어야 한다.

(1) 보조적 상행위

상행위는 상인이 영업으로 하는 영업적 상행위문만 아니라 영업을 위하여 하는 보조적 상행위이더라도 상관없다. 판례(대판 1999. 1. 29. 98다1584)는 "부동산임대업을 개시할 목적으로 그 준비행위의 일환으로 당시 같은 영업을 하고 있던 자로부터 건물을 매수한 경우, 위 매수행위는 보조적 상행위로서의 개업준비행위에 해당하므로 위 매수행위에 착수하였을 때 상인 자격을 취득하고, 매매의 목적물에 대한 하자담보책임에 관하여는 상법 제69조가 적용된다"고 한다.

(2) 상인간의 매매

상인간의 매매에 대하여만 적용된다. 따라서 매매가 아닌 도급의 경우에는 적용되지 아니한다. 판례(대판 1987.7.21. 86다카2446)는 "당사자의 일방이 상대방의 주문에 따라 자기소유의 재료를 사용하여 만든 물건을 공급할 것을 약정하고 이에 대하여 상대방이 대가를 지급하기로 약정하는 이른바 제작물공급계약은 그 제작의 측면에서는 도급의 성질이 있고 공급의 측면에서는 매매의 성질이 있어 이러한 계약은 대체로 매매와 도급의 성질을 함께 가지고 있는 것으로서 그 적용법률은 계약에 의하여 제작 공급하여야 할 물건이 대체물인 경우에는 매매로 보아서 매매에 관한 규정이 적용된다고 할 것이나 물건이 특정의 주문자의 수요를 만족시키기 위한 불대체물인 경우에는 당해 물건의 공급과 함께 그 제작이 계약의 주목적이 되어 도급의 성질을 강하게 띠고 있다 할 것이므로 이 경우에는 상법 제69조가 적용되지 않는다"고 한다. 즉, 국산차제조회사가 사용하는 포장지를 제작하여 공급하기로 하는 약정에 따라 납품한 포장지가 제작상의 잘못으로 약정한 규격과 맞지 않았으나 포장지를 인도받은 후 즉시 하자 여부에 관하여 검사하지 않은 채 보관하다가가 2개월 후 포장작업을 하던 중 사용할 수 없음을 발견하고 전행을 반환하고 계약해제를 통지한 경우 법원은 상법 제69조 제1항은 상사매매가 아닌 도급에는 적용되지 않음을 이유로 원고의 청구를 인용하였다.

판 례

대판 1987.7.21. 86다카2446……피고는 율무, 들깨, 코코아, 맛우유 등 국산차를 제조하여 자동포장기계를 이용, 타처에서 주문에 의하여 구입한 자동포장지를 도안된 형태에 따라 절단하여 1회용 포장지로 만들어 그 안에 위 국산차를 적정량으로 넣고 포장하여 시중에 판매하는 회사이고, 원고는 위와 같은 자동포장지를 제조하여 수요자에게 공급판매하는 회사로서, 원・피고 사이에 그 판시와 같이 원고가 국산차를 포장하기 위한 자동포장지를 피고가 제시한 도안과 규격에 따라 제작하여 피고에게 공급판매하기로 약정하고, 원고가 자신 재료를 사용하여 판시와 같은 자동포장지를 제작하여 피고에게 공급하였던 바, 피고는 위 포장지를 인도받고 즉시 그 하자유무에 관하여 검사하지 아니한 채 보관하다가 2개월 가까이 경과하고서야 위 자동포장기계로 위 포장지에 포장하는 작업을 하다가 위 포장지는 그 세로규격이 원고의 제작상 잘못으로 각 포장지 마다 피고가 요구한 규격보다 1.5 내지 2밀리미터 초과하여 피고소유의 위 자동포장기계로서는 그 포장지를 올바르게 절단할 수 없고, 따라서 위 포장지 전량이 사용할 수 없게 되었음을 발견하고 그때 무렵 위와 같은 사실을 원고에게 통지한 사실과 위와 같은 하자는 포장지공급당시 쉽게 발견할 수 있는 것이라는 사실이 인정된다.

이 사건에 있어서와 같이 당사자의 일방이 상대방의 주문에 따라서 자기의 소유에 속하는 재료를 사용하여 만든 물건을 공급할 것을 약정하고 이에 대하여 상대방이 대가를 지급하기로 약정하는 이른바 제작물공급계약은 그 제작의 측면에서는 도급의 성질이 있고 공급의 측면에서는 매매의 성질이 있다. 이러한 계약은 대체로 매매와 도급의 성질을 함께 가지고 있는 것으로서 이를 어떤 법에 따라 규율할 것인가에 관하여는 민법 등에 특별한 규정이 없는바, 계약에 의하여 제작 공급하여야 할 물건이 대체물인 경우에는 매매로 보아서 매매에 관한 규정이 적용된다고 하여도 무방할 것이나, 이와는 달리 그 물건이 특정의 주문자의 수요를 만족시키기 위한 불대체물인 경우에는 당해 물건의 공급과 함께 그 제작이 계약의 주목적이 되어 도급의 성질을 강하게 띠고 있다 할 것이므로 이 경우에도 매매에 관한 규정이 당연히 적용된다고 할 수는 없다.

이 사건 포장지는 피고의 주문에 따른 일정한 무늬와 규격으로 인쇄되어 있고 더구나 그 포장지에는 피고회사 이름까지 인쇄되어 있어 피고만이 이를 사용할 수 있고 원고나 피고로서는 이를 타에 매각처분하기가 곤란하거나 불가능한 사실이 엿보이는바, 이러한 사정하에서라면 원고가 공급한 이 사건 포장지는 불대체물에 해당할 것이고, 이러한 경우 상법 제69조 제1항에 따라 그 거래관계를 보다 신속하게 결말지을 필요가 절실히 요구된다고 할 수도 없다.

2) 매매목적물의 범위

본조는 특정물의 매매에 한정되지 아니하고 불특정물의 매매에도 적용된다.

3) 매수인이 목적을 수령하였을 것

본조에서 말하는 '수령'의 의미는, 매수인이 목적물을 검사하는 것이 사실상 가능한 것을 말하기 때문에, 매도인이 점유개정(占有改定)에 의하여 상품을 인도한 경우에도, 매수인이 어느 때라도 상품을 반환청구하여 검사할 수 있다면, 점유개정시부터 상품을 수령한 것으로 해석한다.

4) 수령후 지체없이 검사할 것

본조에서의 '지체없이'의 의미는 그 거래에서 매수인이 거래상식으로 보아 그 목적물을 검사하는데 소요되는 시간과 통지가 지체되어 매도인이 손해를 입을 위험성 그리고 매수인에게 조기에 하자를 조사할 기회를 줄 필요성 등을 비교검토하여 결정하여야 한다. 검사방법은 목적물의 종류와 수량에 따라 다르다고 할 수 없다. 그러나 목적물에 하자가 있는가, 수량이 부족한가를 판단하기에 상당한 검사를 하여야 할 것이다. 실무상으로는 소량이고 고가인 물건은 개별적인 검사, 대량·동질적인 물건은 표본검사, 기계류 등은 시험운전 등의 방법에 의하는 것이 보통이다.

5) 목적물에 하자 또는 수량부족이 있을 것

목적물의 하자라 함은 그 성질, 형태, 효용, 가치 등이 약정된 기준을 충족하지 못하는 경우를 말한다. 종류물매매에 있어서 품질에 대하여 정하지 아니한 경우에는 중등품질의 물건으로 이행하면 하자는 없게 된다(민법 제375조 제1항). 견본매매의 경우에는 물건이 견본보다 열악하면 하자이다.

6) 매매목적물에 즉시 발견할 수 없는 하자가 있는 경우

매매의 목적물에 즉시 발견할 수 없는 하자가 있는 경우에 매수인이 6월내에 하자 또는 수량부족을 발견한 경우에도 69조가 적용된다. 이와 관련하여 목적물에 발견할 수 없는 하자 또는 수량부족이 있어 수령 후 6월내에 통지를 하지 못한 경우에 매수인이 하자담보책임을 추궁할 수 있는가 여부에 대해서는 견해가 나뉜다.

(1) **긍정설** : 검사를 하였으나 통지하지 않은 경우에도 이러한 권리를 행사할 수 있다고 한다. 그 이유는 상법 제69조는 하자나 수량부족의 성질상 즉시 또는 6월 내에 발견할 수 있는 경우에 관한 규정이므로. 하자나 수량부족이 즉시 또는 6월내에 발견할 수 없는 것이어서 6월을 경과한 경우에는 본조가 적용되지 아니하여 매수인은 통지하지 않고도 이러한 권리를 행사할 수 있다고 본다(이철송, 394면).

(2) **부정설** : 통설과 판례(대판 1999.1.29. 98다1584판결)의 입장으로 상법 69조의 취지가 상거래의 신속한 처리와 매도인의 보호임에 비추어 비록 매매목적물의 하자가 그 성질상 점유이전일로부터 6월내에 도저히 발견할 수 없었던 것이라고 하더라도 상법 69조 1항이 정한 6월의 기간이 경과함으로써 경과하면 매수인은 손해배상을 청구할 수 없게 된다고 한다.

판례

> 대판 1993.6.11. 선고 93다7174,7181…… 사과의 과심이 썩은 하자는 상법 제69조 제1항 소정의 "즉시 발견할 수 없는 하자"에 해당한다.
>
> 대판 1999. 1. 29. 98다1584 ……상법 제69조는 상거래의 신속한 처리와 매도인의 보호를 위한 규정인 점에 비추어 볼 때, 상인간의 매매에 있어서 매수인은 목적물을 수령한 때부터 지체 없이 이를 검사하여 하자 또는 수량의 부족을 발견한 경우에는 즉시 매도인에게 그 통지를 발송하여야만 그 하자로 인한 계약해제, 대금감액 또는 손해배상을 청구할 수 있고, 설령 매매의 목적물에 상인에게 통상 요구되는 객관적인 주의의무를 다하여도 즉시 발견할 수 없는 하자가 있는 경우에도 매수인은 6월 내에 그 하자를 발견하여 지체 없이 이를 통지하지 아니하면 매수인은 과실의 유무를 불문하고 매도인에게 하자담보책임을 물을 수 없다.

(3) **결어** : 상법 69조가 민법의 특칙의 성격을 가지는데 비추어 부정설이 옳다. 판례(대법원 1999.1.29. 선고 98다1584판결)는 부동산임대업을 개시할 목적으로 그 준비행위로 부동산임대업을 영위하고 있던 상인으로부터 건물을 매수하여 점유를 이전받았으나 점유이전일로부터 6월이 경과하고서야 그 건물의 하자를 발견하여 손해배상을 청구한 사건에서 법원은 "설령 매매의 목적물에 상인에게 통상 요구되는 객관적인 주의의무를 다하여도 즉시 발견할 수 없는 하자가 있는 경우에도 매수인은 6월 내에 그 하자를 발견하여 지체 없이 이를 통지하지 아니하면 매수인은 과실의 유무를 불문하고 매

도인에게 하자담보책임을 물을 수 없다"고 판시한다.

7) 매도인이 악의인 경우

매도인이 악의, 즉 인도한 목적물이 계약에 적합하지 아니하다는 사실을 안 경우에는, 매도인을 보호할 필요가 없기 때문에 상법 69조는 적용되지 아니한다(상법 69조 2항).

또한 설령 매매의 목적물에 상인에게 통상 요구되는 객관적인 주의의무를 다하여도 즉시 발견할 수 없는 하자가 있는 경우에도 매수인은 6월 내에 그 하자를 발견하여 지체 없이 이를 통지하지 아니하면 매수인은 과실의 유무를 불문하고 매도인에게 하자담보책임을 물을 수 없다 본조는 민법상의 책임을 묻기 위한 전제요건으로서, 민법과 다른 매도인의 책임을 규정한 것은 아니다.

3. 통지의무

(1) 즉시 하자 또는 수량 부족의 사실을 통지할 것

통지의 내용은, 매도인이 조치를 취할 수 있도록, 하자의 종류와 대체적인 범위를 밝히면 되고, 상세하고 정확한 내용의 통지를 할 것은 요구되지 아니한다.

(2) 입증책임

이 의무를 이행하였음에 대한 입증책임은 매수인이 진다(대법원 1990.12.21. 선고 90다카28498, 28504판결).

4. 의무불이행의 효과

본조의 적용을 받는 경우에 매수인이 그 통지를 하지 아니한 경우에는 매수인은 매도인에 대하여 계약해제, 대금감액 또는 손해배상을 청구할 수 없고(상법 제69조 제1항), 물건교환청구, 하자보수청구, 부족분추가청구 등 완전이행을 청구할 권리를 상실한다.

판 례

> 대판1990.12.21. 90다카28498, 28504…… 원고 아성유리는 피고에게 피고가 제조한 인삼탕을 담아 판매할 유리병을 제조 공급하기로 약정하고 3차례에 걸쳐 20,000여개의 유리병을 제조하여 매도하였는데 이 중 13,000개가 불량품이라는 이유로 원고에게 반환되었고 나머지병 5,000여개에 피고가 인삼탕액을 담아 중화민국 소재 회사에 수출하였다. 유리병들의 입구표면이 균일하게 가공되어 있지 아니한 하자로 말미암아 병뚜껑과 병입구가 제대로 밀봉되지 아니함으로써 운송도중 내용물인 인삼탕액이 밖으로 새어나와 모두 변질되어 피고는 수입상으로부터 지급받았던 수출대금 7,960,000원(미화 9,950달러)을 모두 반환하는 손해를 입었다. 원고가 제기한 유리병대금 청구소송에서, 피고는 하자담보로 인한 계약의 해제와 손해배상을 청구하였다. 대법원은 다음과 같이 판시하였다.
>
> 상법 69조는 상인간의 매매에 있어서는 매수인의 매매목적물에 대한 검사와 하자통지의무를 매수인이 매도인에 대하여 하자담보책임을 묻기 위한 전제요건으로 삼고 있음이 분명하므로 그와 같은 하자담보책임의 전제요건, 즉 매수인이 목적물을 수령한 때에 지체없이 그 목적물을 검사하여 즉시 매도인에게 통지한 사실, 만약 매매의 목적물에 즉시 발견할 수 없는 하자가 있는 경우에는 6월내에 이를 발견하여 즉시 통지한 사실 등에 대한 입증책임은 매수인에게 있다. 법원은 매수인은 이를 입증하지 못하였다 하여, 원고의 대금청구를 인용하였다.

제5절 매수인의 보관·공탁의무의 의의

1. 의의

상법은 상인간의 매매에 있어 (1) 매매계약의 목적물에 하자가 있거나 (2) 인도된 목적물이 다르거나 수량부족이 있어, 매수인이 계약을 해제하는 경우에, 매수인에게 매도인의 지시가 있을 때까지 상품을 보관·공탁할 의무를 지우고 있다(제70조 제1항 본문). 이를 매수인의 보관·공탁의무라고 한다.

2. 매수인의 보관·공탁의무의 인정이유

매수인이 매매계약을 해제한 경우에는, 매수인은 원상회복의무를 진다. 그러나 매도인으로서는 상품을 반환 받는데 시간이 걸리는 경우에는, 그 동안 전매의 기회를 상실할 우려가 있고, 상품의 반송보다는 전매선에게 직접 전송할 것을 원할 수도 있게 된다. 또한 상품이 부패하기 쉬운 물건인 경우에도, 그 반환이 적당하지 아니하게 된다. 따라서 상법은 매매계약을 해제한 매수인에게 보관·공탁의무를 지우고 있는 것이다.

3. 적용범위

본조가 적용되는 것은, (1) 상인간의 매매에 있어서 목적물의 하자 또는 수량부족으로 인하여 계약을 해제하는 경우(상법 제70조)

(2) 매수인에게 인도한 상품이 주문한 물건과 다르거나 주문한 수량을 초과하는 경우이다(상법 제71조).

4. 적용예외

다음과 같은 경우에는, 매수인은 본조에 의한 보관·공탁의무를 지지 아니한다.

첫째, 매도인에게 악의가 있는 경우이다(상법 제69조 제2항). 해제될 것이라는 것을 알았다면, 매도인을 본조에서 보호하지 아니하는 것은 당연하다

둘째, 매도인과 매수인의 영업소·주소가 동일한 시군내에 있는 경우이다(상법 제70조 3항). 이것은 영업소·주소가 동일한 시군내에 있다면, 상품을 바로 인도하여 원상회복할 수 있기 때문이다. 그러나 상품이 매도인의 주소·영업소로 반송되는 경우에 한정되지 아니한다. 즉, 매도인과 매수인의 주소·영업소가 동일한 시군에 있지 아니한 경우에도, 매수인의 영업소와 동일한 시군으로 상품을 송부하는 경우에는, 보관·공탁의무가 인정되지 않는다고 본다. 반대로 매도인과 매수인의 주소·영업소가 동일한 시군에 있는 경우에도, 상품을 이와 다른 장소로 송부하는 경우에는, 보관·공탁의무가 인정된다고 본다.

5. 매수인의 보관·공탁의무의 내용

(1) 보관·공탁의 선택권

매수인은 매매의 목적물을 매도인의 비용으로 상당한 기간동안 보관하거나 공탁하여야 한다(상법 제70조 제1항).

(2) 보관비용

매수인이 보관하는 경우에, 보관비용은 매도인이 부담하지만, 상법 60조 단서와 비교하면 명백하다시피, 보관비용이 상품의 가액보다도 높은 때에도 이 보관의무를 진다.

(3) 경매대가의 보관 · 공탁

목적물이 멸실 또는 훼손될 염려가 있는 때에는, 법원의 허가를 얻어 경매하여 그 대가를 보관 또는 공탁하여야 한다(상법 제70조 제1항 단서). 경매한 때에는 지체없이 매도인에게 그 통지를 하여야 한다(동조 제2항).

(4) 보수청구권

이 의무를 이행한 매수인은 매도인에 대하여 상당한 보수를 청구할 수 있다(상법 제61조).

(5) 의무위반시 손해배상책임

이 보관 · 공탁의무를 위반한 매수인은 매도인에 대하여 손해배상책임을 진다.

제 3 장 상호계산

제 1 절 상호계산의 경제적 기능

계속적인 거래를 하는 상인간에는, 상인은 지급을 위한 비용, 수고, 송금의 위험을 피하려고 한다. 상호계산은 서로 지급을 유예하고, 기말에 결산하여 차액만을 지급하는 것으로서, 결제의 간이화를 목적으로 하는 제도이다. 상인이 이 제도를 이용하면 잔액만을 지급하면 되기 때문에, 수시로 지급할 것에 대비하여 현금을 준비하여 두지 않아도 된다. 또한 상대방에 대한 채권이 일종의 담보로서의 기능을 가지므로 당사자는 안심을 할 수 있게 된다. 이와 같이 상호계산의 주요한 기능은 '결제의 간이화'와 '채권의 담보적 기능'이라고 할 수 있다.

제2절 상호계산의 의의

상호계산이라 함은, 계약으로 일정한 기간을 정하여, 그 기간 내에 당사자 상호간의 거래로 인하여 생긴 복수의 채권·채무에 대하여, 그때마다 결제하지 아니하고, 기말에 일괄하여 결제하는 제도이다.

(1) 계속적 거래관계에 있는 당사자중 일방은 상인일 것

상호계산이기 위하여서는 적어도 당사자 일방이 상인으로서, 당사자간에 상시(常時) 거래관계가 있을 것, 즉 계속적 거래관계가 있을 것을 요건으로 한다. 상인이면 소상인이어도 무방하다. 다만, 일방이 상인이면 되지만, 비상인이 상인으로부터 계속적으로 상품을 매입하는 경우와 같이, 일방에게 채무만 발생하는 관계에 있는 경우에는, 상호계산이 성립하지 아니하는 것으로 해석한다. 물론 쌍방에게 채무가 발생할 가능성이 있기만 하면 되고, 결과적으로는 우연히 일방의 채무만이 발생하는 경우에도 상호계산이 성립한다.

(2) 약정한 기간동안의 거래로 인한 채권채무의 총액상계

상호계산은 일정한 기간의 거래로 인한 채권채무의 총액에 관하여 상계하고 잔액을 지급할 것을 약정함으로써 성립한다. 이 일정한 기간을 '상호계산기간'이라고 한다. 상호계산기간에 대하여는, 당사자의 정함에 따르지만, 특별한 정함이 없는 때에는 6월로 한다(상법 제74조).

(3) 당좌계정약정의 문제

고객이 은행과 체결하는 당좌계정약정은, 약정기간 동안 고객으로부터 은행으로의 입금 및 고객이 발행한 어음과 수표에 따른 은행의 지급을, 그때마다 계산하여 잔액채권을 발생시킨다. 이것은 담보적 기능을 기대하지 아니하기 때문에 상호계산이 아니다.

(4) 계입에서 제외되는 채무

상호계산에 계입되는 채무는, 상호계산기간 동안 발생한 모든 채무이지만, 다음과 같이 특별히 제외되는 것이 있다. 그 이유는 이들은 일괄하여 상계하는 것이 부적당하다고 고찰되기 때문이다.

① **금전채권 이외의 채권** 이것을 상계의 대상으로 하는 것은 적절하지 아니하기 때문이다.

② **비거래채권 또는 양수한 채권** 불법행위, 부당이득, 사무관리와 같이 거래 자체로 인하여 발생하지 아니한 채권이거나 제3자로부터 양수한 채권.

③ **현실로 이행되어야 하는 채권** 소비대차의 예약으로 인한 채권이 그 예이다.

④ **특수한 권리행사가 필요한 채권** 예컨대 어음 등 유가증권상의 채권이 이에 해당한다. 다만, 당사자 사이의 약정으로 유가증권상의 채권을 상호계산에 계입할 수 있지만 채무자가 변제하지 아니한 때에는 그 채무의 항목을 상호계산에서 제외할 수 있다(상법 제73조).

⑤ **담보부채권** 특약이 없는 한 이것을 상계의 대상으로 하는 것은 채권자의 이익에 반한다. 잔액채권에 담보권은 이전하지 아니하고, 담보권은 피담보채권이 소멸하는 경우 함께 소멸하기 때문이다. 다만, 이것은 당사자가 특별히 담보권을 설정한 경우에 한하고, 상행위로 인한 채권에 대하여 성립하는 상사유치권(상법 제58조) 등에는 제한되지 아니한다.

제3절 상호계산의 효과

1. 상호계산의 소극적 효과 - 상호계산불가분의 원칙

1) 의의

상호계산기간중에 상호간에 발생한 채권·채무는, 그 독립성과 개성을 상실하고, 불가분적으로 전체로서 융합하며, 그 후 총액에 대하여 일괄하여 상계된다. 따라서 이제는 개개의 채권을 행사할 수 없다. 이를 '상호계산불가분의 원칙'이라고 한다.

2) 소극적 효력의 내용

개별적인 채권은, 지급유예상태에 있기 때문에, 그 소멸시효, 이행지체의 문제도 생기지 아니한다. 그리고 상호계산에 계입되어 있지 않은 채권과의 상계도 인정되지 아니한다. 또한 상호계산에 계입된 채권을 임의로 인출하거나 양도할 수 없다.

다만, 상호계산에 계입된 채권이라도, 그것만으로 채권이 소멸한다는 의미는 아니기 때문에, 확인의 소를 제기하거나, 기초로 되어 있는 계약을 해제하여 그 채권을 소멸시키는 것은 가능하다.

3) 제3자에 대한 효력

상호계산불가분의 원칙은 상호계산의 당사자간에만 인정되는 것을 원칙으로 한다. 이것이 제3자에게도 효력이 미치는가에 대하여는 채권양도금지의 특약에 대하여 규정하고 있는 민법 제449조와 관련하여 견해가 나뉜다.

(1) 상대적 효력설(정찬형, 251면 ; 서돈각 · 정완용, 172면 ; 양승규 · 박길준, 123면 ; 임홍근, 280면 ; 정동윤, 367면 ; 안강현, 234면)

상호계산은 원래 당사자간의 계약관계에 불과한 것으로서, 상호계산불가분의 원칙은 당사자만을 구속하며, 제3자에게 대항할 수 없다고 해석한다. 따라서 이 견해는, 당사자가 이에 위반하여 채권을 임의로 처분한 경우에도, 그 효력에는 영향이 없고 단지 손해배상을 청구할 수 있음에 불과하다고 본다.

(2) 절대적 효력설(최기원, 270면)

이 견해는 상호계산은 계약관계이지만, 하나의 상법상의 제도로서, 단순한 채권양도금지의 특약과는 다르다고 해석한다. 물론 상호계산기간이 종료한 후에는 채권자는 잔액채권을 압류할 수 있지만, 상호계산기간중에는 상호계산에 계입된 채권은 채권의 성질상 양도할 수 없는 것에 해당하고(민법 제449조 제1항 단서), 이것을 양도·입질하여도 무효이며, 압류도 할 수 없다고 해석한다. 이 견해는 계속적 거래관계가 있는 당사자간에, 서로 상대방에게 부담할 채무를 자기의 상대방에 대한 채권의 담보로 여기는 상태를 보호할 것을 주장한다.

(3) 절충설(이철송, 414면)

채권양도와 입질의 경우에는 상대적 효력설이 타당하지만, 압류의 경우에는 제3채권자에게 이를 인정할 필요가 없다고 하여 허용하지 아니하는 견해이다.

(4) 결어

상거래에 있어서 거래안전의 보호의 요청에 비추어 상대적 효력설이 타당하다.

4) 예외

상호계산에 계입된 채권은 상대방의 동의가 없으면, 상호계산에서 제거할 수 없다라는 원칙에 예외가 있다. 이것은 어음 등의 상업증권에서 증권의 채무자가 변제하지 아니하는 경우이다(상법 제73조). 예컨대, 을과 병 사이에 상호계산이 성립하였고, 갑을 발행인, 을을 수취인으로 하는 약속어음을, 을이 병에게 양도하여, 을이 병에게 할인대금채권을 취득하고 그 후 을이 파산한 경우를 살펴본다. 병이 이 어음에 대하여 갑으로부터 지급거절이 된 경우에, 병은 을에게 소구할 수 있지만, 병은 파산채권자로서 소구금액의 전액을 보상받기는 거의 불가능하다. 그러나 을이 가진 할인대금채권은 상호계산에 계입되어 전액 결제된다. 이러한 결과는 불공정하므로, 병은 이 할인대금채무를 상호계산에서 제거할 수 있도록 하여야 할 것이다. 따라서 병은 할인대금지급채무와 소구권에 의한 채권을 상계할 수 있게 된다.

상법 제73조는 증권의 채무자가 변제하지 아니하는 때에 당사자는 그 채무의 항목을 제거할 수 있다고 규정하지만, 이것은 증권상의 주채무자인 약속어음의 발행인과 환어음의 인수인뿐만 아니라, 환어음과 수표의 지급인이 변제를 하지 아니한 경우에도 적용된다고 해석한다.

2. 상호계산의 적극적 효력

1) 잔액확정의 갱개(更改)적 효력

상호계산기간이 만료하면, 계입되어 있는 채권·채무가 일괄 상계되어, 각 채권은 소멸하고 잔액채권이 확정된다. 이 때 잔액채권은 계산서를 작성하고 승인한 때에 확정된다(상법 제75조). 잔액을 확정하기 위한 계산서의 승인은 상호계산계약에 의한 각 당사자의 의무이고, 당사자가 이를 해태하면 상대방은 채무불이행을 이유로 상호계산계약 그 자체를 해지할 수 있다. 즉, 계산서류의 승인에 의한 잔액채권의 확정은 계입된 각각의 채권·채무는 소멸하고, 새로운 잔액채권채무가 발생하는 갱개적 효력을 가진다.

계산서의 승인에 의한 잔액의 확정이 갱개적 효력을 가지는 결과, 그 각 항목에 대하여 이의를 제기하지 못한다(상법 제75조 본문). 따라서 상호계산의 각 항목에 대하여 어떤 채권의 계약이 무효이거나 취소, 해제되어도 각 당사자는 잔액의 확정을 다툴 수 없다.

잔액채권은 새로이 갱개로 인하여 발생한 것이라고 보는 것이 원칙이다. 따라서 특약이 없는 한 개별적인 채권에 부수되었던 담보, 보증은 잔액채권으로 승계되지 아니하며, 소멸시효도 새로이 진행한다.

2) 착오 · 탈루의 경우

착오 · 탈루가 있으면 이의를 할 수 있다(상법 제75조 단서). 이는 착오 · 탈루가 있는 경우에 계산서의 승인에 의한 잔액의 확정을 전제로 이와 같은 사유를 부당이득의 원인으로 하여 구제를 요구하는 것이다. 이러하다면 부당이득으로 다투는 것은 특히 본조가 아니어도 가능하기 때문에, 본조 단서는 주의적 규정에 불과하다. 착오·탈루라 함은, 채권 · 채무의 각 항목에 대한 착오 · 탈루를 의미하지만, 이의를 제출한 경우 잔액채권에 대하여도 다툴 수 있는가에 대하여는 견해가 나뉜다.

(1) 부정설(서돈각 · 정완용, 174면 ; 최기원, 274면 ; 임홍근, 284면 ; 이철송, 419면)

이 견해는 상호계산관계중에서는 다툴 수 없고, 그 밖의 예컨대 부당이득으로 다툴 수 있음을 의미한다고 해석한다. 착오 · 탈루에 기한 이의는 승인행위 자체에 연유하는 하자에 지나지 않고, 상호계산제도의 목적이 채권채무의 결제의 간이화라는 점을 근거로 한다.

이 견해도 계산서류의 승인행위 그 자체에 착오·사기·강박이 있으면, 승인행위의 무효·취소를 주장할 수 있다고 해석한다.

(2) 긍정설(정찬형, 253면)

이 견해는 잔액채권 그 자체도 다툴 수 있다고 해석하는 것이 법문에 충실하고 간명하다고 한다.

(3) 결어

상호계산제도의 취지에 비추어 부정설이 타당하다.

3) 잔액채권에 대한 이자

잔액채권에 대하여 계산폐쇄일 이후의 법정이자를 청구할 수 있다(상법 제76조 제1항). 그러나 상법은 계입된 개개의 채권에 대하여 상호계산에 계입한 날로부터 이자를 청구할 수 있다(동조 제2항)고 하여 중리를 인정한다.

제4절 상호계산의 종료

상호계산계약은 존속기간의 만료 기타 계약의 일반적인 종료원인으로 종료한다. 또한 당사자는 언제든지 상호계산계약을 해지할 수 있다(상법 제77조). 이것은 상호계산은 계속적 거래관계에 있는 서로간의 신용에 기초한 것이고, 상대방의 신용상태의 변화에 대처할 수 있도록 하기 위함이다. 따라서 상호계산계약의 존속기간에 대한 정함이 있는 경우에도, 당사자는 임의로 계산을 해지할 수 있다. 다만, 당사자간에 특히 이 해지권을 제한하는 뜻의 특약이 있으면, 그것은 유효하다.

신용상태의 변화와 관련하여 파산법은 당사자의 일방이 파산선고를 받은 때(제57조), 회사정리법은 당사자의 일방에게 정리절차의 개시명령이 있는 때(제107조), 상호계산이 종료한다는 뜻을 규정하고 있다.

상호계산이 종료하는 경우에는 계산은 폐쇄되고, 잔액채권이 성립한다. 상호계산기간의 만료의 경우와 달리 이 경우에는, 계산서의 승인을 거치지 아니하고, 잔액채권이 성립한다.

제 4 장 익명조합

제 1 절 익명조합의 경제적 기능

익명조합은 자본과 사람의 결합을 도모하는 것으로, 법률적으로는 단독기업이지만 경제적으로는 공동기업형태이다. 익명조합의 목적은 자본가와 경영자가 결합하여 공동기업을 형성하는데 있고, 자본은 있지만 영업을 하기 위해서는 영업면허가 요구되는데 이를 취득하지 못한 경우 또는 공무원과 같이 법령 기타 이유로 자본관계를 비밀로 할 필요가 있는 경우에 이용된다.

제 2 절 익명조합의 의의

익명조합이라 함은, 당사자 일방이 영업을 위하여 출자하고, 상대방은 그 영업으로 인한 이익을 분배할 것을 약정하는 계약을 말한다(상법 제78조).

1. 당사자

익명조합계약의 2당사자는 익명조합원과 영업자이다. 민법상의 조합과 같이, 다수의 당사자가 존재하는 것이 아니다. 다만, 영업자는 다수의 익명조합원과 동일한 내용의 익명조합계약을 체결할 수 있다. 이 경우 익명조합원 상호간에는 법적 관계가 존재하지 아니한다. 이 점에서 회사형태와 크게 다르다.

2. 영업자의 단독기업

익명조합원은 영업상의 거래에 대하여 직접 제3자에게 나타나지 아니하고(상법 제80조), 익명조합원의 출자는 영업자의 재산에 귀속된다(상법 제79조). 즉, 법률상은 익명조합은 영업자의 단독기업의 형태를 띠고 있다.

3. 익명조합과 조합

익명조합은 민법상의 조합과 다음과 같은 몇 가지 차이점이 있다.

(1) 종료

민법상의 조합에서는, 탈퇴라는 용어가 사용되지만(제716조), 익명조합에서는 해지라고 한다.

(2) 소유형태

민법상 조합재산은 총조합원의 합유(제704조)로 되지만, 익명조합에는 원래 조합재산이라는 것이 없고, 영업자의 재산으로 된다(상법 제79조). 따라서 민법상의 조합과 달리, 조합원의 지분이라는 개념도 없다. 또한 익명조합에는 민법에서와 같은 조합의 영업이라는 것은 있을 수 없고, 영업자의 영업만이 있을 뿐이다.

(3) 조합원의 책임

민법상의 조합원은 무한책임을 지고, 기업경영의 위험을 직접 부담한다. 이에 비하여 익명조합원은 제3자에 대하여 권리·의무가 없다(상법 제80조).

4. 익명조합과 합자회사

익명조합은 10세기경 지중해 연안에서 행해지던 코멘다(Commenda) 계약에서 유래한다. 이것이 15세기경 합자회사와 익명조합의 두 가지 형태로 분화되었다. 전자에는 자본가와 경영자가 전면에 나타나 있는 반면, 후자에는 경영자만이 외부에 나타나 있는 것이다. 이에 따라 익명조합원과 합자회사의 유한책임사원의 지위가 유사하다. 따라서 상법은 익명조합원의 출자, 감시권에 대하여 합자회사의 유한책임사원에 관한 규정을 준용하고 있다(제86조, 제272조, 제277조, 제278조).

제3절 익명조합원의 의무

1. 출자의무

익명조합원은 출자의무를 진다. 이 경우 출자는 재산출자만 인정되고, 신용과 노무의 출자는 허용되지 아니한다(상법 제86조, 제272조).

출자한 재산은 조합재산을 형성하는 것은 아니고, 영업자의 재산에 귀속한다(상법 제79조). 익명조합원은 이 재산에 대하여 합유한다거나, 지분을 가진다고 할 수 없다.

2. 성명·상호의 사용허락으로 인한 책임

익명조합원은 제3자에 대하여 권리나 의무가 없지만(상법 제80조), 익명조합원이 자기의 성명이나 상호를 영업자의 상호에 사용하도록 허락한 때에는, 익명조합원은 그 사용 이후의 채무에 대하여 영업자와 연대하여 책임을 진다(상법 제81조). 이 책임은 명의대여자의 책임과 같이, 권리외관책임 또는 금반언의 법리에 따른 것이다. 따라서 제3자가 악의인 경우에는 익명조합원은 책임이 없다. 성명·상호사용의 허락은 명시적이거나 묵시적이거나 상관없다.

제4절 익명조합원의 권리

1. 익명조합원의 이익분배권

익명조합원은 영업자에게 영업을 수행하게 하여 영업자로부터 이익을 분배받을 권리를 가진다. 그러나 익명조합계약은 소비대차계약과 달리, 확정이자를 받을 수 없다(대판 1962. 12. 27. 62다660 참조). 이익이라 함은 재산의 증가액이라고 할 수 있다. 영업으로 인하여 발생한 이익을 분배하지만, 당사자가 분배의 비율을 정하지 아니한 때에는, 출자의 비율에 따라 익명조합원에게 분배한다(민법 제711조).

판례

> 대판1962. 12. 27. 62다660……당사자의 일방이 상대방의 영업을 위하여 출자를 하는 경우라 할지라도 그 영업에서 이익이 난 여부를 따지지 않고 상대방이 정기적으로 일정한 금액을 지급하기로 약정한 경우에는 예컨대 이익이라는 명칭을 사용하였다 할지라도 익명조합계약이라 할 수 없다.

2. 익명조합원의 손실분담

조합재산이 손실로 인하여 감소한 경우에는, 영업으로부터 발생한 이익으로 그 손실을 전보하며, 조합재산이 플러스가 될 때까지 익명조합원은 이익배당을 받지 못한다(상법 제82조 제1항). 그러나 이 경우에도 익명조합원은 이익을 배당 받지 못할 뿐이고, 손실이 생겼어도 추가 출자하여 보전할 의무는 없다. 이것은 조합재산이 마이너스인 채로 익명조합계약이 종료한 때에도 같다(동조 제2항). 특약으로 익명조합원이 손실을 전혀 부담하지 아니는 것으로 정하는 것도 인정된다.

3. 익명조합원의 감시권

익명조합원은 영업에 관여하지 아니하나 영업의 성과에 중대한 영향을 받으므로, 자기의 이익을 지킬 수단이 필요하다. 이 점에서 업무집행권이 없는 합자회사의 유한책임사원과 그 지위가 유사하므로, 익명조합원은 유한책임사원과 같이, 감시권을 가진다. 즉, 익명조합원은, 영업 년도 말에는 회계장부와 대차대조표, 기타 서류를 열람하고, 업무와 재산상태를 검사할 수 있다(상법 제86조, 제277조 제1항). 또한 법원의 허가를 얻은 때에는 언제든지 서류를 열람하고 재산상태를 검사할 수 있다(상법 제86조, 제277조 제2항).

제 5 절 영업자의 의무

1. 영업자의 영업수행의무

익명조합의 사업은 영업자의 단독 사업이다. 영업자는 익명조합원에 대하여 계약에서 정한 내용의 영업을 익명조합원의 출자를 이용하여 선량한 관리자의 주의로 수행할 의무를 진다(민법 제707조, 제681조). 영업자가 약정에 위반하여 영업을 개시하지 않거나 영업을 휴지·폐지·양도하고, 또는 약정한 목적 이외의 목적에 익명조합원의 출자를 사용하는 경우에는 익명조합원은 계약을 해지하거나 손해배상을 청구할 수 있다.

2. 영업자의 경업금지의무

영업자가 익명조합의 목적과 동종의 영업을 별도로 행하는 것이 금지되는 경업금지의무를 지는가에 관하여는 상법에 이에 관한 규정이 없으므로 견해가 나뉜다.

(1) **긍정설**(정찬형, 260면 ; 최기원, 286면 ; 이철송, 428면 ; 정동윤, 383면)

이 견해는 영업자는 익명조합원과의 공동이익을 도모하여야 하고, 자기의 이익만을 도모하여서는 아니되므로 그는 경업금지의무를 진다고 한다.

(2) **부정설**(정희철, 164면 ; 서돈각·정완용, 179면)

이 견해는 이를 일률적으로 인정할 수 없고 구체적으로 익명조합계약의 취지에 따라 판단하여야 한다고 본다.

(3) **결어**

긍정설이 타당하다. 익명조합원은 영업자의 영업활동에 의하여 이익을 배당받을 목적으로 출자하는 것이므로 영업자가 별도로 익명조합의 목적과 동종의 영업을 수행하는 경우에는 익명조합원의 이와 같은 기대는 용이하게 침해될 위험이 있기 때문이다. 다만 영업자가 이 의무를 위반하더라도, 익명조합원은 대리상에 대하여 본인인 상인이 가지는 것과 같은 개입권행사가 인정되는 것은 아니고, 단지 영업자에 대하여 손해배상책임을 추궁할 수 있을 뿐이다.

제6절 익명조합계약의 종료

1. 종료원인

상법은 당사자의 의사에 의한 해지와 이에 의하지 아니한 종료사유로서 3가지를 들고 있다.

(1) 당사자의 해지

조합계약으로 조합의 존속기간을 정하지 아니하거나 어느 당사자의 종신까지 존속할 것을 약정한 때에는, 당사자는 6월 전에 상대방에게 예고하고 영업년도 말에 계약을 해지할 수 있다(상법 제83조 제1항). 그러나 부득이한 사정이 있는 때에는, 존속기간의 약정유무에 관계없이 각 당사자는 언제든지 계약을 해지할 수 있다(동조 제2항).

(2) 법정종료사유

당사자의 의사에 의하지 아니한 종료사유로서, 상법 제84조는 다음 3가지를 열거하고 있다.

① 영업의 폐지 또는 양도

영업자의 영업의 양도는 종료사유이다. 이것은 익명조합원은 영업자의 개인적인 신용을 믿고 출자하고 있기 때문이다.

② 영업자의 사망 또는 성년후견의 개시

이것은 익명조합원으로서는 영업자의 개인적 능력과 신용을 믿고 출자하고 있는 이상 당연하다. 익명조합원의 사망은 당연한 종료사유가 아니며, 이 경우에는 상속인이 그 지위를 승계한다.

③ 영업자 또는 익명조합원의 파산

영업자가 파산하면 영업을 수행할 능력을 상실하고, 익명조합원이 파산한 경우에는 채권채무관계를 청산할 필요성이 발생하기 때문에 익명조합관계는 종료한다.

(3) 기타

합명회사와 합자회사의 사원의 지분압류채권자는, 퇴사청구권을 가지지만(상법 제224조, 제269조), 익명조합원의 채권자는 이와 같은 권리를 가지지 아니한다.

2. 종료의 효과

익명조합계약이 종료한 때에는 영업자는 익명조합원에게 그 출자의 가액을 반환하여야 한다(상법 제85조 본문). 현금출자의 경우에는 금전으로 반환하는 것은 당연하지만, 현물출자의 경우에도 특약이 없는 한 금전으로 평가하여 반환한다. 즉, 익명조합원은 출자한 재산 그 자체의 반환을 청구할 수 없다. 조합에 손실이 생긴 때에는, 특약으로 익명조합원이 손실을 분담하지 아니한다는 뜻을 정한 경우를 제외하고는, 출자액에서 이를 감액한 잔액을 익명조합원에게 반환하면 된다(동조 단서).

제5장 합자조합

제1절 총 설

1. 의의

합자조합은 조합의 업무집행자로서 조합의 채무에 대하여 무한책임을 지는 조합원과 출자가액을 한도로 하여 유한책임을 지는 조합원이 상호출자하여 공동사업을 경영할 것을 약정하는 계약이다(상법 제86조의 2).

1) 합자조합은 민법상의 조합이다. 따라서 민법을 수정하는 상법상의 특칙이 존재하지 아니하는 한 민법상 조합에 관한 규정이 적용된다(상법 제86조의 8 제4항).
2) 합자조합은 무한책임을 지는 업무집행조합원과 유한책임을 지는 유한책임조합원으로 구성된다.
3) 합자조합의 경우 업무집행은 조합계약에 다른 규정이 없으면 업무집행조합원이 한다(상법 제86조의 5 제1항).

2. 연혁

민법상의 조합은 조합원이 무한책임을 지고, 합자회사는 법인격이 있지만 무한책임사원만이 업무를 집행할 수 있는 점에서 미국의 비법인 조합제도를 모델로 2012년 개정상법에서는 합자조합제도를 도입하였다.

미국의 비법인 조합체에는 합자조합(Limited Partnership: LP)과 유한책임조합(Limited Liability Partnership: LLP)가 있다. 후자는 조합원 전원이 무한책임을 지는 조직이고, 전자는 무한책임조합원과 유한책임조합원으로 구성된다. 이 중 합자조합은 LP제도를 계수한 것이다. 일본에서는 2005년 LLP를 계수하여 무한책임사원조합을 신설하였다.

3. 합자조합과 합자회사 비교

1) 합자조합은 법인격이 없으나, 합자회사는 존재한다.
2) 합자조합은 유한책임조합원의 지분양도가 조합계약에 따라 가능하지만, 합자회사의 경우에는 무한책임사원전원의 동의로만 가능하다.
3) 합자조합은 유한책임조합원의 업무집행이 가능하지만, 합자회사의 경우에는 불가능하다.

특성	합자조합	합자회사
법인격	없음	있음
유한책임사원(조합원)의 지분양도	조합계약상 양도가능	무한책임사원의 전원동의요
유한책임사원(조합원)의 업무집행	조합계약상 가능	불능

제 2 절 합자조합계약서의 법정기재사항

합자조합의 설립을 위한 조합계약에는 다음 사항을 적고, 총조합원이 기명날인하거나 서명하여야 한다(상법 제86조의 3).

1. 목적

목적에는 영리성이 요구된다.

2. 명칭

명칭에는 합자조합이라는 문언이 포함되어야 한다.

3. 업무집행조합원의 성명 또는 상호, 주소 및 주민등록번호

회사는 업무집행사원이 될 수 있다. 반면 합자회사의 경우에는 무한책임사원이 될 수 없다(상법 제173조).

4. 유한책임조합원의 성명 또는 상호, 주소 및 주민등록번호

5. 주된 영업소의 소재지

6. 조합원의 출자에 관한 사항

무한책임조합원은 다른 규정이 없으면 재산·노무 또는 신용을 출자의 목적으로 할 수 있지만, 유한책임조합원은 원칙적으로 신용 또는 노무를 출자의 목적으로 할 수 있다.

7. 조합원에 대한 손익분배에 관한 사항

출자가액에 비례하지 않는 손익분배가 가능하고, 이익이 없어도 이익배당을 할 수 있지만, 이 경우 유한책임조합원은 배당받은 금액만큼 변제책임의 한도액에 더한다(상법 제86조의 6 제2항).

8. 유한책임조합원의 지분의 양도에 관한 사항

사적 자치의 적용범위를 확대한 것이다.

9. 둘 이상의 업무집행조합원이 공동으로 합자조합의 업무를 집행하거나 대리할 것을 정한 경우에는 그 규정

10. 업무집행조합원 중 일부 업무집행조합원만 합자조합의 업무를 집행하거나 대리할 것을 정한 경우에는 그 규정

11. 조합의 해산 시 잔여재산 분배에 관한 사항

전적으로 사적 자치의 원칙에 맡긴 것이다.

12. 조합의 존속기간이나 그 밖의 해산사유에 관한 사항

조합계약에서 정하지 아니한 해산에 관한 사항은 민법의 조합에 관한 규정이 적용된다(상법 제86조의 8 제4항 본문).

13. 조합계약의 효력 발생일

제3절 내부관계

1. 출자

합자조합의 업무집행조합원은 재산·노무 또는 신용을 출자의 목적으로 할 수 있고, 유한책임조합원은 원칙적으로 신용 또는 노무를 출자의 목적으로 할 수 없는데, 다만 조합계약에서 자유롭게 정할

수 있다(상법 제86조의 4 제1항 2호).

2. 업무집행

업무집행은 원칙적으로 다른 정함이 없으면(원칙적으로) 업무집행조합원이 하고(상법 제86조의 5 제1항), 유한책임조합원은 다른 규정이 없으면(원칙적으로) 업무집행을 하지 못한다.

3. 조합원의 의무

1) 선관주의의무

업무집행조합원은 선량한 관리자의 주의로써 업무를 집행하고 대리하여야 한다(상법 제86조의 5 제2항).

2) 경업피지의무

업무집행조합원은 조합계약에 다른 규정이 없으면(원칙적으로) 다른 조합원의 동의가 없으면 경업피지의무(경업금지의무와 겸직금지의무)를 진다(상법 제86조의 8 제2항, 제198조 본문).

3) 자기거래금지의무

업무집행조합원은 다른 규정이 없으면(원칙적으로) 자기거래금지의무를 진다(상법 제86조의 8 제3항).

4) 손익의 분배

손익분배에 관한 사항은 조합계약에서 정하는 바에 의한다(상법 제86조의 3 제7호). 다만 이익이 없어도 이익배당을 할 수 있지만, 이 경우 유한책임조합원은 배당받은 금액만큼 변제책임의 한도액에 더한다(상법 제86조의 6 제2항).

5) 지분의 양도

업무집행조합원은 다른 조합원 전원의 동의를 받아 그 지분의 전부 또는 일부를 타인에게 양도할 수 있다(상법 제86조의 7 제1항). 유한책임조합원의 지분은 조합계약에서 정하는 바에 따라 양도할 수 있는데(상법 제86조의 6 제2항), 이 때 유한책임조합원의 지분을 양수한 자는 양도인의 조합에 관한 권리와 의무를 승계한다(동조 제3항).

제4절 외부관계

1. 대리

합자조합의 대외적 행위에 대하여 조합을 대리할 권한은 조합계약에 다른 규정이 없으면(원칙적으로) 각 업무집행조합원이 갖는다(상법 제86조의 6 제1항). 유한책임조합원은 조합계약에 다른 규정이 없으면(원칙적으로) 대외적 행위에 대하여 합자조합을 대리할 권한이 없다(상법 제86조의 8 제3항, 제278조).

2. 책임

1) 업무집행조합원(무한책임조합원)

업무집행조합원은 합자조합의 채권자에 대하여 인적·연대·무한·직접의 책임을 진다(상법 제86조의 2, 제86조의 8 제2항·제

212조).

2) 유한책임조합원

유한책임조합원은 합자조합의 채권자에 대하여 출자가액을 한도로 인적 · 연대 · 무한 · 직접의 책임을 진다(상법 제86조의 2, 제86조의 8 제2항 · 제212조).

제 5 절 조합원의 변경

합자조합은 어느 정도 단체성을 가지고 있으므로 조합원의 가입이나 탈퇴에 의한 조합원의 변동으로 그 동일성을 잃지 않는다.

1. 가입

조합의 가입은 새로 조합에 가입하려는 자와 합자조합의 조합원 전원과의 가입계약에 의한다. 새로 조합에 가입한 조합원은 계약에서 정한 출자의무를 진다(상법 제86조의 3 제6호 참조).

2. 탈퇴

1) 임의탈퇴

조합계약으로 존속기간을 정하지 아니하거나 조합원의 종신까지 존속할 것을 정한 때에는 각 조합원은 언제든지 탈퇴할 수 있는데, 부득이한 사유가 없이 조합원이 불리한 시기에 탈퇴하지 못한다(상법 제86조의 8 제4항, 민법 716조 제1항).

2) 비임의 탈퇴

합자회사 조합원의 비임의탈퇴의 사유에는 사망·파산·성년후견의 개시 및 제명이 있다(상법 제86조의 8 제4항, 민법 717조).

제6절 해산과 청산

1. 해산

합자조합의 해산사유는 조합계약에서 정해지는데(상법 제86조의 3 제12호), 조합계약에 업무집행조합원 또는 유한책임조합원이 퇴사하면 하산사유가 된다(상법 제86조의 8 제1항, 제285조 제1항). 이 때 잔존한 업무집행조합원 또는 유한책임조합원은 전원의 동의로 새로 업무집행조합원 또는 유한책임조합원을 가입시켜 합자조합을 계속할 수 있다.

2. 청산

합자조합에 해산사유가 발생하면 파산의 경우 외에는 청산절차가 개시되는데, 청산절차는 청산인이 진행한다. 합자조합의 청산인은 합자조합의 청산인과 같이 원칙적으로 업무집행조합원과반수의 결의로 선임되는데, 이를 선임하지 아니한 때에는 업무집행조합원이 청산인이 된다(상법 제86조의 8 제2항, 제287조).

제 6 장 대리상

제 1 절 대리상의 의의

대리상이라 함은 일정한 상인을 위하여 상업사용인이 아니면서 상시 그 영업부류에 속하는 거래의 대리 또는 중개를 영업으로 하는 자를 말한다(상법 제87조).

1. 상인의 영업을 보조하는 '독립한 상인'

대리상은 일정한 상인을 위하여 영업을 보조하는 자로서, 상인과 계속적 관계를 가지고 상인의 구성부분과 같은 점도 있기 때문에, 상업사용인과 유사하지만, 상인에게 종속하지 아니한 점에서 구별된다.

2. '특정한' 상인의 영업을 보조하는 상인

불특정한 상인을 위하여 대리 또는 중개를 하는 자는 대리상이 아니지만, 복수의 특정한 상인을 위하여 대리 또는 중개를 하는 자는 대리상이다. 이 의미에서 대리상은 중개인 또는 위탁매매인과 유사점도 있지만, 중개인, 위탁매매인은 불특정한 다수 상인의 영업을 보조하는 점에서 다르다.

3. 상업사용인과의 구별

1) 대리상과 상업사용인의 구별의 어려움

대리상은 독립한 상인이라는 점에서 상업사용인과 다르지만, 실제로는 상인의 보조자가 대리상인가 상업사용인가는 명확하지 않다. 이것은 특히 대기업의 영업을 보조하고 있는 경우에는, 그가 대리상인가 상업사용인인가, 또는 그것이 위임계약인가 고용계약인가의 구별이 어려운 경우가 적지 않다. 이 경우에는 대리점 등의 명칭이 반드시 결정적인 의미를 가지는 것은 아니다. 그 구별을 위하여서는 다음의 여러 기준을 종합적으로 고찰하여 판단하여야 한다.

2) 구별기준

(1) 보수의 성질

통상 대리상은 수수료를 받고, 상업사용인은 정액의 봉급을 수령한다.

(2) 영업소의 소유관계

대리상은 자기의 영업소를 가지고, 상업사용인은 그러하지 않다.

(3) 영업비용의 부담관계

대리상은 스스로 영업비용을 부담하지만, 상업사용인은 그러하지 않다

(4) 본인인 상인의 수

대개 대리상은 수인의 본인을 위하여 영업의 보조를 행하지만, 상업사용인은 대개 1인의 상인의 보조자이다

(5) 독립한 상호와 상업장부의 보유

대리상은 독립한 상호를 갖추고 자신의 상업장부를 작성하지만, 상업사용인은 그러하지 않다.

(6) 지휘 · 감독

대리상은 독립한 상인으로서 본인의 지휘 · 감독을 받지 않는데 반하여, 상업사용인은 영업주에 종속하는 자로서 그의 통제를 받는다.

4. 대리상과 특약점과의 구별

도매업자 또는 소매업자중에는 제조업체와 같은 상품공급업자로부터 매수한 물건을 독점적으로 판매하는 방식으로 영업을 하고, 상품공급업자의 판매망의 일부를 이루는 상인으로서 특약점이 있다. 특약점과 상품공급업자간에는 경업금지의무, 영업구역, 상표 · 서비스표의 사용허가, 판매노하우의 전수, 신용제공 등을 내용으로 하는 특약점계약이라는 기본계약이 체결되는 것이 보통이다. 이 특약점은 법률적으로는 도 · 소매상인이지만, 경제적으로 상품공급업자에게 종속하여 있기 때문에 대리상과 유사한 점이 많다.

5. 대리상의 규제

보험사업, 해상운송사업 등 일정한 거래분야에서는 대리상에 대한 행정감독의 필요상 관할관청에 대한 등록 등을 요구한다. 즉, 보험대리점 영업을 위하여서는 대통령령이 정하는 등록요건 및 영업보증금을 예치하여 금융위원회에 등록하여야 하고(보험업법 제87조), 해운대리점 영업을 위하여서는 해양수산부령이 정하는 시설 및 경영형태를 갖추어 해양수산부장관에 등록하여야 한다(해운법 제33조)가 필요하다.

제 2 절 대리상의 경제적 기능

오늘날 대리상제도는 보험업(보험대리점은 금융감독위원회에의 등록사항임), 해상운송업 등의 분야에서 널리 이용되어 발전하고 있다. 상인이 자신의 영업범위를 확대하고자 하는 경우에 처음부터 지점을 설치하고 상업사용인을 파견하여 영업을 수행하도록 하는 방식과 각지에 거주하는 자에게 거래의 대리 또는 중개를 위탁하여 그자의 경험·거래선·인맥 등을 이용하는 방식이 있다. 전자의 상업사용인의 방식과 후자의 대리상의 방식 중 어느 것이 상인에게 유리하다고 한마디로 말할 수 없지만, 대리상을 이용하면 상인에게 다음과 같은 이점이 있다.

(1) 영업규모의 탄력적 운용

대리상을 이용하여 기업의 영업범위를 확대할 수 있고, 반대로 영업규모를 축소하고자 하는 경우에도 대리상과의 계약관계를 종료하면 이것이 가능하여지므로, 영업규모의 탄력적 운용이 가능하다.

(2) 대리상의 전문적 지식과 경험활용

대리상이 가지고 있는 전문적인 지식과 경험을 이용할 수 있다.

(3) 영업비용의 절감

대리상에게는 정액의 봉급제도가 아닌 수수료제도가 이용되므로, 영업비용의 삭감이 가능하여진다.

(4) 감독책임의 면제

상업사용인이면 영업주는 감독의무를 지지만(민법 제756조), 대리상의 경우에는 직접 감독할 필요가 없다.

제 3 절 대리상의 기본구조

1. 당사자

대리상계약의 당사자는 본인과 대리상이다.

(1) 본인

대리상은 일정한 상인의 보조자이다. 이 경우 일정한 상인을 '본인'이라고 한다. 본인은 상인이어야 한다. 본인이 상인이 아니면 민사대리상으로 상법상의 대리상이 아니다. 그러나 민사대리상에게 상법상의 대리상에 관한 규정이 유추적용된다. 일정한 상인은 1인일 필요는 없지만, 이미 특정한 상인의 대리상인 자가, 다른 상인의 대리상이 되고자 하는 경우에는, 경업금지의무 위반으로 되는 경우도 있기 때문에, 본인의 허락이 필요하다(상법 제89조 제1항).

(2) 대리상

대리상은 상행위의 대리 또는 중개를 인수하는 것을 영업으로 하는 자로서(상법 제46조 제10호, 제11호), 상인이다.

2. 대리상의 종류

(1) 체약대리상과 중개대리상

대리상은 본인을 위하여 대리의 중개를 하는 '체약대리상'과 본인을 위하여 거래의 중개를 하는 '중개대리상'으로 나뉜다.

(2) 손해보험대리점과 인보험대리점

보험대리점은 일정한 자격을 갖춘 자로서 금융위원회에 등록하여야 하고(보험업법 87조), 보험자와 체결한 보험대리점약정에 따라 보험모집을 하게 된다. 이는 '생명보험대리점', '손해보험대리점' 그리고 '제3보험대리점'으로 구분된다(동시행령 제30조).

3. 대리상과 본인의 관계

상인과 상업사용인 사이에는 통상 고용계약이 존재하지만, 대리상과 사이에는 위임계약이 존재한다. 본인과 대리상 사이에는 민법의 위임에 관한 규정이 적용되지만, 상법에 특칙이 있으면 이것이 우선한다.

제 4 절 대리상의 권리와 의무

1. 대리상의 통지의무

대리상은 거래의 대리 또는 중개를 한 때에는 지체없이 본인에게 그 통지를 발송하여야 한다(상법 제88조). 민법 제683조도 수임인의 보고의무를 규정하지만, 이것은 위임인의 청구가 있는 경우에 보고하여야 하는 것으로 되어 있다. 상법 제88조는 이에 대한 특칙이다.

2. 대리상의 경업금지의무

대리상은 본인의 허락 없이는 자기나 제3자의 계산으로 본인의 영업부류에 속한 거래를 하거나 동종영업을 목적으로 하는 회사의 무한책임사원 또는 이사가 되지 못한다(상법 제89조). 이 의무는 본인의 이익을 보호하기 위한 것이고, 상업사용인의 의무와 유사하다. 그러나 이는 본인과 대리상과의 이익충돌행위에 국한된다고 해석한다. 그 이유는 대리상은 독립적인 상인이기 때문에, 상업사용인에 비하여 그 의무의 범위가 좁다고 보아야 하기 때문이다. 이 의무위반의 경우에는 본인에게 개입권, 손해배상청구권이 인정된다(상법 제89조, 제17조 제2항~제4항).

3. 대리상의 영업비밀준수의무

대리상은 계약의 종료 후에도 계약과 관련하여 알게 된 본인의 영업상의 비밀을 준수하여야 한다(상법 제92조의 3). 대리상은 업무와 관련하여 알게 된 본인의 영업상의 비밀을 이용하거나 제3자에게 누설하여 본인에게 손해를 입히기 쉽다. 따라서 1995년 개정상법은 계약이 존속하는 기간 동안은 물론, 그 종료 후에도 영업상의 비밀을 준수하여야 하도록 하였다.

4. 통지를 받을 권한

물건의 판매나 그 중개의 위탁을 받은 대리상은 매매의 목적물의 하자 기타 매매의 이행에 관한 통지를 받을 권한이 있다(상법 제90조). 이에 대하여는 후술한다.

5. 유치권

1) 대리상의 유치권

대리상은 다른 약정이 있는 경우를 제외하고 거래의 대리 또는 중개로 인한 채권이 변제기에 있는 때에는 그 변제를 받을 때까지 본인을 위하여 점유하는 물건 또는 유가증권을 유치할 수 있다(상법 제91조). 이것을 대리상의 유치권이라고 한다. 대리상도 민법상의 유치권(제320조)과 상인간의 유치권을 가지지만(상법 제58조), 대리상은 본인과 계속적 거래관계가 있고, 그 업무가 중개적 성질을 가지는 특질을 고려하여 대리상에게 특별한 유치권이 인정되어 있다. 대리상의 유치권은 같은 업무의 성질을 가진 위탁매매인에게도 준용되어 있다(상법 제111조).

2) 대리상의 유치권의 성립요건

대리상의 유치권은 대리상계약의 특질을 반영하여 일반상사유치권보다 훨씬 그 성립범위를 넓혀 용이하게 성립하도록 한다.

(1) 견연관계의 불필요

이 유치권은 민법의 유치권(제320조)과 달리, 피담보채권과 유치물과의 견연관계를 요구하지 아니한다. 이것은 대리상업무의 성질상, 본인의 소유가 아닌 물건을 제3자로부터 획득하여, 본인을 위하여 점유하는 일이 적지 아니한 점이 고려된 것이다. 다만 본인을 위한 거래의 대리 또는 중개로 인하여 발생할 것을 요건으로 한다.

(2) 유치목적물

유치물에 대하여는 특별한 요건을 요구하지 아니한다. 상인간의 유치권의 경우에는, ① 유치물의 점유의 취득원인이 채무자와의 상행위로 인하여 점유하게 될 것 ② 유치물의 소유권이 채무자에게 있을 것을 요건으로 하지만(상법 제58조), 대리상의 유치권은 그러하지 않는 점에서 크게 다르다.

(3) 특약

이 유치권은 이와 다른 약정을 할 수 있다(상법 제91조 단서).

6. 대리상의 보상청구권

1) 의의

대리상의 활동으로 본인이 새로운 고객을 획득하거나 영업상의 거래가 현저히 증가하여, 계약의 종료 후에도 본인이 이익을 얻고 있는 경우에는 대리상은 본인에 대하여 상당한 보상을 청구할 수 있다((상법 제92조의 2). 이를 대리상의 보상청구권이라고 한다.

대리상은 본인에 대하여 위임의 관계에 있고, 상당한 보수를 청구할 수 있음은 당연하다(상법 제61조). 그러나 대리상계약의 종료시 대리상의 활동으로 그 후에도 이익을 얻는 본인과 계약종료로 그간의 고객관계를 비롯한 노력을 상실하는 대리상의 이익을 조정할 필요가 있다. 이에 1995년 개정상법은 대리상을 보호하고 본인과 대리상 사이의 형평을 꾀하려는 목적으로 구체적으로 대리상의 보상청구권의 내용을 법정하였다(상법 제92조의 2).

2) 대리상의 보상청구권의 적용요건

(1) 계약의 종료 후 본인이 이익을 얻을 것

대리상의 활동으로 본인이 새로운 고객을 획득하거나 영업상의 거래가 현저히 증가하여, 계약의 종료 후에도 본인이 이익을 얻고 있어야 한다(상법 제92조의 2 제1항 본문). 이와 같은 이익을 노리고 본인이 대리상계약을 종료시키고 고객과 직접 거래를 하는 경우에 대리상을 보호할 필요가 있기 때문이다.

(2) 대리상계약의 종료에 대리상의 귀책사유가 없을 것

계약이 대리상의 책임 있는 사유로 인하여 종료하지 아니하여야 한다(동조 제1항 단서). 이 경우에는 대리상을 보호할 필요가 없기 때문이다.

3) 대리상의 보상청구권의 내용

보상금액은 계약의 종료전 5년간의 평균년보수액을 초과할 수 없다. 다만, 계약의 존속기간이 5년 미만인 경우에는 그 기간의 평균년보수액을 기준으로 한다(상법 제92조의 2 제2항).

4) 보상청구권의 소멸

이 보수청구권은 계약의 종료일로부터 6월이 경과하면 소멸한다(동조 제3항). 이 기간은 제척기간이다. 이와 같은 단기의 제척기간을 둔 이유는 대리상계약이 종료된 경우에, 당사자간의 법률관계를 조속히 종결할 필요가 있기 때문이다.

제 5 절 대리상과 제3자와의 관계

1. 대리상계약과 대리상의 제3자에 대한 관계

대리상이 어떠한 범위에서 본인을 대리할 권한을 가지는가는 대리상의 행위를 통하여 본인과 거래관계를 가지는 제3자의 이해관계에 영향을 미친다. 대리상이 제3자와 어떠한 관계에 있는가는 본인과 대리상사이의 대리상계약에 따라 정하여진다. 즉, 대리상계약이 체약대리상계약인가 중개대리상계약인가에 따라 그 관계를 달리하므로 이를 살펴보고, 상법 제90조가 특별히 규정하는 목적물의 하자 등의 통지를 받을 권한을 검토한다.

2. 체약대리상의 경우

체약대리상은 본인의 영업에 관한 거래를 하는 자로서 본인을 위한 대리권을 가지지만, 그 범위는 상업사용인과 같이 포괄적이고 획일적으로 정하여지지 아니한다.

3. 중개대리상의 경우

중개대리상은 본인의 영업에 관한 거래의 중개를 행할 권한을 가지는데 불과하기 때문에, 원칙적으로 본인을 위한 대리권을 가지지 않는다. 따라서 거래의 효력이 의사의 흠결, 사기, 강박 또는 착오 등에 영향을 받는 경우에도 그와 같은 사실의 유무는 중개대리상이 아닌 본인에 대하여 판단한다.

4. 대리상의 매매의 이행에 관한 통지수령권

1) 의의

물건의 판매나 그 중개의 위탁을 받은 대리상은, 매매의 목적물의 하자 또는 수량부족 기타 매매의 이행에 관한 통지를 받을 권한이 있다(상법 제90조).

2) 입법이유

상인간의 매매에서 매수인이 매도인에게 하자담보책임을 묻기 위하여서는 목적물 수령 후 지체없이 그 하자여부를 검사하여 하자를 통지하는 것이 전제로 되는데(상법 제69조), 대리상에게 통지수령권이 인정되는가에 대하여는 체약대리상인가 중개대리상인가에 따라 다르다. 즉, 체약대리상에게는 통지수령권이 인정되지만, 중개대리상에게는 대리권이 부여되어 있지 아니하므로 상대방은 대리상에게 통지하였어도 본인에게 다시 통지를 하여야 한다. 본조는 대리상에게 수동대리권을 의제하여 거래의 안전을 도모하고 있다.

3) 적용범위

대리상 제3자로부터 본인을 위하여 통지를 수령할 권한은 매매의 목적물의 하자 또는 수량부족 기타 매매의 이행에 관한 사항에 한정된다. 즉, 매매의 무효 또는 취소 등과 같은 매매의 이행과 관련 없는 사항에 대하여 대리상이 본인을 위하여 수령할 권한을 당연히 가지는 것은 아니다.

[문제점]

상법 제90조에 따르면 매매의 이행에 관한 통지 이외는, 중개대리상은 통지를 받을 권한이 없다. 따라서 본인으로부터 수권을 받지 아니하는 한, 본인을 위하여 代金을 수령할 수 없다. 이는 민법상의 표현대리가 성립하는 경우를 제외하고는, 거래의 안전보호에 미흡하다. 따라서 입법론으로는 (ⅰ) 명문규정으로 대리상의 대리권을 명확히 하고, (ⅱ) 본조는 "물건의 판매 또는 그 중개"로 적용대상을 한정하고 있지만, 그밖의 대리상에 대하여도 통지를 받을 권한을 인정하는 것이 타당하다.

제 6 절 대리상계약의 종료

1. 상법상의 종료원인

1) 불확정기한부 대리상계약

대리상계약은 위임이고, 민법의 위임에 관한 민법 제689조가 적용되는지가 문제된다. 대리상계약은 계속적 신뢰관계에 기초하여 성립하고 있는 점을 고려한다면 민법의 원칙대로 즉시 해지를 인정하는 것(제689조)은 적절하지 아니하다. 따라서 대리상계약의 종료에 대하여, 상법 제92조 제1항은, 당사자가 계약의 존속기간을 약정하지 아니한 때에는, 2월전에 예고하고 계약을 해지할 수 있도록 하고 있다. 다만, 예고 없이 해지한 경우에도 2월이 경과하면 해지의 효과가 발생한다고 볼 수 있다. 이 점에서 민법 제689조의 적용이 배제된다. 따라서 해지예고로 인하여 일방 당사자에게 손해가 발생한 경우에도, 민법 제689조 제2항의 적용은 배제되어, 손해배상청구는 인정되지 아니한다고 해석한다.

2) 확정기한부 대리상계약

대리상계약으로 이와 달리 계약기간을 정하거나, 민법과 같이 즉시 해지할 수 있도록 정하여도 된다. 그러나 계약의 존속기간이 정하여져 있는 경우에도, 부득이한 사유가 있는 때에는, 각 당사자는 언제든지 계약을 해지할 수 있다(상법 제92조 제2항, 제83조 제2항). 여기에서 '부득이한 사유'라 함은, (1) 대리상이 중병에 걸린 경우, (2) 채무불이행과 불성실한 행위를 한 때, (3) 본인이 영업상 중대한 실패를 한 경우 등과 같이, 신뢰관계가 깨어져 대리상계약을 계속하는 것이 사회통념상 현저하게 부당한 경우를 의미한다. 이 경우에 손해배상책임이 발생하는가에 대하여는 다툼이 있다. 상법 제92조 제2항에 의한 해지의 경우는, 동조 1항의 해지와 달리, 민법의 규정(제689조 제2항)의 적용이 배제되는 것은 아니기 때문에, 일방에게 과실이 있으면 손해배상을 청구할 수 있다고 해석한다.

2. 일반적인 종료원인

민법의 위임의 종료원인으로는 위임인의 사망, 파산, 수임인의 사망, 파산, 성년후견의 개시가 열거되어 있다(제690조). 이 중 본인의 사망은 대리상계약의 종료사유는 아니라고 해석한다. 이것은 대리상에 대하여 상법 제50조가 적용되므로, 본인의 사망을 계약의 종료원인으로 해석할 수 없기 때문이다. 지배인의 종임의 경우와 같이, 영업양도에 대하여는 다툼이 있지만, 이것은 종임 사유라고 해석한다.

제7장 중개업

제1절 중개인의 경제적 기능

중개인은 상거래를 하고자 하는 각 당사자에게 상대방의 조건을 알게 하고, 그 이익의 조정에 노력하며, 계약서 등의 작성에 조력하는 등 계약의 체결에 힘쓰는 사실행위를 하는 상인이다.

중개인을 이용하면 그가 가진 전문적 지식과 기술, 시장정보를 저렴하게 이용하여 보다 용이하게 거래를 형성할 수 있게 된다. 현재 중개인이 활약하고 있는 분야는 다음과 같다. (1) 상품 또는 유가증권의 매매의 중개인(농수산물의 중도매인) (2) 보험중개사(보험계약의 체결을 알선) (3) 해운중개인(해상화물운송의 중개 또는 선박의 대여·용대선 또는 매매를 중개) (4) 광고중개인(신문, 영화, 라디오, TV 등의 매스컴회사와 광고주 사이를 연결하여 줌) (5) 부동산의 매매, 임대차의 중개인 (6) 공연중개인(공연의 기획자와 공중을 중개함) 등이 그것이다.

제 2 절 중개인의 연혁

중개업은 고대로부터 자유업으로 발달하여 중개인은 서로 다른 국적의 상인간에 거래가 이루어지도록 하고, 외국상인을 보호하며, 계약서를 작성·해석할 임무가 있었다. 중세에는 중개업을 잘 감독한다는 취지에서 중개인은 공직으로 승격되어 독점적인 영업권을 가지며 영업경찰업무도 담당하였다.

프랑스 혁명이래 중개업은, 다른 영업분야와 같이, 자유업으로 인정되고 있다.

우리 나라의 고유한 상사제도로 거간(居間)이라는 중개인이 존재하여 왔다. 거간은 객주와 아울러 한국의 중간상인으로서, 판매자와 구매자의 중간에 개재하여 거래를 성립시키는 점은 양자가 같지만, 객주(客主)는 위탁자를 위하여 자기가 거래를 실행하고 다만 그 결과의 계산만을 위탁자에게 귀속시키는데 비하여, 거간은 거래당사자 사이에 거래가 성립하도록 보조적인 활동을 하였을 뿐이다. 거간이 자기의 업무를 완료하여 거래가 성립하면 그 보수로써 구전(口錢)을 받았다.

우리 나라에서도 중개업은 자유업으로 인정되고 있지만, 농수산물, 증권, 보험, 해상운송, 금융 등 특수한 분야의 중개업은 행정 단속적 목적으로 법에 의해 규제된다(농수산물유통 및 가격안정에 관한 법률 제25조, 자본시장법 제1조·제3조, 보험업법 제2조 제10호, 해운법 제33조).

제3절 중개인의 의의

중개인이라 함은 타인간의 상행위의 중개를 영업으로 하는 자이다(상법 제93조).

(1) '중개'를 하는 자이다.

'중개'라 함은, 법률행위가 성립하도록 노력하는 것을 의미한다. 이 점에서 중개인은, 자기가 법률행위의 당사자가 되는 '위탁매매인', 자기가 본인의 대리인으로 되는 '체약대리상'과 다르다. 중개인이면서 동시에 대리인으로서 계약을 체결하는 것은 허용되지 아니한다.

(2) '상행위'의 중개를 하는 자이다.

'중개를 영업으로 한다'라 함은, 중개를 인수하는 것을 영업으로 하는 것이고, 중개에 관한 행위는 기본적 상행위이기 때문에(상법 제46조 제11호), 중개인은 상인이다(상법 제4조). 중개하는 행위는 당사자 중 일방에게 상행위이면 족하다.

당사자 쌍방 누구에게도 상행위가 아닌 경우에는, 그 중개행위는 상행위의 중개는 아니다. 이것을, 여기서 서술하는 상사중개인에 대하여, 민사중개인이라고도 한다. 비상인이 투기목적이 아닌 부동산거래를 하는 경우 이를 중개하는 택지건물의 중개업자, 혼인중개업자가 이 민사중개인에 해당한다. 그러나 민사중개인도, 영업적 상행위인 중개를 인수하는 것(상법 제46조 제11호)을 영업으로 하는 한, 상인이다. 다만, 상법 제93조 이하의 중개업의 규정이 당연히 이에 적용되는 것은 아닐 따름이다.

(3) '타인간'의 중개를 한다.

중개인에게 중개를 위탁한 자는, 중개인에 대하여 특정한 자이어도 되고 불특정한 자이어도 된다. 특정한 자인 경우에는 중개대리상과 유사하게 된다.

(4) 중개업의 규제

보험분야에서는 보험시장자유화계획에 따라 1998년 보험중개사제도가 도입되어 보험요율협상 등 보험인수업무를 수행하고 있다. 손해보험중개사, 인보험중개사, 그리고 제3보험중개사로 구분되고(보험업법시행령 제34조), 일정한 자격을 갖춘 자로서 금융위원회에 등록하여 영업을 할 수 있다. 보험중개사는 독립적으로 보험계약의 체결을 알선하는 자로서 개인은 1억원 이상, 법인은 3억원 이상의 영업보증금을 금융감독원에 예탁하지 아니하고는 영업을 개시할 수 없다. 보험중개사의 보험계약 체결의 중개행위와 관련하여 손해를 입은 보험계약자 등은 당해 보험중개사의 영업보증금의 한도내에서 금융감독원장에게 손해배상금의 지급을 신청할 수 있다(동시행령 제30조의 9). 보험중개사는 보험계약체결의 중개와 관련한 수수료 기타의 대가를 보험자로부터 받지만, 대통령령이 정하는 경우를 제외하고는 보험계약자에게 청구할 수 없다(보험업법 제98조 제3항).

농수산물유통분야에서 도매업과 중개업을 같이 수행하는 중도매인은 농림부장관·해양수산부장관·도지사의 허가를 받아야 한다(농수산물유통 및 가격안정에 관한 법률 제2조 제9호, 제25조).

해운중개업을 영위하고자 하는 자는 해양수산부령이 정하는 시설 및 경영형태를 갖추어 해양수산부장관에게 등록하여야 한다(해운법 제33조).

제4절 중개계약

1. 중개계약의 법적 성질

중개계약은 쌍방적 중개계약과 일방적 중개계약으로 나뉜다.

(1) 쌍방적 중개계약의 경우

쌍방적 중개계약이라 함은, 중개인이 위탁자를 위하여 법률행위의 성립에 노력할 법률적인 의무를 지는 것으로, 위탁자는 계약이 성립한 경우에는, 중개인에게 보수를 지급하여야 한다. 그 법적 성질은 위임이다(민법 제680조).

(2) 일방적 중개계약의 경우

일방적 중개계약에서는, 중개인은 위탁자를 위하여 법률행위의 성립에 노력할 의무를 지지 아니한다. 다만, 노력한 결과 법률행위가 성립한 경우에는, 위탁자는 보수를 지급한다. 그 법적 성질은 도급(민법 제664조) 또는 도급에 준한다.

2. 중개인과 중개행위의 상대방과의 관계

중개인은 위탁자와 중개계약을 체결하지만, 중개된 법률행위의 상대방과 계약관계에 있지 않다. 즉, 상대방은 계약당사자는 아니다. 그러나 중개인은 이 상대방의 이익도 고려할 것이 요구되고(예컨대, 견품보관의무와 결약서 작성·교부의무), 이에 따라 중개인은 당사자 쌍방으로부터 보수를 청구할 수 있다(상법 제100조 제2항).

제5절 중개인의 의무

1. 중개인의 업무수행의무

중개인은 이해가 상반되는 당사자사이에서 거래가 성립하도록 노력하는 것이므로, 일방적 위탁이든 쌍방적 위탁이든 중립적인 지위에서 객관적으로 업무를 수행하여야 한다. 쌍방적 중개계약에서 중개인은 계약의 성립을 위하여 선량한 관리자의 주의를 다하여야 하지만(민법 제681조), 그 밖에도 중개인은 다음과 같은 의무를 진다.

2. 중개인의 견품보관의무

견품매매에서, 중개인이 위탁자에게서든 상대방으로부터든 견품을 받은 때에는, 그 행위가 완료될 때까지 이를 보관할 의무를 진다(상법 제95조).

이것은 견품을 보관함에 의하여, 매매의 목적물이 견품과 동일한 품질을 가진 것을 입증할 수 있도록 하고, 후일 거래의 목적물에 관한 분쟁을 방지하기 위함이다. 따라서 '행위가 완료될 때'라 함은, 단지 계약이 이행되는 것을 의미하는 것이 아니고, 매매의 목적물에 관한 분쟁이 발생하지 않을 것이 확실한 시점(예컨대, 당사자간에 화해가 성립한 경우, 계약의 해제, 시효기간의 만료)을 뜻한다.

조문상은 견품매매의 경우에 한정하지 아니하지만, 조문의 취지상 견품매매에 국한된다고 해석한다. 따라서 인도된 목적물 중 견품으로 중개인에게 제공되었다 하여 모두 본조가 적용되는 것이 아니라,

매매의 목적물의 품질을 중개인에게 제공된 견품으로 정하도록 당사자간에 약정된 경우에 한하여 본조가 적용된다.

또, 이 의무는 법률상 당연한 의무이므로, 중개인은, 특약이 없는 한, 보관에 관한 보수를 청구할 수 없다. 보관은 선량한 관리자의 주의로써 하여야 하고, 중개인 자신이 직접 보관하여야 하는 것은 아니다.

3. 중개인의 결약서에 관한 의무

계약이 성립한 때, 중개인은 결약서를 각 당사자에게 교부할 의무가 있다(상법 제96조 제1항, 보험업법시행령 제30조의 12). '결약서'는 당사자의 성명 또는 상호, 계약년월일과 그 요령을 기재하여, 중개인이 기명날인 또는 서명한 서류이다. '계약의 요령'이라 함은 계약의 중요한 내용, 즉 목적물의 명칭·수량·품질, 이행의 방법·시기·장소 등을 가리킨다. 결약서는 계약조건에 관하여 후일 당사자간에 분쟁이 발생하는 것을 방지하는 것을 목적으로 한다. 결약서는 계약의 성립요건은 아니며, 증거서류이다. 중개인은 결약서를 정확히 기재할 의무는 없고, 다만 부실한 기재를 한 경우에는 손해배상책임을 진다.

계약이 즉시 이행되는 것이 아닌 경우, 즉 계약이 기한부 또는 조건부이어서 후일 이행되어야 하는 경우를 제외하고는, 중개인은 각 당사자에게 결약서에 기명날인 또는 서명하게 하여 그 상대방에게 교부하여야 한다(동조 제2항). 만일 당사자의 일방이 수령을 거부하거나 또는 기명날인·서명을 거부하는 경우에는, 그것은 결약서의 기재에 이의가 있음을 의미하기 때문에, 중개인은 지체없이 상대방에게 수령 및 기명날인·서명의 거부에 관하여 통지를 발송하여야 한다(동조 제3항).

4. 중개인일기장의 작성 · 등본교부 의무

중개인은 결약서에 기재할 사항을 기재한 장부를 작성하여야 한다(상법 제97조 제1항). 이 장부를 중개인의 '일기장'이라고 한다.

이 장부는 중개인의 재산 · 영업을 명확히 하기 위한 것이 아니라, 중개인이 중개한 타인간의 거래를 기재하여, 증거를 보전하기 위한 것이다. 따라서 상법 제29조의 상업장부는 아니다. 그 결과 이는 상법 제9조의 소상인의 적용제외에 해당하지 아니하기 때문에, 소상인인 중개인도 이 장부를 작성할 의무를 진다.

장부의 보존기간에 대하여는 특별한 정함이 없지만, 상업장부의 보존에 관한 규정(상법 제33조)을 유추적용 하여 10년이라고 해석한다.

당사자는 언제든지 자기를 위하여 중개한 행위에 관한 장부의 등본의 교부를 청구할 수 있다(상법 제97조 제2항). 다만, 장부의 열람청구는 인정되지 아니한다.

5. 중개인의 성명묵비의무

상거래에서는 개성을 중시하지 아니하고 계약이 체결되는 것이 보통이다. 또한 상대방에게 자기의 성명과 상호를 표시하지 아니함으로써 자기에게 유리하게 계약의 교섭이 전개될 가능성도 있다. 따라서 상법은 당사자가 상대방에게 성명과 상호를 표시하지 아니하도록 중개인에게 요구한 때에는, 중개인은 이에 따라야 한다고 규정한다(제99조).

이 경우, 중개인의 결약서와 일기장의 등본에 그의 성명과 상호를 기재할 수 없게 된다. 이 경우에도, 중개인의 일기장 자체에는 성명과 상호가 기재된다.

6. 중개인의 개입의무

1) 성명 등의 묵비와 중개인의 개입의무

중개인이 당사자 일방의 성명 또는 상호를 표시하지 아니하고 거래를 한 경우, 중개인은 자신이 계약을 이행할 의무가 있다(상법 제99조). 이를 '개입의무'라고 한다. 이것은 상법 제98조가 규정하고 있는 대로 당사자로부터 성명 또는 상호를 표시하지 아니할 것이 요구된 경우와 그러하지 아니하고 중개인이 임의로 묵비한 경우에도 같다. 이 중개인의 개입의무는 성명 또는 상호가 묵비된 경우에 상대방의 신뢰를 보호하기 위하여 상법이 특별히 인정한 것이다.

2) 내용

(1) 이행한 중개인은 계약당사자가 아님

중개인이 개입의무를 지지만, 그 결과 중개인과 타방 당사자간에 계약이 성립하는 것은 아니고, 익명의 당사자와 타방 당사자간에 계약이 성립하는 것이다.

(2) 2차적 의무

이 의무는 성명 또는 상호를 표시하지 아니한 상대방을 보호하기 위하여 중개인의 책임을 규정한 것이기 때문에, 당사자가 이행할 의사가 있음에도 불구하고 중개인이 스스로 이행하고 반대급부를 청구할 수는 없다.

(3) 위탁매매인의 개입권과의 구별

중개인의 개입의무는 중개인이 스스로 당사자로 되는 것이 아닌 점과 스스로 계약을 이행할 수 없는 점에서 '위탁매매인의 개입권'

(상법 제107조)과 구별된다.

(4) 계약성립 후 성명명시와 개입의무

중개인이 계약성립 후 당사자의 성명·상호를 밝힌다고 하여, 중개인의 개입의무가 소멸하는 것은 아니다.

3) 이행한 중개인의 구상권

중개인이 개입의무를 이행한 경우에는, 성명·상호를 표시하지 아니한 자에게 구상할 수 있다. 그러나 이 경우에도 중개인이 계약당사자로 되는 것은 아니다. 따라서 중개인은 계약당사자로서 계약상의 권리를 상대방에게 주장할 수 없다.

제 6 절 중개인의 권리

중개인은 결약서의 절차가 종료하면 특약이 없는 한 당사자 쌍방으로부터 보수를 청구할 수 있다(상법 제100조). 다만, 중개인의 노력으로 계약이 성립할 것이 전제된다. 따라서 중개인이 아무리 노력하였어도 계약이 성립하지 아니하였다거나, 당사자간에 계약이 성립하였어도 그것이 중개인의 중개로 인한 것이 아니라면, 보수를 청구할 수 없다. 계약이 성립하기만 하면 되고, 그 이행여부는 묻지 아니한다.

중개인이 청구할 수 있는 보수는 당사자 쌍방 반액이라고 규정되어 있다(상법 제100조 제2항). 이것은 중개인의 내부관계를 정한 것은 아니기 때문에, 당사자의 보수의 분담을 이와 달리 정할 수 있지만, 이로써 중개인에게 대항할 수 없고, 중개인은 그에 불구하고 당사자 쌍방에게 반액씩을 청구할 수 있다. 이 규정에서, 상법은, 중개인은 위탁자뿐만 아니라, 상대방의 이익도 공평하게 도모하여야 한다는 것을 전제로 하고 있음이 분명하다. 다만, 이것은 상사중개인에 관한 것이다.

중개인이 중개를 하는데 많은 비용이 든다고 하여도, 특약이 없는 한, 그 비용을 위탁자에게 청구할 수 없다. 그 이유는 보수 중에 비용도 포함되어 있다고 보기 때문이다.

제7절 중개인의 급여수령대리권

중개인은 계약당사자가 되는 것이 아니라, 계약의 성립에 노력한다라는 중개행위를 할 뿐이다. 따라서 다른 약정이나 관습이 없는 한, 중개인은 그 중개한 행위에 대하여 지급 기타 이행을 받지 못한다(상법 제94조).

제 8 장 위탁매매업

제 1 절 위탁매매인의 의의

위탁매매인이라 함은 타인의 계산으로 자기의 명의로 물건 또는 유가증권의 매매를 영업으로 하는 자이다.

(1) '타인의 계산으로' 매매를 하는 자이다.

'타인의 계산으로 한다'라 함은 위탁매매인이 한 행위의 경제적 효과 즉, 손익이 타인에게 귀속하는 것을 말하며, 위탁매매인은 그 노력에 대하여 약정한 수수료를 받는데 그친다. 그러나 특약으로 그 손익의 일부를 위탁매매인에게 돌리도록 할 수도 있다. 계산이 귀속하는 타인을 위탁자라고 하며, 그가 상인이건 비상인이건, 특정인이건 불특정인이건 묻지 아니한다.

(2) '자기의 명의로' 타인의 계산으로 매매를 하는 자이다.

'자기의 명의로 한다'라 함은 권리의무의 귀속주체로서 당사자가 된다는 의미이다. 즉, 중개인과 중개대리상은 당사자간에 계약이 성립하도록 노력하는데 지나지 않는데 비하여, 위탁매매인은 위탁자와의 관계에서는 중개인과 비슷하지만 제3자에 대한 관계에서는 직접 자기가 권리의무의 귀속주체가 되는 것이다. 이와 같이, 위탁매매인은 매매계약의 당사자로서 권리의무의 주체가 되지만, 경제적으로는 위탁자인 타인의 부담으로 돌리는 것이다. 이를 '간접대리'라고 하지만, 법률상의 대리는 아니며 단지 경제상의 대리에 불과하다.

자기의 명의로 타인의 계산으로 영업을 하는 것을 '주선'이라고 한다. 위탁매매인은 이 주선만을 하여야 하는 것은 아니고, 자기영업을 겸하여도 무방하다. 주선과 자기영업을 겸영하는 위탁매매인에 대한 매매의 청약이 매매의 위탁인가, 주선의 위탁인가, 순수한 매매의 청약인가는 반드시 명확하지 아니하고, 그 매매의 손익이 누구에게 귀속하는가에 따라 구체적으로 고찰할 수밖에 없다. 이 점에 대하여 자본시장법은 투자매매업자 또는 투자중개업자는 투자자로부터 금융투자상품의 매매에 관한 주문을 받는 경우에는 사전에 그 투자자에게 자기가 투자매매업자인지 투자중개업자인지를 밝히도록 하고(동법 제66조), 투자매매업자 또는 투자중개업자는 금융투자상품에 관한 같은 매매에 있어 자신이 본인이 됨과 동시에 상대방의 투자중개업자가 되어서는 아니되며(동법 제67조), 투자중개업자는 투자자로부터 증권시장 또는 파생상품시장에서의 매매의 위탁을 받은 경우에는 반드시 증권시장 또는 파생상품시장을 통하여 매매가 이루어지도록 하여야 하지만, 이 경우 제67조를 적용하지 아니한다(동법 제68조)고 규정한다.

(3) 물건 또는 유가증권의 '매매'를 하는 자이다.

이 점에서, 매매아닌 행위의 주선을 하는 준위탁매매인, 물건운송을 주선으로 하는 운송주선인과 다르다. 여기의 물건에 부동산이 포함되는가에 대하여는 소수설(최기원, 328면 ; 이철송, 497면 ; 이기수, 442면)은 이를 부정하지만, 다수설(정찬형, 303면 ; 정동윤, 473면 ; 임홍근, 368면 ; 서돈각·정완용, 197면)은 이를 긍정한다.

(4) 이러한 주선을 '영업으로 하는 자'이다.

위탁매매인은 위탁매매의 인수를 함으로써 상인이 된다(상법 제46조 제12호). 위탁매매인은 매매위탁을 인수하는 것을 영업으로 함으로서 상인이 되는 것이며, 위탁매매인이 하는 매매는 위탁업무의 실행으로서 보조적 상행위가 된다.

제 2 절 위탁매매인의 경제적 기능

1. 경제적 기능

위탁매매인을 이용하는 이점으로는 다음과 같은 점을 들 수 있다.

(1) 상인이 위탁매매인을 이용하면 체약대리상, 상업사용인, 대리인을 이용하는 경우와 같은 권한남용의 위험이 없고, 굳이 지점을 설치할 필요가 없을 뿐더러, 위탁매매인이 알고 있는 지식·경험을 이용할 수 있다.

(2) 일반인도 위탁매매인의 신용·지식을 이용할 수 있고, 상대방과 거래계에 익명으로 할 수 있으며, 위탁물건을 담보로 금융을 제공받을 수도 있다.

(3) 거래의 상대방으로서도 위탁매매인이 거래의 상대방으로 되기 때문에, 대리인의 경우와 같이 대리권의 유무와 본인의 자력 등에 대하여 조사할 필요 없는 이점이 있다.

2. 이용분야

위탁매매제도는 시세의 변동이 심하고 신속한 거래를 요하는 유가증권 또는 농수산물의 거래에 대하여 널리 이용되고 있고, 증권거래소의 회원인 증권회사는 상법상의 위탁매매인이지만, 자본시장법은 위탁자의 보호를 위하여 특별한 규제를 하고 있다.

제3절 위탁매매인의 외부관계

1. 위탁매매인과 제3자와의 관계

위탁매매인은 위탁으로 인한 매도 또는 매수의 계약에 관하여, 상대방에 대하여 직접 권리·의무가 있다(상법 제102조). 이것은 위탁매매인이 자기의 이름으로 매매를 하는 당연한 결과이다.

또한 계약의 성립과 그 효력에 관한 사정에 대하여는, 원칙적으로 위탁매매인의 사정이 고려되고, 위탁자의 사정은 고려되지 아니한다. 예컨대, 위탁자가 상대방에 대하여 사기와 강박을 하였다던가, 상대방이 위탁자에 대하여 사기와 강박을 하였다고 하더라도 영향이 없다.

위탁자의 지시를 좇아 위탁매매인이 계약을 체결한 경우에는, 설령 위탁매매인이 계약의 성립 및 효력에 영향을 미칠 사정에 대하여 알지 못한 것(선의)이더라도, 위탁자의 안 사정(악의) 또는 과실로 인하여 알지 못한 사정도 고려하여야 할 것이다(민법 제116조의 유추적용).

2. 위탁자와 제3자와의 관계

위탁자와 제3자는 직접적으로 아무런 법률관계가 없다. 따라서 위탁자와 상대방은 타방에게 직접 채권을 행사할 수 없다. 매매계약의 상대방이 채무를 이행하지 아니하는 경우에도, 계약의 당사자인 위탁매매인은 상법 제105조의 이행담보책임을 지는 경우와 수수료에 대한 손해를 제외하고는, 손해가 발생하는 것은 아니다. 위탁자에게는 손해가 생기더라도, 위탁자는 상대방과 직접적인 법률관계를 가지지 아니하기 때문에, 손해배상청구를 할 수 없다. 따라서 위탁매매인이 상대방에 대하여 손해배상을 청구할 수 있다고 해석한다. 왜냐하면, 이 경우 손해배상은 계약의 이행을 대체한 것이고, 주선계약에는 보통 채무불이행의 경우에 손해배상청구권도 위탁매매인에게 위탁되어 있다고 볼 수 있기 때문이다.

3. 위탁자와 '위탁매매인 또는 위탁매매인의 채권자'와의 관계

1) 의의

위탁매매에 있어서 상대방에 대하여 권리 · 의무가 있는 것은 위탁매매인이므로, 위탁자는 위탁매매인으로부터 권리를 양수하지 아니하는 한 위탁물에 대하여 권리를 가지지 못한다. 그러나 위탁매매인의 채권자가 위탁물에 대하여 강제집행을 하는 경우 또는 위탁매매인이 파산한 경우에 위의 법리에 따르면 위탁자는 너무 불리하다. 따라서 위탁자를 보호하기 위하여 실제의 이익이 위탁자에게 귀속하고 있는 점을 참작하여 상법 제103조가 규정되어 있다.

2) 상법 제103조의 내용

본조의 내용은 다음과 같다.

(1) 위탁자는 위탁매매인의 채권자가 위탁물에 대하여 강제집행을 하는 경우에는 이의를 할 수 있고(민사소송법 제509조), 위탁매매인이 파산한 경우에는 위탁자에게 환취권이 있다.

(2) 위탁매매로 인하여 취득한 물건(유가증권)이나 채권은 위탁매매인의 이전행위 없이 위탁자에게 귀속되는 것으로 본다.

제 4 절 위탁매매인의 내부관계

1. 위탁매매인의 의무

1) 위탁매매인의 업무수행의무

위탁자와 위탁매매인과의 관계는 위임으로서, 민법의 위임에 관한 규정이 적용된다(상법 제112조). 따라서 위탁매매인은 선량한 관리자의 주의로써 위임사무를 처리하여야 한다(민법 제681조). 이러한 일반적인 의무 외에, 상법은 특히 다음과 같은 의무를 위탁매매인에게 지우고 있다.

2) 위탁매매인의 통지의무 · 계산서제출의무

위탁매매인이 위탁받은 매매를 한 때에는, 위탁매매인은 지체없이 위탁자에게 그 계약의 요령과 상대방의 주소, 성명의 통지를 발송하여야 하며 계산서를 제출하여야 한다(상법 제104조).

민법 제683조에 따르면, 수임인은 위임인의 청구가 있는 경우에 한하여 위임인에게 위임사무의 처리에 대하여 보고할 의무를 지고 있다. 이에 대하여, 위탁매매인은 위탁자의 청구없이도 통지할 의무를 진다. 이것은 상거래를 신속하게 처리할 수 있게 하고, 위탁자에게 바로 그 결과를 알려 적당한 지시를 하고 계획을 세울 수 있도록 하기 위함이다.

통지는 단순히 위탁받은 매매를 하였다는 것으로는 충분하지 아니하고, 계약의 요령(매매계약의 내용·시기 등)과 상대방의 주소, 성명 등 위탁자가 위탁의 결과를 알고, 동시에 위탁매매인에게 적당한 지시를 하는데 필요한 사항을 포함하여야 한다. 또한 이 때 계산서의 제출의무도 지는데, 이는 회계를 명확히 하기 위함이다. 위탁매매인은 통지를 발송하기만 하면 되고, 도착 여부의 위험은 위탁자가 부담한다.

또한 자본시장법은 증권회사는 고객의 주문에 의한 매매 기타의 거래가 성립한 때에는 지체없이 그 거래에 관한 보고서를 작성하여 고객에게 교부할 것을 요구한다(제66조).

3) 위탁매매인의 이행담보책임

상대방이 채무를 이행하지 아니하는 경우에는, 위탁자는 상대방에게 그 채무의 이행이나 손해배상을 청구할 수 없다. 왜냐하면 위탁자는 매매계약의 당사자가 아니기 때문에, 상대방에 대하여 직접적인 법률관계가 없기 때문이다. 따라서 위탁자로서는 위탁매매인에게 상대방에게 이행을 촉구할 것을 구하거나, 손해배상을 청구할 수 있을 뿐이다. 그러나 상법은 위탁자를 보호하고, 위탁매매제도의 신용을 유지하기 위하여, 위탁매매인에게 이행할 책임을 지우고 있다(제105조). 다만, 다른 약정이나 관습이 있는 경우에는 그러하지 아니하다(동조 단서).

이 책임의 내용은 상대방과 위탁매매인과의 사이에 계약상 부담하는 것과 동일하다. 따라서 대체급부가 가능한 채무가 그 대상이 된다. 또한 상대방이 위탁매매인에게 주장할 수 있는 항변을 가진 경우에는, 위탁매매인도 위탁자에게 이를 원용할 수 있다. 다만, 이 항변이 위탁매매인의 위탁자에 대한 선관주의의무위반으로 인하여 생긴 경우에는, 위탁매매인은 이 항변으로 대항할 수 없다고 해석된다.

이러한 이행담보책임 청구권은 상사채권에 해당한다(대판 1996. 11. 23. 95다39854).

판례

대판 1996. 11. 23. 95다39854 …… 위탁자의 위탁상품공급으로 인한 위탁매매인에 대한 이득상환청구권이나 이행담보책임 이행청구권은 위탁자의 위탁매매인에 대한 상품공급과 서로 대가관계에 있지 아니하여 등가성이 없으므로, 민법 제163조 제6호 소정의 '상인이 판매한 상품의 대가'에 해당하지 아니하여 3년의 단기소멸시효의 대상이 되지 아니하고, 한편 위탁매매는 상법상 전형적인 상행위이며 위탁매매인은 당연한 상인이며 위탁자도 통상 상인일 것이므로, 위탁자의 위탁매매인에 대한 매매위탁으로 인한 위의 채권은 다른 특별한 사정이 없는 한 통상 상행위로 인하여 발생한 채권으로서 상법 제64조 소정의 5년의 상사소멸시효의 대상이 된다.

4) 위탁매매인의 지정가액준수의무

위탁매매인은 선관주의의무를 지고, 위탁자로부터 지시가 있는 경우에는 이에 따라서 위임사무를 행하여야 한다. 따라서 위탁자가 매도 또는 매수의 가액을 지정한 경우에는, 위탁매매인은 이를 준수하여야 한다. 만일 이 지시에 위반하여 지정가액보다 싼 가액으로 매도하거나, 비싼 가액으로 매수한 경우에는 위탁자는 이 매매의 효과가 자기에게 귀속하는 것을 거부할 수 있다. 지정가액이라 함은, 특정한 가액으로 매매할 것을 위탁자가 특별히 요구한 경우이고, 단지 특정한 가액으로 매매할 것을 희망한 경우 즉, 희망가격은 여기서 말하는 지정가액이라고 할 수 없다. 특정일의 최고가액으로 지정한 경우에는, 그 날의 거래가 종료할 때까지는 최고가액을 알 수 없기 때문에, 희망가액을 표시한 것으로 해석한다.

그러나 위탁매매인이 지정가액과의 차액을 부담한다는 의사표시를 한 경우에는, 위탁자는 그 매매가 자기에게 귀속하는 것을 거부할 수 없다(상법 제106조 제1항). 위탁매매인이 차액을 부담하는 경우에는, 위탁자가 의도하는 매매가 경제적으로 달성되고, 위탁매매인으로서도 차액을 부담하여도 보수가 차액보다도 많다면 이익이 되기 때문이다.

위탁매매인은 지정가액을 준수할 의무가 있지만, 항시 이 차액을 부담할 의무가 있는 것은 아니다. 따라서 위탁자가 차액부담을 요구할 수는 없다. 위탁매매인이 지정가액에 위반하여 계약을 체결한 경우에는, 위탁자는 자기에게의 귀속을 거부할 수 있는 것과 선관주의 의무위반을 이유로 손해배상을 청구할 수 있을 뿐이다.

지정가액보다 높게 매도하거나, 지정가액보다 낮게 매수한 계약에 대하여는 위탁자는 자기에의 귀속을 거부할 수 없다. 이 때 그 차액은 다른 약정이 없으면 위탁자의 이익으로 한다(상법 제106조 제2항).

5) 위탁매매인의 통지 및 긴급처분의무

(1) 의의

상법 제108조는 위탁물의 훼손 또는 하자 등의 경우에는 위탁매매인의 위탁자에 대한 통지의무를 부과하고, 긴급한 경우에는 위탁매매인의 처분권을 인정하고 있다. 이는 위탁매매인의 선관주의의무를 구체화한 것이다.

(2) 본조의 적용요건

통지의무 및 긴급처분권이 인정되기 위한 요건은 다음과 같다(상법 제108조 제1항).

① 위탁매매인이 위탁물을 인도 받았어야 한다.

② 위탁물에 다음 사유가 있어야 한다.

(ⅰ) 위탁물의 훼손 또는 하자를 발견하거나, (ⅱ) 위탁물이 부패할 염려가 있거나 (ⅲ) 가격저락의 상황(商況)을 알았어야 한다.

(3) 통지의무 및 긴급처분권

① 통지의무

이러한 경우에는 위탁매매인은 지체없이 위탁자에게 그 통지를 발송하여야 한다(상법 제108조 제1항). 이를 게을리 한 때에는 위탁매매인은 손해배상책임을 진다.

② 긴급처분권

위의 요건을 충족하는 경우에 위탁매매인이 위탁자의 지시를 받을 수 없거나 그 지시가 지연되는 때에는, 위탁매매인은 위탁자의 이익을 위하여 적당한 처분을 할 수 있다(상법 제108조 제2항). 위탁자의 지시를 받을 수 없는 것 등에 대하여 위탁자의 과실은 묻지 아니한다. 적당한 처분에는 공탁・경매・전매 등을 포함한다. 위탁매매인의 처분이 위탁자의 이익에 반한 것이라는 입증책임은 위탁자가 진다.

2. 위탁매매인의 권리

1) 위탁매매인의 보수청구권・비용상환청구권

민법 제686조 제1항은 수임인은 특약이 없는 한 위임인에 대하여 보수를 청구할 수 없다고 하지만, 위탁매매인은 상인이기 때문에 영업범위내에서 한 행위에 대하여는 보수청구권을 가진다(상법 제61조). 다만, 보수는 위탁의 목적을 완료한 후에만 청구할 수 있다(민법 제686조 제2항).

또한 위임사무를 처리하기 위하여 필요한 비용에 대하여도, 위탁매매인은 위탁자에게 청구할 수 있다(민법 제687조, 제688조, 상법 제55조 제2항).

2) 위탁매매인의 유치권

위탁매매인은 위탁자에 대하여, 보수청구권과 비용상환청구권을 가지는데, 이 채권을 담보하기 위하여 유치권이 인정된다. 즉, 위탁매매인은 채권이 변제기에 있는 때에는, 그 변제를 받을 때까지 위탁자를 위하여 점유하고 있는 물건 또는 유가증권을 유치할 수 있다(상법 제111조, 제91조).

위탁매매인은 상인이지만, 위탁자는 상인이 아닌 경우도 있기 때문에 상법 제58조의 상인간의 유치권을 이용할 수 없기 때문에, 대리상의 유치권의 규정을 준용한다. 그러나 상행위로 인하여 채권자(위탁매매인)가 점유하지 아니하여도 되는 점과 유치물이 채무자(위탁자)의 소유가 아니어도 되는 점에서, 위탁매매인의 유치권은 상인간의 유치권보다 유리하다.

3) 위탁매매인의 공탁 및 경매권

위탁매매인이 물건의 매수를 위탁받은 경우에, 위탁자가 매수한 물건의 수령을 거부하거나 수령할 수 없는 때에는, 상인간의 매매의 경우와 같이, 위탁매매인에게 공탁·경매권이 인정된다. 이 경우에, 위탁매매인은 그 목적물을 공탁하거나, 그 물건을 경매하여 그 대가를 공탁할 수 있다(상법 제109조, 제67조).

4) 위탁매매인의 개입권의 성질

(1) 의의와 성질

위탁매매인과 위탁자간에는 거래상의 이해가 대립하기 때문에 위탁매매인이 위탁자에 대하여 스스로 매도인 또는 매수인이 되는 것은 일반적으로 인정되지는 아니한다. 그러나 위탁자는 보통 매도인 또는 매수인이 누구인가는 문제삼지 아니하고, 위탁매매인이 매도인 또는 매수인이 되어도 위탁자의 이익을 해치지 아니함이 명백한 경우에는, 이를 인정하여도 되고, 오히려 위탁자와 위탁매매인 쌍방에게 유리한 경우도 있다. 이와 같이, 위탁매매인이 스스로 계약 상대방을 겸하여 계약을 성립시키는 권리를 개입권이라고 한다. 이 개입권은, 지배인, 대리상 등이 경업금지의무를 위반한 경우에, 영업주와 본인이 행사할 수 있는 권리로서의 개입권(상법 제17조 제2항, 제89조 제2항)과는 전혀 다르다.

이 개입권은 위탁매매인의 일방적 의사표시에 의하여 효력이 발생하기 때문에 일종의 형성권이다.

(2) 위탁매매인의 개입권의 요건

① 목적물이 거래소의 시세가 있을 것

거래소라 함은 상품 또는 유가증권 등을 대량으로 거래하는 상설기관이다. 매매를 행할 지가 지정된 경우에는 그 곳의 거래소를, 매매지를 지정하지 아니한 경우에는 위탁매매인의 영업소의 거래소를 의미한다. 2009년 상법개정안은 "위탁매매인이 거래소의 시세가 있는 물건 '또는 유가증권'의 매매를 위탁받은 경우에는 직접 그 매도인이나 매수인이 될 수 있다"고 하여 거래소의 시세가 있는 유가증권에 대하여도 위탁매매인이 개입권을 행사할 수 있도록 하고 있다.

② 개입금지의 특약이 없을 것

예컨대 위탁자가 판매선 또는 매입선을 지정한 경우가 이에 해당한다.

③ 위탁매매인이 아직 제3자와 매매계약을 체결하지 아니하였을 것

이미 제3자와 매매계약이 체결되었으면, 위탁자와 위탁매매인의 내부관계에서는 물건 또는 권리는 위탁자에게 귀속되므로, 위탁매매인이 개입권을 행사할 여지가 없다.

④ 법에 의하여 개입이 금지되지 아니할 것

예컨대 자본시장법은 거래소에의 집중과 투자자보호의 입장에서, 투자매매업자 또는 투자중개업자에 의한 개입을 금지한다(동법 제

67조).

(3) 위탁매매인의 개입권의 효과

개입권의 행사로 위탁자와 위탁매매인과의 사이에 매매가 성립한다. 매매가격은 위탁매매인이 매매의 통지를 발송할 때의 거래소의 시세에 의한다(상법 제107조 제1항). 위탁매매인은 위탁매매인으로서의 지위와 매매계약의 당사자로서의 지위를 함께 가진다. 따라서 전자의 지위에서 위탁자에 대한 보수청구권이 인정되고(상법 제107조 제2항), 후자의 지위에서 대금지급청구권(매수위탁의 경우), 물건인도청구권(매도위탁의 경우) 등이 인정된다.

제 5 절 준위탁매매인

물건 또는 유가증권의 매매주선과 물건운송의 주선에 대하여는 위탁매매업과 운송주선업을 상법은 규정하고 있으나, 그 행위의 주선을 영업으로 하여 상인이 되는 자(상법 제46조 제12호)에 대하여는 아무 규정이 없다. 그러나 이것은 물건 또는 유가증권의 매매의 주선이 아니라는 점을 제외하고는 위탁매매업과 같기 때문에, 상법은 이에 위탁매매업에 관한 규정을 준용한다(제113조). 이 예로는 저자의 계산으로 자기의 이름으로 문예작품을 출판하는 출판업자, 광고대리인 또는 광고중개인, 여객운송주선인, 부동산매매의 주선업자 등을 들 수 있다.

제9장 운송주선업

제1절 운송주선인의 경제적 기능

현대의 운송은 육상운송·해상운송·항공운송 중에서 2가지 이상에 걸쳐 행하여지는 복합운송으로 주로 영위되고 있으며, 적하운송의 콘테이너화가 일반화되고 있다. 따라서 송하인이 직접 운송인과 운송계약을 체결하려면, 여러 가지 복잡한 문제에 부딪히게 된다. 이에 따라, 운송경로 등 운송에 관한 전문지식을 가지고 있고, 변화하는 국내외 공항과 항만에서의 세관의 통과절차와 운임의 액과 할인액, 콘테이너운송에 있어서 해상적하 또는 항공기적하의 분류, 그리고 수출화물의 포장과 취급에 관하여 정통한 상인이 필요하게 됨에 따라 운송주선업이 발달하게 된 것이다.

제2절 운송주선인의 의의

1. 운송주선인의 의의

운송주선인은 자기의 명의로 타인의 계산으로 물건운송의 주선을 영업으로 하는 자(상법 제114조)이다. 운송주선도 주선의 일종이다. 따라서 운송주선인에 대하여는 위탁매매인에 관한 규정이 준용된다(상법 제123조). 또한 운송주선계약은 민법상 위임이므로, 민법의 위임에 관한 규정도 준용된다(상법 제123조, 제112조). 여기에서의 운송은 상법 제125조에서와 같이, 육상, 호천, 항만에서의 운송 즉, 육상운송에 한정되지 아니하고, 그 밖에도 해상운송·항공운송을 포함한다. 그 주선의 대상이 자동차화물운송인 때에는 사업계획서 등을 구비하여 국토교통부장관에게 등록하여야 한다(화물자동차운수사업법 제34조). 운송주선의 대상은 물건운송에 한정된다. 따라서 물건이 아닌 여객의 운송주선인은 준위탁매매인이다.

2. 위탁자, 운송인 및 운송주선인간의 관계

운송주선인이 운송주선을 함에 있어서는 한편으로는 위탁자와 다른 한편으로는 운송인과 사이에 법률관계가 존재한다. 이 가운데 위탁자와는 운송주선계약에 의하여 규율되고 운송인과는 운송계약에 의하여 처리된다. 상법이 예상하는 운송주선의 형태인 운송주선인이 자기의 이름으로 위탁자의 계산으로 운송인에게 운송을 위임하는 경우에는 위탁자와 운송인간에는 직접 아무 법률관계가 없고 송하인의 자격을 가지는 운송주선인이 운송인에 대한 권리를 위탁자에게 양도하여야 위탁자는 비로소 운송인에 대한 권리를 주장할 수 있게 된다. 그러나 위탁자와 운송주선인 또는 운송주선인의 채권자에 대한 관계에서는 운송주선인이 위탁자로부터 받은 운송물이나 운송주선으로 인하여 취득한 채권은 이를 위탁자의 소유 또는 채권으로 본다(상법 제123조, 제103조). 운송주선인은 자기의 명의로 운송인과 운송계약을 체결하므로, 스스로 송하인으로서 권리를 취득하고 의무를 부담하므로 운임지급채무자도 운송주선인이다.

제3절 운송주선인의 의무

1. 운송주선인의 주의의무

운송주선계약은 위임이므로 운송주선인은 선량한 관리자의 주의로써 계약을 이행하여야 한다(민법 제681조). 계약의 이행이라 함은, 운송계약의 체결 외에도, 이에 부수하는 사무, 예컨대 운송물의 수령, 포장, 보관, 인도, 통관 기타 각종 서류의 작성 등을 포함한다.

구체적인 경우에, 운송주선인이 어느 정도의 주의의무를 지는가는, 그 운송주선계약의 내용, 상관습에 따라 결정하여야 한다. 예컨대, 운송인의 선택에 있어서, 운송경로를 참작하여 신용 있는 적절한 자를 선택하여야 한다. 운송물이 제3자에 의하여 압류된 때에는, 그 뜻을 위탁자에게 통지하여야 한다.

2. 운송주선인의 손해배상의무

1) 책임의 내용

(1) 과실책임

상법 제115조는 운송주선인의 손해배상책임을 규정하고 있다. 이는 상법 제135조와 같이 민법의 채무불이행책임을 구체화한 것이고, 과실책임이다.

(2) 입증책임

채무자인 운송주선인이 무과실의 입증책임을 진다. 이 때 이행보조자의 선임에 과실이 없었음을 입증하는 것으로 충분하지 아니하고, 이행보조자의 무과실을 입증하지 아니하면 책임을 면하지 못한다.

(3) 책임사유

상법 제115조는 운송물의 수령, 인도, 보관, 운송인이나 다른 운송주선인의 선택 기타 운송에 관하여 주의를 해태하지 아니하였음을 입증할 것을 요구한다. 여기서 보관이라 함은, 운송주선인이 운송물을 수령한 때로부터, 운송인에게 인도할 때까지의 보관을 의미한다.

이것은 단지 예시에 불과한 것으로 해석되고, 운송주선인이 주의를 기울여야 하는 점은 이에 한정되지 아니한다. 운송주선인은 위탁자를 위하여 운송에 필요한 각종의 배려를 하여야 한다. 여기에서 말하는 운송에 관한 주의는, 운송물의 성질에 따라 다를 것이다. 또한 본조에서 말하는 다른 운송주선인이라 함은, 중계지에서의 중간운송주선인과 도착지운송주선인을 의미한다. 본조는 주의적 규정이기 때문에, 특약으로 이를 감경하거나 면제할 수 있다.

(4) 손해배상청구권자

운송주선인에 대한 손해배상청구권자는 운송주선계약의 위탁자,

즉 운송물의 송하인이다. 그러나 운송물이 목적지에 도착한 때에는, 수하인이 송하인과 동일한 권리를 가지므로(상법 제140조), 이 때에는 수하인도 청구권자로 된다.

판례

대판 1988.12. 13. 85다카1358 …… 수출자가 선하증권 대신 신용장발행은행을 화물수취인으로 하여 운송주선업자가 발행한 화물수취증을 첨부하여 환어음을 발행한 경우, 역시 신용장 발행은행이 운송목적지에서의 수출품의 반환청구권을 가지게 되고, 위 반환청구권이 수출대금을 담보로 하는 기능을 가지게 되는 것이므로, 화물수취증을 발행한 운송주선인으로서는 예컨대 화물수취증이 이미 발행되었음에도 불구하고 운송인에 의하여 선하증권이 발행될 때에는 선하증권에 의한 화물의 처분이 화물수취증상에 의하여 부과된 의무와 상치하지 않도록 주의하여야 한다. 따라서 운송주선인이 수출업자에게 발행한 화물수취증상 화물의 수하인을 신용장발행은행으로 하기로 한 것과 달리 수하인을 지시식으로 하는 선하증권을 교부받아 이를 수입업자에게 처분함으로써 수출업자가 그 선하증권에 대하여 가지는 담보이익을 침해하였으므로 수출업자에게 화물수취증을 발행한 원고로서는 주의의무 위반 책임을 면할 수 없다.

2) 손해배상액

손해배상액에 대하여는, 물건운송과 같은 규정(상법 제137조)이 없으므로, 민법의 일반원칙에 의한다. 고가물에 대하여는 물건운송에 관한 규정이 준용된다(상법 제124조, 제136조). 이에 관하여는 후술한다.

3) 단기소멸시효

운송주선인 또는 이행보조자에게 악의가 없는 한, 수하인이 운송물을 수령한 날, 운송물이 전부 멸실한 경우에는 그것을 인도할 날로부터 1년이 경과하면 소멸시효가 완성한다(상법 제121조). 운송주선인의 책임의 성질상 증거가 인멸되기 쉽고, 증거의 보존이 곤란한 점이 고려된 것이다. 다만, 운송주선인 또는 그 이행보조자가 악의인 경우에는 본조가 적용되지 아니하고(동조 제3항), 5년의 시효에 걸린다. 악의라 함은 손해가 발생할 수 있다는 것을 안 것을 의미하며, 그 입증책임은 위탁자가 진다.

4) 청구권의 경합

운송주선인이 손해배상책임을 지는 경우에, 운송주선인의 불법행위의 책임도 생긴다. 이 때, 민법상의 불법행위책임과 운송주선인의 책임과의 관계가 문제된다.

(1) 청구권경합설(이철송, 571면 ; 최기원, 383면 ; 서돈각 · 정완용, 209면 ; 정찬형, 321면 ; 정동윤, 598면)

이 견해는 양자를 선택적으로 청구할 수 있다고 해석한다. 불법행위책임은 운송계약상의 채무불이행책임과 그 성립요건을 달리하는 것을 근거로 한다.

(2) 법조경합설(정희철, 207면)

이 견해는 계약법과 불법행위법은 일반법과 특별법의 관계에 있고, 계약책임에는 불법행위책임보다 엄격한 채무불이행책임이 부과되므로 불법행위책임은 배제된다고 해석한다.

(3) 절충설

이는 청구권경합의 경우에도 고의 또는 중과실의 경우에만 불법행위로 인한 손해배상책임을 지고, 경과실로 인한 책임은 지지 않는다는 견해(최기원, 350면), 계약책임뿐만 아니라 그 성립요건이 충족되면 불법행위책임은 성립하지만 그 내용은 일정한도(고가물특칙, 배상액제한, 면책사유)로 제한된다고 해석하는 견해(양승규 · 박길준, 149면)로 나뉜다.

(4) 결어

양자의 선택적 청구를 허용하는 청구권경합설을 취한다.

제4절 운송주선인의 권리

1. 운송주선인의 보수청구권

운송주선인은 상인이므로 특별히 계약상 정하지 아니한 때에도 보수를 청구할 수 있다(상법 제119조 제1항). 다만, 확정운임운송주선계약, 즉 운임의 액을 따로 정하는 운송주선계약에서는, 다른 약정이 없으면, 보수를 청구할 수 없다(동조 제2항). 이것은 확정운임에서 실제로 드는 운임을 차감한 액이 운송주선인의 보수라고 생각되기 때문이다. 이 경우에, 운송주선인은 위탁자와의 사이에 운송인의 지위에 서지만, 이것은 116조의 개입권이 행사된 경우로 볼 것인가 또는 이 경우의 운송주선계약을 운송계약으로 해석하여야 하는가에 대하여는 다툼이 있다.

운송주선인이 보수를 청구할 수 있는 시기는, 운송계약을 체결하고, 운송물을 운송인에게 인도한 때이다(상법 제119조 제1항). 운송주선인으로서는, 예컨대 아직 수하인에게 운송물을 인도하지 아니하였어도, 위임받은 사무를 모두 완료하였기 때문에, 보수를 청구할 수 있는 것이다. 다만, 운송주선인이 도착지운송주선인을 겸하고 있는 때에는, 운송물을 수하인에게 인도하여야 하기 때문에, 수하인에게 목적물을 인도한 때에 보수를 청구할 수 있다.

2. 운송주선인의 비용상환청구권

운송주선인에게는 위탁매매인에 관한 규정이 준용된다(상법 제

123조). 위탁매매인과 위탁자와의 관계에는 민법의 위임에 관한 규정이 적용되기 때문에(상법 제112조), 민법 제688조에 따라, 운송주선인은 위임사무를 처리하기에 필요한 비용을 위탁자에게 청구할 수 있다.

그런데 혼재운송에 관하여는 비용상환청구권에 관하여 예외가 인정되는가에 대하여 다툼이 있다. 운송주선인이, 다수의 위탁자로부터 위탁받은 경우에, 이 운송물을, 예컨대 기차화물칸을 대절하는 등 일괄하여 운송인에게 운송을 맡긴 경우에, 당연히 운임은 별개로 운송되는 경우보다도 저렴하여진다. 이 저렴하여진 운임에 대하여, 운송주선인이 취득할 수 있는가가 문제로 된다. 이와 관련하여 운송주선인이 개입권을 행사한 한 가지 경우이고, 당연히 운송주선인이 그 이득을 취득할 수 있다고 보는 견해가 있다. 그러나 이에 대하여, 개입권을 행사한 것으로, 보수 이외에 추가적으로 다른 이득을 취하는 것을 인정할 수 없다고 하여 이에 반대하는 견해가 있다. 이 입장은, 운송주선인은 위탁자에 대하여 가장 유리한 조건으로 운송계약을 체결하여야 하는 것이고, 낮아진 부분은 위탁자에게 반환하여야 한다고 주장한다. 뒤의 견해에 찬성한다.

3. 운송주선인의 유치권

1) 의의

운송주선인은 운송물에 관하여 받을 보수, 운임, 기타 위탁자를 위한 체당금이나 선대금(先貸金)에 관하여서만 그 운송물을 유치할 수 있다(상법 제120조).

운송주선인의 유치권은 다른 유치권과 비교하면 다음과 같은 차이가 있다.

① 상인간의 유치권(상법 제58조), 대리상의 유치권(91조), 위탁

매매인의 유치권(111조, 제1조)과 달리, 유치물과 피담보채권과의 견연관계가 요구된다.

② 목적물의 소유권이 누구에게 있는가는 묻지 아니한다. 이것은 상인간의 유치권과 다르지만, 민법상의 유치권과 같다.

2) 내용

(1) 유치물과 피담보채권과의 견연관계

운송주선인의 유치권에서 유치물과 피담보채권과의 견연관계가 요구되는 것은, 위탁자와 운송주선인간은 계속적 관계가 없고, 수하인을 보호하기 위함이다. 운송주선계약상 송하인과 수하인이 동일인이 아닌 경우가 적지 아니하므로, 만일 운송주선인이 위탁자에 대하여 가진 채권이지만, 수하인이 수령할 운송물과 무관계한 채권으로 인하여, 운송물을 유치할 수 있다면, 수령인으로서는 예측하지 못한 손해를 입을 우려가 있기 때문이다.

(2) 운송물의 점유

운송주선인이 유치권을 행사하기 위하여는 운송물을 점유하고 있어야 한다. 이 점유는 간접점유하는 경우도 포함한다고 해석한다. 운송주선인은 자기의 이름으로 운송계약을 체결하여 송하인의 지위에 서기 때문에, 운송물을 인도한 후에도, 운송인을 통하여 운송물을 간접점유하고 있으므로 유치권의 행사가 가능하다.

(3) 채권이 변제기에 있을 것

상법 제120조의 문언상 명확하지는 아니하지만, 이 유치권을 행사하기 위하여서는, 채권이 변제기에 있을 것을 요건으로 한다.

(4) 순차운송주선의 경우

순차운송주선의 경우에, 중간운송주선인은 자기에 대한 위탁자인 운송주선인에 갈음하여 유치권을 행사할 의무를 진다(상법 제117조 제1항).

4. 운송주선인의 개입권의 의의

1) 의의

운송주선인은 다른 약정이 없으면 직접 운송할 수 있다(상법 제116조 제1항). 이것을 운송주선인의 개입권이라고 한다. 운송주선인의 개입에는 두 가지 형태가 있다. 그 하나는 운송주선인이 직접 운송수단을 가지고 스스로 운송을 하는 경우로서 이를 진정개입(echter Selbsteintritt)이라고 하고, 다른 하나는 운송주선인이 스스로 운송을 하지 않고 운송수단을 가지고 있는 제3자를 이행보조자로 하여 운송을 하는 경우로서 이를 부진정개입(unechter Selbsteintritt)이라고 한다. 운송이 운송주선인에 의하여 행하여지든 운송인에 의하여 행하여지건 위탁자는 큰 이해관계를 가지지 아니하기 때문에 상법은 이를 인정한 것이다.

2) 운송주선인의 개입의 효과

운송주선인이 개입을 한 경우에는 운송주선인은 운송인과 같은 권리·의무가 있다(상법 제116조 제1항 후단).

(1) 운송계약관계의 성립

운송주선인이 개입권을 행사하면 운송주선인과 위탁자 사이에 운송계약관계가 성립하며, 운송주선인은 위탁자에 대하여 운송인의 지위에 선다.

(2) 운송주선계약의 존속

운송주선인이 개입권을 행사하여 운송인의 지위에 선다고 하더라도 운송주선인과 위탁자사이의 운송주선계약은 종료하지 아니하고 그대로 존속한다. 왜냐하면 개입권의 행사는 운송주선인이 위탁사무를 처리하는 한 방법에 지나지 아니하기 때문이다. 그리하여 운송주선인이 개입권을 행사하면 운송인으로서의 지위와 운송주선인으로서의 지위 등 2중의 지위(Doppelstellung)를 가지게 되고, 위탁자는 송하인으로서의 지위와 위탁자로서의 지위를 아울러 가진다.

3) 개입의 의제

상법은 "운송주선인이 위탁자의 청구에 의하여 화물상환증을 작성한 때에는 직접 운송하는 것으로 본다(제116조 제2항)"라고 규정한다. 본조는 개입의 의사표시가 가장 뚜렷한 경우에 관한 당연한 규정이다.

4) 확정운임운송주선계약

상법은 "운송주선계약으로 운임의 액을 정한 경우에는 다른 약정이 없으면 따로 보수를 청구하지 못한다(제119조 제2항)"하고 규정한다. 이 의미에 대하여서는 견해가 나뉜다.

(1) **운송계약설**(정동윤, 606면 ; 최기원, 352면 ; 정찬형, 325면)

위탁자와 운송주선인 사이에 운송계약이 성립한 것으로 '본다'. 개입권의 행사로 보면 운송주선인이 운송인의 지위와 운송주선인의 지위를 겸유하나 이는 따로 보수를 청구하지 못한다는 상법 제119조 제2항에 정면으로 반하기 때문이라고 한다.

(2) **개입설**(서돈각 · 정완용, 209면)

운송주선인에 의한 개입권의 행사가 있는 것으로 본다.

(3) **구분설**(이철송, 575면)

경우를 나누어 당사자가 명시적으로 운송주선계약을 체결하면서 확정운임을 약속한 때에는 위탁자가 보수와 운임을 포괄하여 정하고 그 배분을 운송주선인에게 위탁한 것이고, 당사자가 운송계약인지 운송주선계약인지 분명히 밝히지 아니한 때에는 운송계약이 성립한 것으로 본다.

(4) 운임 · 보수약정설(채이식, 279면)

동규정은 운임과 운송주선인의 보수를 함께 약정한 것이고 그 이상의 법적 의미는 없다고 본다.

(5) 결어

우리 상법이 독일법에 따라 운송주선업을 규제하고 있으나 상법 제119조 제2항의 의미가 불분명하므로, 이 경우에는 운송계약이 체결된 것으로 '추정'할 것이나 운송주선계약인지 운송계약인지는 사실관계에 따라 구체적으로 확정하여야 한다고 본다.

제5절 기 타

1. 단시소멸시효

물건운송의 경우와 같이, 운송주선인에게도 단기소멸시효가 적용된다. 운송주선인이 위탁자와 수하인에 대하여 가진 보수청구권과 비용상환청구권 등은 1년의 소멸시효에 걸린다(상법 제122조).

2. 수하인의 지위

물건운송에 있어, 수하인은 운송계약의 당사자는 아니지만, 운송물이 도착지에 도착한 후에는, 수하인은 송하인과 동일한 권리를 취득한다(상법 제140조). 이와 같이, 수하인은, 운송주선계약의 당사자는 아니지만, 운송주선인과의 사이에 법률관계가 발생한다. 즉, 운송물이 목적지에 도착한 후에는, 수하인은 운송주선계약에 의한 위탁자의 권리를 취득한다. 수하인이 운송물을 수령한 때에는, 수하인은 운송주선인에 대하여, 보수, 운임, 비용을 지급할 의무를 진다(상법 제 141조).

3. 순차운송주선

1) 의의

순차운송주선이라 함은 동일한 상품에 대하여 수인의 주선인이 운송주선을 하는 경우이다. 거래가 지역적으로 확대하여 상품을 운송할 필요가 있는 범위가 장거리인 현대에 전구간의 운송을 1인의 운송주선인이 운송계약을 체결하는 것은 비효율적이거나 곤란한 경우가 많다. 따라서 구간별로 다른 운송주선인에 의하여 운송계약이 체결되는 것이 순차운송주선인이다.

2) 형태

순차운송과 같이, 순차운송주선에는 광의로 다음과 같은 3가지 형태가 포함된다.

(1) 하수(下受)운송주선

최초의 운송주선인이 발송지에서 모든 운송에 대한 주선을 인수하지만, 업무의 전부 또는 일부를 다른 제2이하의 운송주선인에게 행하게 하는 것이다. 제1의 운송주선인을 원수(原受)운송주선인이라고 하고, 제2이하의 운송주선인을 하수운송주선인이라고 한다. 위탁자와 직접적인 법률관계를 맺는 자는 원수운송주선인뿐이다. 하수운송주선인은 원수운송주선인의 이행조보자이고, 위탁자와 직접적인 법률관계가 없다.

(2) 부분운송주선

수인의 운송주선인이 각 구간의 운송에 관하여 위탁자와 개별적으로 운송주선의 위탁을 받은 경우이다. 수 개의 운송주선계약이 존재하고, 각각 독립하여 있고 각 운송주선인은 개별적으로 위탁자와 직접적인 법률관계에 선다.

(3) 중계운송주선

위탁자의 위탁에 따라, 제1의 운송주선인은 최초의 구간의 운송의 주선을 인수하고, 동시에 제2이하의 운송에 대하여 순차적인 운송주선을 행하는 것을 말한다. 즉, 제1의 운송주선인은 발송지에서 최초의 운송에 관한 주선을 하고, 제2이하의 운송에 대하는, 자기이름으로 위탁자의 계산으로 중계운송주선인을 선택하여 운송주선을 위탁하거나, 도착지에서 운송물의 인도를 받는 도착지운송주선인을 선택하여 위탁하는 것이다. 따라서 제3의 운송이 필요한 경우에, 제2의 운송주선인은 자기의 이름으로 제1의 운송주선인의 계산으로 제3의 운송주선인과 운송주선계약을 체결하는 형태로 순차로 행한다. 중계운송주선인과 도착지운송주선인을 '중간운송주선인'이라고도 한다. 상법 제117조와 제118조는 (3)과 같은 중계운송주선에 대하여 규정한 것이다.

3) 순차운송주선인의 의무

중간운송주선인은, 자기의 위탁자인 운송주선인을 위하여 선량한 관리자의 주의로써 위임사무를 처리하여야 한다. 따라서 중간운송주선인은 위탁자인 전자의 운송주선인에 갈음하여 그 권리를 행사할 의무를 진다(상법 제117조 제1항). 이는 위탁으로 인하여 당연히 발생하기 때문에, 제117조 제1항은 주의적 규정에 불과하다고 해석된다. 다만 이 규정은 후자 즉, 중간운송주선인은 모든 전자에 대하여 이와 같은 권리·의무가 있다고 해석할 여지도 있다. 그러나 중간운송주선인은 직접적인 전자 이외의 운송주선인과는 아무 법률관계가 없기 때문에, 중간운송주선인에게 이와 같은 권리·의무가 있다고 해석할 수 없다.

4) 순차운송주선인의 권리취득

중간운송주선인이 전자에게 변제한 때에는, 중간운송주선인은 전자의 권리를 취득한다(상법 제117조 제2항). 이 경우의 전자는 위와는 달리 직접적인 전자에 한정되지 아니하고, 모든 전자를 의미한다. 이 변제에는 대물변제와 상계를 포함한다.

중간운송주선인이 운송인에게 변제한 때에도 전자에게 변제한 경우와 같이, 중간운송주선인은 운송인의 권리를 취득한다(상법 제118조).

제10장 운송업

제 1 절 운송인의 의의

운송이라 함은 사람 또는 물건을 장소적으로 이동시키는 것이다. 따라서 운송계약은 이와 같은 일의 완성을 목적으로 하는 도급계약(민법 제664조)의 일종이라고 해석된다. 상법 제125조 이하는 육상운송에 관한 규정을 두고 있다.

운송인이라 함은 육상 또는 호천, 항만에서 물건 또는 여객의 운송을 영업으로 하는 자이다(상법 제125조). 운송의 인수는 영업적 상행위이다(상법 제46조 제13호). 따라서 운송업을 행하는 운송인은 상인이다(상법 제4조). 다만 운송을 스스로 행하지 아니하고 수급인을 사용하는 경우에도, 운송의 인수를 영업으로 하면 운송영업이 된다. 상법은 운송업에 관하여 물건운송과 여객운송으로 나누어 규정하고 있다.

제2절 물건운송

1. 물건운송의 의의

물건운송은, 창고업과 같이, 타인의 영업을 보조하는 보조상이다. 다만, 창고업은 시간을 극복하기 위하여 이용되는데 비하여, 운송업은 거리를 극복하기 위하여 이용되는 점이 다르다. 또한 유가증권을 이용하여 거래가 행하여지는 점은 같다.

상법 제126조 이하의 물건운송에 관한 규정은 육상운송에 한하여 규정하고 있다. 해상운송에 대하여는, 상법 제5편 중 제780조 이하에서 규정하고 있다. 항공운송에 관하여는, 행정법적인 항공법이 있지만, 사법에 관한 규정은 없다. 다만, 국제항공운송에 관하여는, 국제운송에 관한 와르소협약이 있다. 육·해·공 중 어느 2이상에 걸쳐 운송이 행하여지는 이른바 '복합운송'에 관하여는 이를 규율하는 법은 없다. 또한 여기에서 육상에는 지중을 포함하고 호천과 항만도 포함한다.

여기서 물건의 종류에 따른 구별은 없다. 다만, 물건운송에서는 운송인은 물건을 인도시까지 보관할 필요가 있고, 이와 같은 보관의무는, 운송계약에 당연히 포함되어 있다. 따라서 예선계약과 같이 예인당하는 선박의 선장에 의하여 물건이 보관되는 경우에는 물건운송은 아니다.

운송계약은 낙성의 불요식계약이다. 운송계약에서, 당사자는 송하인과 운송인이다. 목적지에서 물건을 수령하는 수하인도 있지만, 그는 계약의 당사자는 아니다. 다만, 수하인이 운송계약상 아무 권리가 없는 것은 아니고, 물건이 목적지에 도착한 후에는 권리를 취득한다(상법 제140조).

운송계약에서 운송인은 운송할 채무를 부담하는데, 계약의 내용으로서, 운송인 본인이 운송을 행하지 아니하고, 이행보조자를 이용하여 행하여도 무방하다. 또한 운송계약의 내용으로서는, 실제 거래계에서는, 운송인이 작성하는 운송약관이 큰 의미를 가지고 있다.

2. 운송인의 의무

1) 운송인의 화물상환증 교부의무

운송에는 상당한 시간이 걸리는 경우가 적지 않다. 따라서 송하인은 물건의 운송 중에 그것을 매매하거나 담보에 제공할 필요성이 발생한다. 이와 같은 거래를 원활하게 하기 위하여 사용되는 것이 운송증권이다. 육상운송에서는, 화물상환증이 이에 해당한다. 따라서 운송인은 송하인이 화물상환증의 교부를 청구하는 경우에는, 이를 작성·교부할 의무가 있다(상법 제128조). 화물상환증이 발행되면, 운송인은 화물상환증과 상환하여 운송물을 인도하게 된다.

2) 운송인의 처분의무

(1) 의의

운송에는 시간에 걸리기 때문에 다음과 같은 의무가 있다. 즉, 물건의 운송 중에 물건의 매수인의 신용상태가 변경된다거나, 경제정세가 크게 변화한 경우 등에는 송하인은 운송의 중지 등의 처분을 행할 수 있다고 생각된다. 상법은 송하인의 권리를 보호하기 위하여 송하인에게 이러한 처분권을 부여하고, 운송인에게 이에 따를 의무를 지우고 있다. 즉, 송하인은 운송의 중지, 운송물의 반환, 기타의 처분을 청구할 수 있다(상법 제139조).

(2) 내용

① 이와 같은 처분권은 송하인을 보호하기 위한 것이지만, 또한 운송인의 계약상의 이익도 무시되어는 아니된다. 따라서 송하인의 처분권에 의하여 운송인의 본래의 의무가 부당하게 확대되어서는 안된다. 예컨대, 상법 제139조는 물건의 반환도 청구할 수 있다고 규정한다. 그러나 목적지에 근접한 곳까지 운송한 경우에 이것을 발송지점까지 반환한다는 것은 운송인에게 지나치다. 따라서 여기서 말하는 '반환'이라 함은, 그 시점에 물건이 존재하는 지점에서 송하인에게 물건을 인도하는 것을 의미한다고 해석한다. 또한 '기타의 처분'에는, 원래의 목적지에서 떨어진 지점으로 운송하는 것, 다른 물건까지 운송하는 것 등은 처분권의 범위에 포함되지 않는다고 해석한다.

② 운송인은 이미 운송한 비율에 따른 운임, 체당금과 처분으로 인한 비용의 지급을 청구할 수 있다(상법 제139조 제1항). 그러나 비율에 따른 운임을 청구할 수 있도록 하는 것은, 상법 제134조가 송하인측의 과실로 인하여 운송물이 멸실한 경우에는 운임 전액을 청구할 수 있는 것과 비교하여, 운송인 측에게 지나치게 불리하다. 따라서 입법론으로는 이 경우도, 비율적 운임이 아닌, 운임 전액을 청구할 수 있도록 하는 것이 타당하다.

③ 처분권은 송하인이 가지는 것이 보통이지만, 화물상환증이 발행된 경우에는 그 소지인이 처분권을 가진다.

④ 운송물이 목적지에 도착한 후, 수하인이 그 인도를 청구한 때에는 수하인의 권리가 송하인의 권리에 우선한다(상법 제140조 제2항).

3) 운송인의 손해배상의무

(1) 의의와 법적 성격

운송물이 멸실, 훼손되거나, 또는 연착되는 경우에, 송하인은 운송인에게 손해배상을 청구할 수 있다. 이것은 채무불이행책임이고, 민법 제390조로 인한 책임이 발생하는 것은 당연하다. 그러나 이에 대하여 상법은 특별한 규정을 두고 있다(제135조).

이와 같은 규정을 둔 이유는, 운송계약은 통상의 계약에 비하여, 송하인의 감독이 미치지 아니하는 곳에서 행하여지는 경우가 거의 대부분이기 때문이다. 따라서 상법은 이것을 과실책임으로 하고, 운송인은 자기가 무과실을 입증하여야 하는 것으로 규정하지만, 이것은 채무불이행의 일반원칙을 구체화한 것이라고 생각된다. 이와 같은 통설에 따르면, 상법 제135조는 민법의 채무불이행원칙을 주의적으로 규정한 것에 불과하다고 해석한다.

본조는 임의규정이기 때문에, 특약으로 이를 경감하거나 면제할 수 있다.

(2) 운송인의 손해배상 청구권자

청구권자는 원칙적으로 송하인이지만, 운송물이 목적지에 도착한 후에는 수하인이 송하인과 동일한 권리를 가진다. 화물상환증이 발행된 경우에는, 그 소지인만이 손해배상 청구권자이다.

(3) 책임원인

손해배상책임을 부담하는 것은 운송물의 멸실, 훼손 또는 연착으로 인한 손해이다. ① '멸실'은 물리적 멸실뿐만 아니라 무권리자에게 인도하여 진정한 권리자에게 인도할 수 없게 된 경우도 포함한다. ② '훼손'은 운송물의 가액을 감소시키는 상태를 말하고, ③ '연착'은 약정일시 또는 통상 도착일시에 도착하지 않는 것을 말한다. 이는 제한적으로 해석하고 이 밖의 사유, 예컨대 화물상환증의 지체로 인한 손해의 경우 등에는 본조가 아니라 민법의 채무불이행의 일반원칙에 따라 손해배상의 범위를 결정한다(정동윤, 518면).

(4) 과실의 입증책임의 전환

운송인이 책임을 부담하는 것은, 운송인과 그 이행보조자, 운송주선인, 그 사용인의 임무해태로 인한 손해이다. 고용관계가 없더라도 운송에 사용된 자로 인한 경우에도 운송인은 책임을 진다. 운송인은 이들의 무과실을 입증하지 아니하는 한 책임을 진다. 민법 제756조와 같이 선임·감독에 과실이 없음을 입증하는 것만으로는 책임을 면하는 것은 아니다.

(5) 운송인의 손해배상액

① 손해배상액의 정형화

손해배상액에 대하여는 상법 제137조가 규정하고 있다. 이것은 민법 제393조에 대한 특칙이다. 본조의 취지는 운송인의 손해배상액을 일정한 한도로 제한하여 대량적이고 획일적으로 운송을 하는 운송인을 보호하고, 배상할 손해액의 범위를 정형화하며, 법률관계를 획일적으로 처리하여, 이에 관한 분쟁을 방지하는 것이다.

② 구체적 결정기준

(가) 전부 멸실 또는 연착의 경우 이 때에는 인도할 날의 도착지의 가격을 기준으로 결정하는 것으로 되어 있다(상법 제137조 제1항). 이것은 화물상환증이 발행되어 있는 경우에도, 그 증권의 제시와는 관계없이, 증권소지인이 증권을 제시한다면 운송물의 인도가 있을 날이라고 해석하여야 할 것이다.

(나) 운송물의 일부 멸실 또는 훼손의 경우 이 때에는 실제로 인도한 날의 도착지의 가격을 기준으로 한다(동조 제2항).

(다) 운임 등의 공제 멸실, 훼손 또는 연착의 결과 권리자가 지급할 필요가 없게 된 운임 기타 비용은, 이 부분을 권리자가 취득할 우려가 있기 때문에, 이를 손해액에서 공제한 액이 운송인이 배상할 액으로 된다(동조 제4항).

(라) 정액배상의 의미 본조는 손해배상액의 정형화를 도모하고 있고, 실제로 발생한 손해액이 그 이상인 경우에도 법정한 액을 지급하면 되고, 반대로 실제로 발생한 손해액이 그 이하이어도 법정의

액을 지급하여야 한다. 후자에 대하여는, 부당한 결과로 보이지만, 전자와 비교하여 공평의 견지, 그리고 운송인은 운임을 손해배상액의 기준으로 정한다는 것을 고려한다면, 반드시 부당하다고는 할 수 없다. 다만, 권리자에게 아무 손해가 발생하지 아니하는 경우에 대하여는, 당연히 손해배상의무가 없다.

③ 적용의 배제

본조가 운송인을 보호하기 위한 규정이라고 하더라도, 운송인에게 악의 또는 중대한 과실이 있는 때에는, 적용되지 아니한다(동조 제3항). 악의 또는 중대한 과실은, 운송인뿐만 아니라 그 이행보조자에게 있는 경우에도 포함된다.

(6) 고가물에 대한 특칙

① 고가물에 대한 특칙의 의의

상법 제136조는 화폐, 유가증권, 기타의 고가물에 대하여는 송하인이 운송을 위탁할 때에 그 종류와 가액을 명시한 경우에 한하여 운송인이 손해의 배상을 할 책임이 있다고 규정한다. 본조의 취지는 운송인이 운송물의 종류 및 가액에 따라 특별한 주의를 기울일 수 있도록 하고, 손해가 발생할 경우에 그 최고한도액을 알림으로써 운송인을 보호하고자 하는 것이다.

② 고가물의 의의

'고가물'이라 함은, 단지 가격이 높은 물건을 의미하는 것이 아니라, 운송인의 예견가능성에서부터 고찰하여, 용적 중량에 비하여 현저하게 고가인 물건을 말한다. 보석, 귀금속, 모피 등이 이에 해당하는 경우가 많을 것이다. 그러나 용적중량부터가 고가물인 것이 명확한 경우에는 이에 해당하지 아니한다.

③ 고가물의 명시시기

명시는 계약성립시까지 행하는 것이 필요하다. 왜냐하면 송하인이 미리 계약성립시까지 이 사항을 운송인에게 명시하면, 운송인은 이에 따른 할증운임을 청구할 수 있을 것이기 때문이다.

④ 명시하지 않은 경우 운송인의 책임

(가) **원칙** 송하인이 고가물의 종류와 가액을 명시하지 아니한 경우의 책임에 대하여는 특별히 상법에 규정이 없다. 그러나 일반적인 경우에는 송하인은 보통물로서의 손해배상도 청구할 수 없다고 해석하는 것이 보통이다. 그 이유로는 그 물건에 대하여 고가물로서가 아니라 보통물로서의 가격을 정하는 것은 곤란하다는 점을 들 수 있다.

(나) **운송인이 알게 된 경우** 명시가 없었음에도 불구하고 운송인이 운송물이 고가물이라는 것을 안 경우에 대하여, 운송인의 책임에 대하여는 다툼이 있다.

(a) 제1설 우연히 알게 되었어도 책임은 부정된다는 견해이다(채이식, 299면). 그 근거로는 대량의 물건을 다루는 운송인에게 우연히 알게 된 주관적 사정을 고려하는 것은 부당하고, 또한 고가물의 명시를 촉진하는 것을 든다.

(b) 제2설 고가물임을 안 이상 고가물로서의 주의의무를 게을리 함으로써 생긴 손해에 대하여 고가물로서의 손해배상책임을 면하지 못한다는 견해이다(강위두, 390면 ; 이철송, 534면).

(c) 제3설 고가물임을 안 운송인이 보통물로서의 주의의무를 게을리하여 손해가 발생한 경우에는 고가물로서의 책임을 진다는 견해로서, 다수설의 입장이다(최기원, 378면 ; 정찬형, 347면 ; 정동윤, 525면 ; 임홍근, 433면).

(d) 결어 제3설이 타당하다. 운송인은 고가물이 아닌 보통물로서의 운임을 지급받았을 것이므로 운송인도 보통물로서의 주의의무를 게을리 한 경우에는 상법 제137조의 고가물로서의 손해배상책임을 진다고 보아야 하기 때문이다.

(다) 명시한 가액과 실제가액이 다른 경우 운송물의 가액이 명시된 가액과 다른 경우에는 다음과 같이 해석한다. 즉, 명시된 가액이 실제 가액보다 낮은 경우에는, 운송인은 명시된 가액에 대하여서만 책임을 진다. 그러나 반대로, 명시된 가액이 실제의 가액보다 높은 경우에는, 명시의 취지가 운송인에게 손해배상액의 최고한도액을 알리는 것이라는 것을 고려하여, 운송인이 그것을 입증한다면 실제의 가액의 범위에서 책임을 지는 것으로 충분하다.

(7) 불법행위책임과의 관계

운송물이 멸실・훼손・연착한 경우에, 운송인에 의하여 운송물의 소유권이 침해되는 것이기 때문에, 운송인의 불법행위책임이 생긴다고 생각된다(민법 제750조, 제756조). 따라서 이 불법행위책임과 상법상의 손해배상책임과의 관계가 논의된다.

① 학설

(가) **청구권경합설**(이철송, 538면 ; 정동윤, 532면 ; 정찬형, 348면) 이 견해는 양자를 선택적으로 청구할 수 있다고 해석한다. 불법행위책임은 운송계약상의 채무불이행책임과 그 성립요건을 달리하는 것을 근거로 한다.

(나) **법조경합설**(정희철, 195면) 이 견해는 계약법과 불법행위법은 일반법과 특별법의 관계에 있고, 계약책임의 경우에는 불법행위책임보다 엄격한 채무불이행책임이 부과되어, 불법행위책임은 배제된다고 해석한다.

(다) **절충설** 이는 청구권경합의 경우에도 고의 또는 중과실의 경우에만 불법행위로 인한 손해배상책임을 지고, 경과실로 인한 책임은 지지 않는다는 견해(최기원, 379면), 계약책임뿐만 아니라 그 성립요건이 충족되면 불법행위책임은 성립하지만 그 내용은 일정한도(고가물특칙, 배상액제한, 면책사유)로 제한된다고 해석하는 견해(양승규・박길준, 149면)로 나뉜다.

② 판례

판례(대판 1962. 6. 21. 62다102)는 청구권경합설을 취한다.

③ 결어

양자의 선택적 청구를 허용하는 청구권설입장을 취한다.

(8) 운송인의 손해배상책임의 소멸

운송인의 책임에 대하여는, 상법은 특별히 단기의 소멸사유를 정하고 있다. 이와 같이 운송인에 대하여 특별한 책임소멸사유를 정한 것은, 운송인은 단기에 운송물을 인도하고, 증거관계를 충분히 보전할 수 없기 때문에, 책임관계를 조기에 해소시켜 운송인을 보호하기 위함이다.

① 특별소멸사유

상법 제146조는 특별한 소멸사유를 정하고 있다. 제1항은 운송인의 책임은, 수하인이 유보 없이 운송물을 수령하고 운임 기타의 비용을 지급한 때에 소멸하는 것으로 규정한다.

여기서 '유보'라 함은, 수하인 또는 화물상환증 소지인이 수령한 운송물에 관한 일부 멸실·훼손에 대하여 그 개요를 운송인에게 알리는 것을 말한다.

따라서 본조에 의하여 후일 일부 멸실과 훼손이 발견되어도 수하인은 운송인의 책임을 추궁할 수 없으므로, 수하인이 운송물을 수령한 경우에는 충분히 검사하여야만 한다.

본조는 책임이 소멸하기 위하여서는 운송물을 수령할 것을 요건으로 하기 때문에, 본조의 책임의 특별소멸사유는 운송물의 전부 멸실에 대하여는 적용되지 아니한다.

이 규정은 운송인을 보호하기 위한 것이므로 운송인을 보호할 가치가 없는 경우에는 책임은 소멸하지 아니한다. 즉, 동조 제2항은, 운송인 또는 사용인이 악의인 경우에는 적용하지 아니한다고 규정한다. 다만, 이 악의의 의미에 대하여는 다툼이 있다.

(가) 학설

(a) 제1설 운송인이 일부 멸실·훼손을 안 것으로는 충분하지 아니하고, 운송인이 고의로 일부 멸실·훼손을 발생시키거나 이를 은폐하는 것이라고 해석한다. 다수설(최기원, 380면 ; 임홍근, 436면)의 입장이다.

(b) 제2설 운송인이 운송물의 일부 멸실 또는 훼손을 알고 인도한 경우를 말한다고 해석한다. 유력설의 입장이다(정동윤, 528면 ; 일본 최판 1966. 12. 20).

(나) 판례

판례(대판 1987. 6. 23. 86다카2107)는 제2설을 취한다.

(다) 결어

제1설에 따라 운송물에 고의로 손해를 입히거나, 고의로 손해를 은폐한 경우를 의미한다고 해석한다. 대량으로 운송물을 취급하는 운송업의 성질에 비추어, 운송인의 책임관계를 신속히 해결하여 운송인을 보호하는 것이 본조의 취지이기 때문에, 이 악의를 제한적으로 해석하여 보호를 넓히는 것이 타당하기 때문이다.

② 단기소멸시효

운송인의 책임의 소멸시효에 대하여는, 운송주선인에 관한 규정이 준용되어, 운송인에게 악의가 있는 경우를 제외하고는, 수하인이 운송물을 수령한 날로부터(전부 멸실의 경우에는 운송물을 인도할 날로부터), 1년이 경과한 때 시효소멸한다(상법 제147조, 제121조).

3. 운송인의 권리

1) 운송인의 운송물인도청구권

운송인은 송하인에 대하여 운송할 수 있는 상태로 운송물을 인도하도록 청구할 수 있다. 송하인이 이에 따르지 아니하는 경우에는, 운송인은 송하인에게 이행지체의 책임을 묻고, 손해배상을 청구하거나 운송계약을 해제할 수 있다.

2) 운송인의 화물명세서 교부청구권

운송인은 송하인에게 화물명세서의 교부를 청구할 수 있다(상법 제126조 제1항). 화물명세서는 송장이라고도 불리는 것으로, 운송계약의 성립요건은 아니지만, 운송계약의 내용에 관하여 그 증거로 된다. 다만 유일한 증거로 해석할 수 없기 때문에, 다른 증거로 화물명세서의 기재와 다른 주장을 할 수 있다. 물론, 화물명세서는 유가증권이 아니다.

2007년 개정 상법은 해상운송인이 선하증권 대신 발행하는 해상운송장(상법 제863조, 제864조)와의 개념상의 혼동을 회피하기 위하여 종래 육상운송에서 사용되던 운송장을 화물명세서로 변경하였다.

운송장의 기재사항에 대하여는 상법 제126조 제2항에 규정되어 있다. 송하인은 이 사항을 기재하고 기명날인 또는 서명하여야 한다. 법정기재사항 중 일부의 흠결이 있더라도 화물명세서의 증거로서의 효력이 부정된다고 해석할 수 없다. 또한 법정기재사항 이외의 기재도 허용된다.

송하인이 화물명세서에 허위 또는 부정확한 기재를 한 때에는 운송인에 대하여 이로 인한 손해를 배상할 책임이 있다(상법 제127조 제1항). 다만 운송인이 악의인 경우에는 제외된다(동조 2항).

3) 운송인의 운임청구권

운송인은 상인이기 때문에, 특약이 없는 경우에도 보수로서 운임을 청구할 수 있다(상법 제61조). 다만, 특약이 없는 경우에는, 운송계약은 도급계약이기 때문에, 운임의 선급을 청구할 수 없다(민법 제665조). 운송물의 전부 또는 일부가 송하인의 책임 없는 사유로 인하여 멸실한 때에는 운송인은 운임을 청구하지 못하며, 이미 받은 운임을 반환하여야 한다(상법 제134조 제1항). 다만, 운송물이 그 성질의 하자 또는 송하인의 과실로 인하여 멸실한 때에는, 운임의 전액을 청구할 수 있다(동조 제2항).

4) 운송인의 비용상환청구권

운송인이 보험료와 하역료, 통관비용 등을 대신 지급한 경우에는, 운송인은 그 상환을 청구할 수 있다. 이 경우에는 운송물이 책임 없는 사유로 소멸한 때에도 청구할 수 있다고 본다.

5) 운송인의 유치권

운송인은 운송물에 관하여 받을 보수, 운임, 기타 위탁자를 위한 체당금이나 선대금에 관하여서 운송물에 대하여 유치권을 행사할 수 있다(상법 제147조, 제120조). 이 유치권은 (1) 유치물과 채권간에 견연관계가 요구되고, (2) 유치물은 채무자(위탁자) 소유의 물건일 것을 요구하지 아니하는 점에서, 상법 제58조에 의한 상인간의 유치권과 다르다.

6) 운송인의 공탁 · 경매권

상법은, 상인간의 매매와 같이, 운송인에게 공탁·경매권을 규정하고 있다(제142조). 즉, 수하인을 알 수 없는 때에는 운송인은 운송물을 공탁할 수 있다(동조 제1항). 또한 운송인이 송하인에 대하여 상당한 기간을 정하여 운송물의 처분에 대한 지시를 최고하여도 송하인이 그 기간 내에 지시를 하지 아니한 때에는, 운송인은 이를 경매할 수 있다(동조 제2항). 운송인이 운송물의 공탁·경매를 한 때에는, 지체없이 송하인에게 그 통지를 발송하여야 한다(동조 제3항). 다만, 최고할 수 없거나 운송물이 멸실 또는 훼손될 염려가 있는 때에는, 최고없이 경매할 수 있다(상법 제145조, 제67조 제2항). 운송인이 운송물을 경매한 때에는, 그 대금을 공탁하여야 하지만, 운임과 대신 지급한 비용에 충당할 수 있다(상법 제145조, 제67조 제3항).

이 규정은 수하인이 운송물의 수령을 거부하거나 수령할 수 없는 경우에도 준용되는데(상법 제143조 제1항), 운송인이 경매를 하기 위하여는 송하인에게 최고를 하기 전에 수하인에게 상당한 기간을 정하여 운송물의 수령을 최고하여야 한다(동조 제2항).

이와 같은 규정은, 운송인을 운송물의 보관의무로부터 조기에 면제시켜, 운임과 비용을 지급받을 수 있도록 하기 위한 것이다.

4. 수하인의 권리

수하인이라 함은, 도착지에서 자기의 이름으로 운송인으로부터 운송물을 인도 받을 자이다. 본래 운송계약의 당사자는 송하인으로 그에게 운송계약상의 권리·의무가 있다. 따라서 송하인과 수하인이 다른 경우에는 복잡한 문제가 생긴다. 다만, 화물상환증이 발행된 경우에는 그 소지인이 송하인과 동일한 권리를 가지고, 또 수하인으로서의 지위도 가지므로 복잡한 문제가 생기지 아니한다. 수하인은 송하인에 의하여 지정되고(상법 제126조 제2항 제3호), 또 운송중 변경될 수 있다(상법 제139조).

그러나 수하인은 운송의 진행에 따라 다음과 같이 권리·의무가 있다.

(1) 운송물이 도착지에 아직 도착하지 아니한 시점

이 경우에는 송하인 만이 운송계약상의 권리 · 의무가 있고, 처분권을 가진다(상법 제139조 제1항). 이에 반하여 수하인은 권리 · 의무가 없다.

(2) 운송물이 도착지에 도착한 시점

이 시점에서 수하인은 송하인의 동일한 권리를 취득한다(상법 제140조 제1항). 다만 송하인이 가지는 권리 · 의무는 소멸하지 아니하며, 송하인은 처분권을 가진다. 양자의 권리는 병존하지만, 송하인과 수하인사이에는 송하인의 권리가 우선하다. 따라서 송하인이 운송물에 대하여 지시를 하면, 수하인은 운송물에 대하여 인도를 청구할 수 없게 된다.

(3) 운송물이 도착하였지만, 송하인의 지시가 없는 채로, 수하인이 인도청구를 하는 시점

이 시점에서는 수하인의 권리가 송하인의 권리에 우선한다(상법 제140조 제2항).

(4) 수하인이 운송물을 수령한 시점

수하인은 운송인에 대하여 운임 기타 운송에 관한 비용과 체당금을 지급할 의무를 진다(상법 제141조). 송하인이 운임과 비용의 지급의무를 지지만, 이 의무는 수하인의 의무와는 부진정연대채무이다.

5. 순차운송

1) 순차운송의 의의

(1) 순차운송의 의의

순차운송이라 함은 동일한 물건을 수인의 운송인이 순차적으로 운송하는 것을 말한다(상법 제138조 참조). 거래가 지역적으로 확대되고, 물건을 운송할 필요가 있는 범위가 장거리에 미치는 현대에서는, 단독의 운송인이 전구간을 운송하는 것은, 비효율적이거나 곤란한 경우가 적지 않다. 따라서 구간마다 다른 별개의 운송인에 의하여 운송하는 것이 고려될 수 있다. 이 경우에 각 운송인과는 별개로 운송계약을 체결하는 것이 아니라, 1통의 운송장에 의하여 수인의 운송인이 순차적으로 운송을 인수하는 것이 순차운송이다.

(2) 광의의 순차운송

넓은 의미의 순차운송에는 다음과 같은 것이 포함된다.

① 하수(下受)운송

1인의 운송인이 전구간의 운송을 인수하지만, 그 전구간 또는 일부 구간에 대하여는, 다른 운송인에게 위탁하는 것을 말한다. 최초의 운송인을 원수(原受)운송인이라고 하고, 다른 운송인을 하수운송인이라고 한다. 하수운송인은, 송하인과 직접적인 법률관계에 서는 것은 아니고, 원수운송인의 이행보조자의 지위에 선다. 따라서 송하인(또는 수하인)으로서는, 운송물의 멸실·훼손·연착에 대하여는, 손해배상을 직접적으로 하수운송인에게 청구할 수 없고, 운송인이 책임을 진다(상법 제135조).

② 부분운송

복수의 운송인이 독립하여 각 구간별로 운송계약을 체결하는 것을 말한다. 각 운송인은 자기가 운송할 구간에 대하여서만 책임을 진다. 즉, 운송인은 다른 운송인이 운송하는 구간에 대하여서는, 직접적인 관계가 없다.

③ 동일운송

수인의 운송인이 전구간의 운송을 인수하고, 내부적으로는 그 중 각 운송인이 부담할 구간을 정하는 것을 말한다. 이 경우에는 전구간에 대하여 운송인 전원이 연대책임을 지게 된다. 그러나 이것은 상법 제138조가 적용되는 결과가 아니라, 제57조 제1항에 의한 다수 채무자간의 연대책임에 의한 것이다.

④ 협의의 순차운송

이는 제1의 운송인이 전구간의 운송을 인수하지만 그는 그중 일부 구간만을 운송하고, 그 나머지는 제2 이하의 운송인을 자기의 이름으로 송하인의 계산으로 선임하여 운송을 위임하는 것이다. 송하인의 계산으로 선임하는 점에서 '하수운송'과 구별되고, 처음부터 수인의 운송인이 공동으로 인수하는 '공동운송'과 구별된다(정동윤 582면). 수인의 운송인간에는 업무제휴관계에 있다. 순차운송에서는, 각 운송인이 송하인과 직접적인 법률관계를 선다. 상법 제138조에서 말하는 순차운송에는 협의의 것에 한정된다.

2) 순차운송인의 책임

상법 제138조에 따르면, 순차운송에서는, 운송물의 멸실, 훼손 또는 연착이 있는 경우에, 그것이 어느 구간에서 발생하였는가를 증명하지 아니하여도, 각 운송인은 연대하여 손해배상책임을 진다. 다만 이것은 대외적인 면이고, 내부적으로는 문제가 발생한 구간을 운송한 운송인에게 구상할 수 있고, 이 경우에는, 운송인은 자기가 담당하는 구간에 대해서만 책임을 진다. 만일, 다른 운송인이 담당하는 구간에 대하여 손해를 배상한 운송인이 있는 경우에는, 그는 운송을 실제로 담당한 운송인에게 구상권을 행사할 수 있다. 이 규정에 따라, 송하인과 수하인은 크게 보호받는다.

다만, 이 규정은 임의규정이기 때문에, 특약으로 본조의 적용을 배제할 수 있다.

3) 순차운송인의 대위

상법 제147조는 운송주선인에 관한 규정인 제117조를 준용하고 있다. 따라서 순차운송에서 후자의 운송인은 전자의 운송인에 갈음하여 권리를 행사할 의무를 진다(상법 제147조, 제117조 제1항). 이 경우에, 후자가 전자에게 변제한 때에는, 후자가 전자의 권리를 취득한다(상법 제147조, 제117조 제2항). 이것은 운송물을 다음의 운송인에게 인도한 운송인은, 이제는 각종의 권리행사를 할 수 없기 때문에, 후자에게 전자에 갈음하여 권리를 행사할 의무를 지운 것이다. 따라서 이와 같이 전자의 운송인을 보호하기 위하여는, 본조에서 말하는 순차운송이라 함은, 협의의 것에 한정할 필요는 없고, 광의의 것도 포함한다고 해석하여야 할 것이다. 이 점에서 상법 제138조의 순차운송과 다르다.

6. 화물상환증

1) 화물상환증의 의의

화물상환증이라 함은, 운송인이 운송물을 수령하였음을 증명하고, 그 소지인이 운송물의 인도청구권을 나타내는 유가증권이다. 운송물이 운송인의 고의 또는 과실로 인하여 멸실한 경우에는, 이 증권에 운송물의 인도청구권에 갈음하여 손해배상청구권이 화체되어 있으므로, 증권의 소지인은 운송인에게 손해배상을 청구할 수 있다.

2) 화물상환증의 법적 성격

(1) 유가증권성

화물상환증은 유가증권으로, 기명식, 지시식, 선택무기명식으로 작성될 수 있지만, 법률상 당연한 지시증권성을 가지며, 배서에 의하여 양도할 수 있다(상법 제130조). 다만, 지시금지문귀를 기재하여 기명식으로 작성하여, 지시증권성을 배제할 수도 있다(동조 단서). 상법 제65조에 의하여 어음법·수표법의 규정이 준용되므로, 배서의 방식은 어음과 수표의 경우와 같다. 다만, 화물상환증의 배서에는 담보적 효력은 없다.

(2) 처분증권성

화물상환증은, 처분증권성이 있다. 증권이 작성된 경우에는, 운송물에 관한 처분은 이 증권으로 하여야 한다(상법 제132조).

(3) 상환증권성

화물상환증은 상환증권이다. 즉, 증권이 작성된 경우에는 이것과 상환하지 아니하면 운송물의 인도를 청구할 수 없다(상법 제129조). 물론, 운송인이 자기의 위험부담으로 화물상환증과 상환하지 아니하고 운송물을 인도하는 것도 가능하다. 이에는 보증도(保證渡) · 공도(空渡)가 있다.

[보증도 · 공도]

화물상환증과 상환하지 아니하고, 수하인이 보증장을 제출하는 것으로 운송물을 인도하는 상관습이 있다. 이것을 보증도라고 부른다. 또한 보증장을 제출하지 아니는 경우에도 운송물을 인도하는 관습도 있다. 이것을 공도라고 부른다. 이것들은 화물상환증이 도착하지 아니한 경우에, 신속한 거래를 하기 위하여 이용된다.

(4) 요식증권성

화물상환증은 요식증권이고, 증권에 기재할 사항이 법정되어 있다(상법 제128조 제2항). 그런데 어음이나 수표와 같이, 법정기재사항의 일부가 흠결되어 있는 경우에, 증권이 무효로 되는가가 문제된다. 상법이 화물상환증의 기재사항을 정한 취지는, 운송을 원활히 하기 위한 것이고, 그 기재로 운송물은 어떠한 것인가, 운송계약의 내용은 무엇인가를 명확히 하기 위한 것이다. 따라서 법정기재사항이 기재되지 아니하였어도, 그것이 본질적인 사항이 아닌 경우에는, 그것이 흠결되었어도, 본질적인 사항이 기재되어 있으면 유효하다고 해석하는 것이 통설이다. 즉, 운송물의 개성과 수량·중량을 명확히 할 정도의 기재가 있으면 족하다고 해석한다. 본질적인 성질의 기재가 없는 경우에는 증권은 무효로 되지만, 이 증권도 증거로서의 가치를 가진다.

법정기재사항 이외에 대하여는, 강행법규에 반하거나, 또는 화물상환증에 반하는 기재가 아닌 한, 그 기재로 인하여 증권이 무효로 되는 것은 아니다.

(5) 요인증권 · 문언증권성

화물상환증은, 문언증권이고 요인증권이다. 양자의 관계가 문제로 되지만, 이 점에 대하여는 후술한다.

3) 화물상환증의 법정기재사항

화물상환증을 작성함에는, 법정기재사항을 기재하고, 운송인이 기명날인 또는 서명하여야 한다(상법 제126조 제2항). 다만, 법정기재사항의 일부가 기재되지 아니하여도 증권의 효력과는 관계없고, 기명날인·서명이 없어도 증권이 무효로 되는 것은 아니다.

(1) 운송물의 종류, 중량 또는 용적, 포장의 종별, 개수와 기호

문제는 운송물의 동일성이 인식될 수 있는가 여부이기 때문에, 이 기재요건을 엄격히 해석하지 아니하여도 되고, 반드시 모두 기재하여야 하는 것은 아니다.

(2) 도착지

특정한 지역이 판별되도록 기재할 필요가 있다. 반드시 기재하여야 하는 사항이다. 운송인은 이 지역에서 화물상환증의 소지인에게 운송물을 인도하게 된다. 상법상 구체적인 인도장소는 화물상환증에 기재할 것이 요구되지 아니한다. 증권의 소지인은 도착지의 기재를 근거로 인도장소를 판단하게 된다.

(3) 수하인과 운송인의 성명 또는 상호, 영업소 또는 주소

화물상환증에 의하여 운송물의 인도를 청구할 수 있는 자가 기재되어야 한다. 다만, 상법 제65조는 어음법・수표법을 준용하고 있으므로, 무기명・백지식도 가능하다. 따라서 화물상환증의 발행에서 수하인의 기재는 절대적인 것은 아니라고 해석한다.

(4) 송하인의 성명 또는 상호, 영업소 또는 주소

이것은 본질적인 기재사항은 아니기 때문에, 기재가 흠결되어 있어도 증권이 무효로 되는 것은 아니다.

(5) 운임 기타 운송물에 관한 비용과 그 선급 또는 착급의 구별

운임 등은 운송인에게 부담하는 주된 채무이다. 이에 관한 사항은 본질적인 기재사항이라고 할 수 없고, 이 기재가 없어도 증권이 무효로 되는 것은 아니다.

(6) 화물상환증의 작성지와 작성년월일

이것도 본질적인 기재사항이라고 할 수 없고, 기재가 없어도 증권이 무효로 되는 것은 아니다.

4) 화물상환증의 효력

(1) 화물상환증의 채권적 효력

① 의의

이것은 화물상환증의 소지인이 도착지에서 화물상환증과 상환으로 운송물의 인도를 청구하고, 나아가서는 손해배상을 청구할 수 있는 효력을 말한다.

② 요인성과 문언성과의 관계

(가) 화물상환증의 문언성 화물상환증소지인은, 실제의 운송계약의 내용 여하를 묻지 아니하고, 증권에 기재된 바에 따라 운송물을 청구할 수 있고, 이에 대하여 운송인은 증권에 기재되지 아니한 것

으로 소지인에게 대항할 수 없다. 이것을 화물상환증의 '문언성'이라고 한다. 상법은 화물상환증을 작성한 경우에는, 운송에 관한 사항은 운송인과 소지인간에는 화물상환증에 기재된 바에 의한다(상법 제131조)라고 규정하여 이를 명확히 한다. 따라서 운송계약과 화물상환증의 기재 사이에 상위가 있는 경우에는, 증권의 기재에 따라 결정된다. 이러한 효력을 인정한 것은, 증권의 기재문언을 신뢰한 자를 보호할 필요가 있기 때문이다. 따라서 화물상환증을 취득한 경우에 증권의 기재가 오류임을 안 소지인에게는 이러한 보호는 미치지 아니한다.

2010년 개정상법은 상법 제131조의 제목을 '화물상환증의 문언증권성'에서 '화물상환증 기재의 효력'으로 변경하고, "① 제128조에 따라 화물상환증이 발행된 경우에는 운송인과 송하인 사이에 화물상환증에 적힌 대로 운송계약이 체결되고 운송물을 수령한 것으로 추정한다. ② 화물상환증을 선의로 취득한 소지인에 대하여 운송인은 화물상환증에 적힌 대로 운송물을 수령한 것으로 보고 화물상환증에 적힌 바에 따라 운송인으로서 책임을 진다"라고 규정하여, 화물상환증이 발행된 경우 화물상환증에 적힌 대로 운송계약이 체결되고 운송물을 수령한 것으로 추정하되, 추정이 뒤집힌 경우에도 선의의 제3자에게는 운송인이 화물상환증에 적힌 대로 책임을 지도록 규정하고 있다.

(나) 화물상환증의 요인성 화물상환증은 운송계약을 원인으로 하는 '요인증권'이기도 하다. 어음과 같은 무인증권은, 증권의 작성으로 원인채권과 별개의 채권이 성립하고, 그 채권의 내용은 오직 증권에 의해서만 결정된다. 이에 대하여 요인증권은, 원인관계상의 채권이 존재하지 아니하는 경우에는, 증권이 작성되어도 권리가 발생하지 아니한다. 예컨대, 운송계약이 없이 화물상환증만이 발행된 경우에는, 그 증권은 무효이다.

(다) 문제의 소재 요인증권성과 문언증권성은 양립하기 어렵다.

그런데 화물상환증은 두 가지 성격을 함께 가지기 때문에 화물상환증의 요인증권성과 문언증권성의 관계가 다투어지고 있다. 구체적으로는, 다음 2가지 경우가 문제로 된다.

첫째, 공권(空券)의 경우이다. 즉, 운송인이 유효한 운송계약에 따라 운송물을 수령하지 아니하였음에도 불구하고, 화물상환증을 발행한 경우이다.

둘째, 물건이 다른 경우이다. 즉, 운송인이 현실적으로 수령한 운송물과 화물상환증에 기재된 운송물이 다른 경우이다.

③ 학설의 내용

(가) 요인성을 중시하는 견해 이 견해는 문언성은 운송계약의 존재를 전제로 인정되는데 불과하다고 해석한다. 따라서 운송계약이 무효이거나, 물건을 수령하지 아니한 경우에는, 화물상환증은 무효라고 해석한다. 즉, 공권에 대하여는, 원인관계가 없는 이상 증권은 무효이고, 증권에 기재된 물건을 인도할 의무를 지지 아니한다고 본다. 물건이 상이한 경우에는, 증권의 기재와는 무관하게, 실제로 운송인이 수령한 물건을 인도하면 된다고 해석한다. 다만, 증권의 소지인이 증권의 기재를 신뢰한 경우에는, 소지인은 운송인에게 '불법행위'로 인한 손해배상책임을 물을 수 있다. 이와 같이 해석한다면 증권의 문언성이 부정되는 것 같지만, 증권의 문언성은 운임 등 비교적 경미한 사항에 한정하여 인정된다고 해석한다.

그러나 이와 같은 견해에 대하여는, 소지인의 보호에 미흡하고, 화물상환증의 유통성을 크게 해친다고 비판을 받고 있다.

(나) 문언성을 중시하는 견해 이 입장은 당연히 요인성을 제한적으로 해석한다. 즉, 요인성은 증권상의 권리의 원인을 증권에 기재하여야 한다는 것을 의미하고, 그 원인이 실제로 존재할 것을 요하지 아니한다고 한다. 증권의 작성 자체가 유효하면, 공권의 경우든, 물건이 상이한 경우든, 증권에 기재된 대로 효력이 발생한다고 해석한다. 따라서 운송인이 증권의 소지인에게 부담하는 것은, 불법행위

책임이 아니라 '채무불이행책임'이다. 공권의 경우에는 전부 멸실에 준하고, 물건이 상이하거나 수량부족의 경우에는 일부 멸실과 훼손에 준하여 손해배상을 하여야 한다고 해석한다.

이 입장에서는 요인증권성은 크게 약화되는 것이 된다. 따라서 이 견해는 엄격히 운송물을 검사할 수 없는 운송인에게 가혹한 결과가 되기 쉽다.

(다) 결어 화물상환증의 문언증권성과 요인증권성은 서로 배척하는 개념이 아니라 그 적용의 면이 다를 뿐이다. 즉, 요인증권성은 화물상환증의 작성의 면에서 실질관계를 고려하여 인정되는 것이고, 문언증권성은 그 유통의 면에서 선의취득자의 보호를 고려하여 인정한 것이라고 보는 것이 타당하다(정동윤, 557면 ; 최기원, 402면).

(2) 화물상환증의 물권적 효력

① 의의

화물상환증의 물권적 효력이라 함은 화물상환증에 의하여 운송물을 받을 수 있는 자에게, 화물상환증을 교부한 때에는, 그 교부는 운송물 위에 행사하는 권리의 취득에 관하여는 운송물을 인도한 것과 동일한 효력이 있다(상법 제133조)는 것을 말한다. 여기에서 물권적 효력이라 함은 화물상환증이 물권을 표창한다는 의미는 아니고, 어떠한 자에게 증권을 인도한 경우에는, 운송물의 점유를 이전하는 효력, 즉 운송물을 인도하는 것과 거의 같은 효력을 발생시킨다는 의미이다. '화물상환증에 의하여 운송물을 받을 수 있는 자'라 함은, 증권상의 권리자로서의 자격을 가진 자이다. 즉, 이것은, 화물상환증이 지시식으로 발행된 경우에는, 최후의 소지인이고, 무기명식 또는 선택무기명식으로 발행된 경우에는, 증권의 소지인이다. 이에 동산물권의 양도(민법 제188조 제1항), 질권설정(민법 제330조)에 화물상환증의 인도에 의하여 물건의 인도를 충족시키는 것이 된다.

② 문제의 소재

문제는 물건의 선의취득과 증권의 선의취득과의 관계이다. 상법 제132조에 따르면, 화물상환증을 작성한 경우에는, 운송물에 관한 처분은 화물상환증으로써 하여야 한다. 그러나 이에 반하여 처분이 행하여져, 선의의 제3자인 갑이 운송인으로부터 운송물을 인도 받은 경우에는, 갑은 선의취득을 하게 된다. 한편, 이와 같은 사실을 알지 못하고 화물상환증을 양수한 을은, 적어도 화물상환증을 선의취득하게 되고(상법 제65조, 민법 제514조), 상법 제133조에 의하여, 운송물을 인도 받은 것과 동일하게 된다. 이 경우에 갑과 을의 권리는 어느 것이 우선하는가가 문제된다.

먼저, 갑으로서는 화물상환증이 발행되었다는 사실을 알고 있다면, 갑은 악의자로서 선의취득할 수 없다.

다음으로, 증권의 선의취득은 증권상의 권리를 선의취득하는 것뿐이고, 반드시 직접 운송물의 점유를 취득한다는 의미는 아니다. 따라서 당연히 운송물을 선의취득하는 것은 아니다. 원칙적으로는 을이 증권의 소지인을 운송물의 권리자로 믿고 이 자로부터 선의·무과실로 화물상환증을 양수한 경우에는 운송물을 선위취득할 수 있다. 그러나 이것은 상법 제133조의 직접적인 효력이 아니고, 민법 제249조의 효력에 의한 것이다. 따라서 운송물을 직접 취득한 갑이 있는 경우에는, 을의 권리보다도 갑의 권리가 우선한다.

이와 같은 법률관계는 화물상환증의 물권적 효력의 내용을 어떻게 이해하는가에 따라 논리구성이 달라지게 된다.

③ 학설의 내용

물권적 효력을 어떻게 이해할 것인가, 증권의 인도는 운송물의 인도와 완전히 동일한 것인가에 대하여는 학설상 다툼이 있다.

(가) 절대설 이 입장은, 상법 제133조는 민법이 규정하는 점유이전방법 이외에, 증권의 인도라는 점유이전의 방법을 정한 것으로 이

해한다. 따라서 운송인이 증권의 이전 당시에 운송물을 점유하고 있는가 여부와 관계없이, 증권의 이전으로써 점유의 이전이 있는 것으로 해석한다.

(나) **상대설** 이 입장은, 증권의 이전이 민법상의 점유이전에 해당한다는 것을 전제로 고찰한다. 즉, 증권의 양수인은, 운송물을 직접 점유하는 운송인에 대하여 운송물의 인도청구권을 가지는 자로부터, 간접점유를 취득한다고 해석한다. 증권의 인도는 간접점유의 이전이라고 고찰한다. 이 견해에 따르면, 증권의 인도시에 운송인이 운송물을 직접 점유하여야 하는 것이 된다. 상대설은 2가지 견해로 나뉜다. ① 엄정상대설이라고 불리는 입장이 있다. 이는 민법 제190조의 요건도 충족하지 아니하면 점유는 이전하지 아니한다고 해석한다. ② 대표설이라는 입장을 취하는 견해가 있다. 이는 화물상환증은 운송물을 대표하고, 운송물이 운송인의 직접 점유하에 있다면, 증권의 인도만으로 점유이전의 효력이 발생한다고 해석한다. 우리나라의 통설의 입장이다.

(다) **결어** 이와 같은 학설의 대립은, 다음의 2가지 논점에 대하여 결론을 달리한다. (i) 운송인이 제3자에게 운송물을 탈취 당하여, 운송물의 점유를 일시 상실하고 있는 경우에, 증권소지인은 이 제3자에게 점유회복청구의 소를 제기할 수 있는가. (ii) 운송물을 제3자가 선의취득한 경우에, 증권을 취득한 자가 운송물에 대하여 권리를 취득하는가.

절대설에 의하면, (i)에 대하여는, 증권의 소지인이 운송물의 점유를 취득한다고 해석하여, 제3자에게 점유회복의 청구의 소를 제기할 수 있다고 본다. (ii)의 운송물이 선의취득된 경우에는, 증권소지인의 물권적 효력을 부정하는 결론을 취하기가 어렵게 된다.

상대설은, (i)에 대하여는 운송물의 점유이전의 효력은 발생하지 아니하는 것이 된다. 따라서 증권소지인은 권리행사를 할 수 없게 된다. 그러나 이 견해에 대하여는 점유가 일시적으로 상실하고 있는가 어떤가는, 증권의 거래자에게는 명백하지 아니하고, 이와 같은 해석이 거래의 안전을 해친다는 비판이 있다. 이 점에 대하여 상대설은 운송인이 운송물의 직접점유를 상실한 때에도 운송인이 점유회복청구권(민법 제204조)을 가지는 동안은 운송인이 운송물을 점유하고 있는 것으로 보아 구제한다. 그러나 (ii)에 대하여는, 소지인이 권리를 상실하는 것을 잘 설명할 수 있다(近藤光男, 222面).

제 3 절 여객운송

1. 여객운송의 의의

물건운송의 대상이 물건인데 비하여, 여객운송에서는 자연인이다. 따라서 물건운송과는 달리, 운송인이 운송물을 직접 점유한다라는 요소가 없다. 그러나 여객운송도 운송계약의 하나이고, 도급계약의 일종으로 해석한다. 여객운송계약에서도, 그 계약의 내용에 있어서, 운송인이 작성한 운송약관이 중요한 역할을 하고 있다.

2. 여객에 대한 책임

1) 운송인의 여객에 대한 손해배상책임

여객이 운송에서 손해를 입은 경우에, 운송인이 손해배상책임을 지는 것은 당연하다. 다만, 운송인이 운송에 관하여 주의를 해태하지 아니하였음을 입증하면, 손해배상책임을 면한다(상법 제148조 제1항). 이는 민법상의 채무불이행의 일반원칙을 운송계약에 관하여 주의적으로 확인한 규정이다.

2) 운송에 관한 주의

'운송에 관한 주의'라 함은, 좁게 운송행위 그 자체에 관한 주의에 한정되지 아니하고, 운송인은 운송설비(노선과 역 등)에 관한 주의도 요구된다.

3) 입증책임

운송인이 책임을 면하기 위하여는 무과실을 입증할 것을 요구하여, 운송인의 책임을 무겁게 하고 있다.

4) 손해배상의 범위

손해배상의 범위는 (1) 여객의 생명·신체, (2) 연착으로 인하여 입은 손해, (3) 일실손해를 포함한다.

5) 손해배상액의 산정

상법 제148조 제2항은, 손해배상의 액을 정함에는, 법원은, 운송인의 예견가능성을 묻지 아니하고, 피해자와 그 가족의 정상을 참작하여야 한다고 하고 있다. 이것은 민법 제393조 제2항의 특칙이고, 운송인의 예견가능성을 묻지 않고 있다. 이것은, 물건운송에 있어서는 배상액이 정형화되어 있음에 대하여(상법 제137조), 여객의 생명·신체의 손해에 대하여는 개별적으로 고찰하는 것이 타당하기 때문이다. 다만 이것은 여객의 생명·신체에 손해가 발생한 경우에 관한 규정이다. 따라서 여객의 생명·신체에 대한 손해가 발생한 경우가 아니고, 단지 연착의 경우에는 이 규정은 적용되지 아니한다.

3. 수하물에 관한 책임

1) 탁송수하물에 대한 책임

운송인이 여객으로부터 인도받은 수하물에 관하여는 운임을 받지 아니한 경우에도 '물건운송인'과 동일한 책임을 진다(상법 제149조 제1항).

여객이 수하물의 수령을 거부하거나 이를 수령할 수 없는 경우 운송인이 수하물인도채무를 면하는데 대하여는, 상법 제67조가 준용되고 있다. 즉, 수하물이 도착지에 도착한 날로부터 10일내에 여객이 그 인도를 청구하지 아니한 때에는 운송인은 목적물을 공탁하거나, 상당한 기간을 정하여 최고한 후 경매할 수 있다. 이 경우에는 지체 없이 여객에 대하여 그 통지를 발송하여야 한다. 다만, 주소 또는 거소를 알지 못하는 여객에 대하여는 운송인에 의한 최고와 통지는 필요 없다(상법 제149조 제2항 단서).

2) 휴대수하물에 대한 책임

(1) 원칙

운송인이 여객으로부터 인도를 받지 아니하고, 여객 자신이 보관하는 수하물에 대하여는, 운송인의 책임은 탁송수하물에 대한 책임의 경우보다 경감되는 것이 타당하다. 따라서 운송인은 여객으로부터 인도를 받지 아니한 수하물의 멸실 또는 훼손에 대하여는 자기 또는 사용인의 과실이 없으면 손해를 배상할 책임이 없다(상법 제150조).

(2) 입증책임

여객이 손해배상을 청구하기 위하여서는, 운송인 또는 그 사용인의 과실로 인하여 수하물이 멸실·훼손되었음을 입증할 책임을 '여객'이 진다(상법 제150조).

(3) 고가물에 대한 책임

이 경우에 운송인은 물건운송인과는 다른 책임을 지게 되지만, 이 경우의 책임이 인도 받지 아니한 책임보다도 무거운 것은 부당하다. 따라서 물건운송에 있어서 고가물에 대한 운송인의 책임을 경감한 규정인 상법 제136조를 준용하여야 할 것이다.

제11장 공중접객업

제 1 절 공중접객업자의 의의

상법 제2편 제10장은 공중접객업에 관하여 규정하고 있다. 이는 고객의 물건이 멸실 또는 훼손된 경우에, 공중접객업자가 어떠한 책임을 지는가를 명확히 하고 있다. 여기에서 공중접객업자라 함은, 일반공중이 이용하는데 적당한 설비를 갖추고, 고객에게 그 설비를 이용하게 하는 것을 목적으로 하는 영업이다. 인터넷방, 노래방, 극장, 여관, 호텔, 레스토랑, 이발소, 목욕탕, 골프장 등이 이에 해당한다.

제 2 절 공중접객업자의 책임

1. 공중접객업자의 책임

1) 공중접객업자의 수치한 물건에 대한 책임

(1) 공중접객업자의 수치한 물건에 대한 책임

공중접객업자는, 고객으로부터 물건을 임치 받은 경우에는, 특별히 무거운 책임을 진다. 즉, 상법 제152조 제1항에 따르면, 공중접객업자는, 고객으로부터 임치를 받은 물건의 멸실 또는 훼손에 대하여, 임치받은 물건에 관하여 주의를 게을리 하지 아니하였음을 증명하지 아니하면 손해를 배상할 책임을 면하지 못한다. 이에 따라 공중접객업자는 자기 또는 그 사용인의 무과실을 입증하지 아니하는 한 책임을 면하지 못한다. 이것은 로마시대에 물건의 수령에 대한 여관주인의 책임을 강화한 레셉툼(receptum)책임을 계수한 것이다. 종래에는 공중접객업자가 불가항력으로 인함을 증명하지 않으면 책임을 면하지 못하였지만, 2010년 상법개정시에 완화되었다. 그 이유는 불가항력의 경우에만 면책되는 엄격책임은 연혁적 사유에서 비롯할 뿐으로 오늘날 경제 환경에 적합하지 않으므로 다른 업종과 같이 주의의무를 게을리하지 아니하였음을 증명하는 경우에는 면책되도록 한 것이다.

(2) 적용요건

① 본조 1항의 책임이 인정되기 위하여는 (ⅰ) 공중접객업자로서의 주된 급부에 관한 합의 (ⅱ) 임치의 합의가 있어야 한다. 따라서 주차장에 들어 있는 자동차, 코인 록에 놓은 물건에 대하여는, 이것

을 임치한 것으로 볼 수 없고, 공중접객업자는 보관장소를 제공한 것에 불과하다고 해석한다. 판례(대판 1992. 2. 11. 91다21800)는 여관에 주차한 자가 자동차를 종업원에게 알리지 않은 채 임시주차장에 주차해 놓았다가 자동차를 도난 당한 사건에서 본조 제1항의 적용을 배제한다.

판 례

대판 1992. 2. 11. 91다21800 …… 갑은 하룻밤을 지내기 위하여 여관에 투숙하면서 자기의 승용차를 여관앞 노폭 6M 도로의 건너편에 위치하고 있는 건물의 여관주차장에 주차하여 놓았다가 밤사이에 도난당하였다. 이 주차장은 여관의 부대시설의 하나로 설치된 것으로서 그 출입구가 여관의 계산대와 마주 볼 수 있는 위치에 있었고, 그 입구에 '국화장주차장'이라는 간판을 세웠으며 그 외곽에 천으로 된 망을 쳐 놓았고, 차를 세울 부분에는 비와 눈에 대비한 지붕을 설치하였다. 그러나 주차장을 관리하는 종업원이 따로 있지 아니하고 열쇠장치가 된 출입문 기타 도난 방지를 위하여 특별한 시설이 설치되지 아니하는 등 주차장에 대한 통제가 별로 행해지지 아니하였다. 그리고 갑은 자동차를 주차한 사실을 여관종업원에게 알리지 아니하였다. 여관업자에게 상법 제152조 제1항에 따른 손해배상이 청구되어 대법원은 다음과 같이 판시하였다. 동조 제1항에 책임을 물으려면 공중접객업자와 객 사이에 공중접객업자가 자기의 지배영역 내에서 목적물 보관의 채무를 부담하기로 하는 명시 또는 묵시의 합의가 있어야 한다. 그러나 주차장 출입과 주차사실을 통제하거나 확인하는 조치가 되어 있지 아니한 채 단지 주차의 장소만이 제공되어 있고 고객이 접객업자측에게 주차사실을 고지하거나 차량열쇠를 맡겨 차량의 보관을 위탁하지 아니한 본 사안의 경우에는 동조 제1항의 적용이 없다.

② 임치받은 물건에 관하여 주의를 게을리 하지 아니하였음을 증명하여야 한다.

2) 공중접객업자의 수치하지 않은 물건에 대한 책임

상법 제152조 2항에서는, 객으로부터 임치를 받지 아니한 경우에도, 객이 휴대하고 그 시설 내에 들어간 경우에, 그 물건이 멸실 또는 훼손된 경우의 영업주의 책임에 관하여 규정하고 있다. 즉, 객이 휴대한 물건에 대하여, 공중접객업자 또는 그 사용인의 과실로 인하여 멸실 또는 훼손된 경우에는, 공중접객업자가 책임을 지게 된다. 원래 공중접객업자가 임치를 받지 아니한 이상 계약상의 책임을 지지 아니하지만, 여기에서는 공중접객업자의 책임을 강화하고 있다.

3) 면책의 특약

이상의 책임은 고객의 보호를 위하여 공중접객업자의 책임을 엄격히 한 것이지만, 상법 제152조 제3항은, 공중접객업자가 책임이 없다는 뜻을 게시한 것만으로는 이 책임을 경감할 수 없음을 규정하고 있다. 따라서 공중접객업자가 일방적으로 게시한 것만으로 그 책임이 경감되지 아니한다. 다만, 이와 같은 게시가 아무 의미가 없다는 의미는 아니다. 객이 이 게시를 무시한 때에는 과실상계의 사유로 된다.

2. 고가물의 특칙

1) 의의

화폐, 유가증권 등의 고가물에 대하여는 상법에 특칙이 있다. 객이 고가물의 종류와 가액을 명시하여 임치하지 아니하면, 공중접객업자는 그 물건의 멸실 또는 훼손으로 인한 책임을 면할 수 없다(상법 제153조). 이 규정은, 물건운송과 운송주선인의 영업과 같은 취지이다. 즉, 영업주를 가혹한 책임에서 면제시킨 것이다.

2) 명시의 내용

명시의 내용은, 공중접객업자가 임치를 받을 것인지 여부를 판단하거나, 또는 보관방법으로 어떠한 처리를 하여야 하는가를 판단할 수 있을 정도이어야 한다.

3) 휴대수하물의 경우

상법 제153조는 객이 임치하지 아니한 고가물에 대하여는 직접 언급하지 아니하고 있지만, 고가물임을 명시하지 아니한 휴대수하물에 대하여는, 상법 제152조 제2항의 책임은 생기지 아니한다고 해석된다.

4) 공중업객업자의 악의 또는 고의의 경우

객이 고가물에 대하여 명시하지 아니한 경우에도, 공중접객업자가 고가임을 안 경우에는 면책되지 아니한다고 보는 것이 형평의 견지에서 타당하다. 또한 공중접객업자가 고가물인 물건을 고의로 멸실 또는 훼손시킨 경우에도, 면책되지 아니한다고 본다.

5) 불법행위책임

문제는 채무불이행책임이 아닌 불법행위책임을 추궁할 수 있는 경우에도, 상법 제153조가 적용되는가 여부이다. 이에는 청구권경합설과 법조경합설이 주장된다.

3. 단기소멸시효

이상의 공중접객업자의 책임에 대하여는 단기소멸시효가 정하여져 있다. 즉, 공중접객업자가 임치물을 반환하거나 객이 휴대물을 가져간 후 6월을 경과하면 소멸시효가 완성한다(상법 제154조 제1항). 또한 물건이 전부 멸실한 경우에는, 객이 그 시설을 퇴거한 날로부터 6월이 경과하면 시효소멸한다(동조 제2항). 다만, 공중접객업자에게 악의가 있는 경우에는, 이 단기소멸시효는 적용되지 아니한다. 여기서 악의라 함은, 상법 제121조 제3항의 경우와 같이, 고의로 멸실 또는 훼손을 시킨 경우를 말한다고 해석된다.

또한 공중접객업자의 책임에는, 운송인의 책임에 관한 상법 제146조와 같은 규정이 없다.

제12장 창고업

제 1 절 창고업의 특색과 법적 규제

1. 창고업의 특색

창고업은 타인의 영업을 보조하는 보조상의 하나로서 어느 점에서 운송업과 유사하다.

물건의 보관과 물건의 운송은 성격이 전혀 다르지만, 운송업은 공간적 장애를 극복하는 것을 목적으로 함에 비하여, 창고업은 시간적 장애의 극복을 목적으로 하는 점에서 유사하다고 말할 수 있다.

또한 운송업에서 화물상환증이 이용되는 것과 같이, 창고업에서도 창고증권이 이용되고 있다. 임치인이 어떠한 물건을 창고업자에게 보관시킨 경우에, 창고업자의 보관 중에, 그 물건을 처분할 필요가 있는 경우도 예상되고, 이것을 가능하게 하기 위하여 창고증권이 발행되는 것이다. 그 결과 임치인은 보관중인 물건을 원활하고 신속히 처분할 수 있고, 이를 담보로 금융을 받을 수도 있게 된다.

2. 물류사업으로서의 창고업

물류사업이라 함은 화주의 수요에 따라 유상으로 물류활동을 영위한 것을 업으로 하는 것을 말하고(물류정책기본법 제2조 1호), 물류란 재화가 공급자로부터 조달·생산되어 수요자에게 전달되거나 소비자로부터 회수되어 폐기될 때까지 이루어지는 운송·보관·하역(荷役) 등과 이에 부가되어 가치를 창출하는 가공·조립·분류·수리·포장·상표부착·판매·정보통신 등을 의미하며(물류정책기본법 제2조 2호), 물류체계의 효율화, 물류산업의 경쟁력 강화 및 물류의 선진화·국제화를 위하여 '물류정책기본법'이 제정되어 있다. 창고업은 물류사업의 중추를 담당하고 화물터미널(화물의 집하, 하역, 분류, 포장 또는 통관 등에 필요한 기능을 갖춘 시설물)을 구성한다.

또한 농·임·축·수산물 및 공산품의 도매·소매·보관·포장 및 이와 관련된 정보·용역의 제공 등을 목적으로 하는 산업을 의미하는 유통산업의 효율적 진흥과 균형적 발전을 도모하고, 건전한 상거래 질서를 확립하며 소비자를 보호할 목적으로 '유통산업발전법'이 제정되어 있다. 창고는 종래의 물건의 보관시설 또는 보관장소의 기능에서 집배송시설(상품주문처리·재고관리·소송·보관·하역·포장 및 가공활동과 그 활동을 유기적으로 조정·지원하는 정보처리활동에 직접 사용되는 기계 또는 장치) 또는 집배송센터(유통사업자 또는 제조업자의 사용에 제공하기 위하여 집배송시설 및 관련 업무시설 또는 판매시설을 갖추어 조성한 시설물)로서 물류센터 또는 유통센터로서 기능으로 변화하고 있다. 지식경제부장관은 집배송시설의 설치를 촉진하기 위하여 시·도지사의 추천을 받아 공동집배송센터개발촉진지구를 지정하여 필요한 지원을 할 수 있다(동법 제34조).

제 2 절 창고업자의 의의

창고업자라 함은, 타인을 위하여 창고에 물건을 보관하는 것을 영업으로 하는 자를 말한다(상법 제155조). 보관 즉, 임치를 인수하는 것은 영업적 상행위이고(상법 제46조 제14호), 이것을 영업으로 하는 창고업자는 상인이다(상법 제4조). 다만 물건운송인도 물건을 보관하지만, 이 경우 보관은 본래의 운송업무에 당연히 포함되어 있는 것이기 때문에, 이 점에서 운송인은 창고업을 한다고 할 수 없다.

(1) 물건의 '보관'을 영업으로 하는 자이다.

창고업자는 스스로 물건을 보관하는 것이고, 물건을 자기 점유 아래 둘 것이 요구된다. 위탁자로서는 어느 창고에 보관되어 있는가, 또 누구에게 보관시키는가는 큰 의미가 없고, 보관을 인수한 창고업자가 스스로 보관할 필요가 있다. 또한 창고업자가 소유하는 창고에 보관하는 경우에도, 창고업자가 스스로 보관하는 것이 아니라, 창고 전체를 제3자에게 임대하는 자는 여기의 창고업자는 아니라고 해석한다. 다만, 보관방법으로 창고 전체를 특정한 고객을 위하여 사용하는 것은 창고업에 해당한다.

창고업자가 영업으로 하는 것은 타인의 물건을 보관하는 것이고, 물건의 소유권을 취득하는 소비대차를 하는 자는 창고업자가 아니다.

(2) '창고'에의 보관

창고는 통상 건물을 의미하지만, 여기서는 이와 같은 좁은 의미의 건조물인 창고에 한정되지 않는다. 이와 같은 것이 아니어도, 보관에 제공되는 공작물, 또는 그와 같은 공작을 한 토지와 수면이어도 좋다. 예컨대, 돌을 보관하는 장소, 나무를 보관하는 장소 등도 여기에서 말하는 창고이다.

(3) '물건'의 보관

물건은 반드시 특정물일 필요는 없다. 대체가능한 물건을 보관하는 경우에 대하여는 혼장임치, 즉 임치 후 동종 동질의 것을 같은 수량으로 반환하는 계약을 체결하는 경우에도, 창고업자라고 할 수 있다. 이 경우에는, 창고업자에게 물건의 소유권이 이전하는 것은 아니고, 임치물은 임치인의 공유로 되기 때문이다. 다만, 상법의 창고업에 관한 규정은, 특정물의 임치를 염두에 둔 규정이다.

판례

대판 1994. 4. 26. 93다62539, 62546 …… 갑이 을과의 임치계약에 의하여 건고추를 병 소유의 냉동창고 중 을이 임차한 부분에 운반, 적치하고 그 입고시에 병은 갑이 제시한 서류만을 근거로 하여 그 서류에 기재한 입고량에 따른 인수증을 갑에게 발행하였다면 갑과 을간의 위 임치계약은 위 창고부분의 소유자이자 임대인인 병이 가동하는 냉동시설의 가동에 의하여 그 계약목적이 달성하려는 것이 당연 전제되어 있다고 보이는 데다 창고업자인 병이 그 영업범위 내에서 위 건고추의 입고와 보관에 관여한 점에 비추어, 병은 위 물품인수증을 갑에게 발행함으로써 갑에 대한 관계에서는 적어도 상법 제62조의 무상수치인인 지위에서 선량한 관리자로서 주의의무를 진다. 이 사건에서 대법원은 갑과 병 사이에 창고임치계약이 성립하였는지 여부에 관하여 명시하지 아니한다.

제 3 절 창고임치계약의 성질

1. 낙성(諾成)계약성 · 불요식(不要式)계약성

창고업은 임치를 인수하는 행위이고 이 인수에는 임치물의 인도가 반드시 필요하지 아니하므로 낙성계약이고, 특별한 방식을 요하지 아니하므로 불요식계약이다.

2. 부합계약성

창고임치계약의 내용은 약관에 따라 정해지는 것이 일반적이다. 따라서 창고임치계약에 있어서는 창고임치약관이 중요하다.

제 4 절 창고업자의 의무

1. 창고업자의 보관의무

1) 보관의 내용

창고업자는 선량한 관리자의 주의로써 임치물을 보관할 의무가 있다.

이 경우 임치인의 승인이 없는 한, 창고업자는 수급인 등의 제3자에게 보관시킬 수 없고(민법 제701조, 제682조), 스스로 보관하여야 한다. 왜냐하면 창고임치에서 어느 창고에 보관하는가, 어떠한 경우에는 창고업자가 자력이 있는가가 중요한 의미를 가지며, 제3자에게 보관시킨다면 임치인의 기대와 이익에 반하기 때문이다.

보관방법에 대하여, 계약에서 특히 정한 경우에는 이에 따라야 하지만, 창고업자는 선량한 관리자의 주의로써, 임치물의 성질과 보관방법이 적합한지 여부를 충분히 고려하여야 한다.

보관 중에 임치물에 대하여 제3자가 권리를 주장하여 소송을 제기한 경우에는, 창고업자는 지체없이 그 사실을 통지하여야 한다(민법 제696조). 또한 임치물에 대하여 가처분이 행하여진 경우에는, 임치인에 대하여 그 뜻을 통지하여야 한다. 다만 그 후의 경과에 대하여서까지 보고할 필요는 없다.

2) 보관의 종기

(1) 일반적인 경우

보관의 시기에 대하여는, 당사자가 계약으로 정하면 이에 따르지만, 특별히 정하지 아니한 경우에는, 창고업자는 임치물을 받은 날로부터 6월이 경과하지 아니하면, 반환할 수 없다(상법 제163조 제1항).

이와 같은 규정이 두어진 이유는 임치인을 보호하기 위함이다. 즉, 민법에서는 수치인은 어느 때라도 임치물을 반환할 수 있다고 규정하지만(민법 제699조), 창고업에 있어서는 임치인은 어느 정도의 기간동안 보관할 것을 기대하고 있고, 임치인이 창고업자로부터 어느 때라도 반환당할 수 있다고 한다면, 그가 창고를 이용하는 경제적 의의가 상실하고 말기 때문이다.

(2) 부득이한 사유가 있는 경우

부득이한 사유가 있는 때에는, 창고업자는 언제든지 반환할 수 있다(상법 제164조). 여기서 '부득이한 사유'라 함은, 보관에 적합하지 아니한 상태가 된 경우를 말한다. 예컨대 임치물이 부패하는 경우를 들 수 있다.

(3) 임치인의 청구

임치인은 언제라도 반환청구를 할 수 있다. 다만, 창고증권이 발행된 경우에는, 창고업자는 증권과 상환으로 임치물을 반환한다. 또한 보관기간 도중에, 임치인이 임치물을 반환받은 경우에도, 임치인은 예약의 보관기간 전부에 대하여 보관료를 지급할 필요는 없고, 출고할 때까지의 보관료를 지급하면 된다.

2. 창고업자의 창고증권교부의무

창고업자는 임치인의 청구에 의하여 창고증권을 교부할 의무가 있다(상법 제156조).

3. 창고업자의 점검 · 견품제출의무

임치인 또는 창고증권소지인은 영업시간 내에 언제든지 창고업자에 대하여 임치물의 검사 또는 견품의 적취를 요구하거나 그 보존에 필요한 처분을 할 수 있다(상법 제161조).

이와 같은 규정을 둔 것은 임치인을 보호하기 위함이다. 즉, 임치인이 임치 중의 물건을 양도하기 위하여 견품이 필요한 경우도 있고, 창고업자가 적절한 보관을 하고 있는가 여부를 점검할 필요가 있는 점이 고려된 것이다. 따라서 창고업자는 이와 같은 청구에 따를 의무가 있다. 이 경우에, 창고업자는 임치인 등에 의한 점검과 적출(摘出)을 허용하는 것뿐만 아니라, 적극적으로 이에 협력할 의무를 진다.

4. 창고업자의 손해배상책임

1) 의의와 법적 성격

(1) 의의

창고업자는, 자기 또는 사용인이 임치물의 보관에 관하여 주의를 해태하지 아니하였음을 증명하지 아니하면, 임치물의 멸실 또는 훼손에 대하여 손해를 배상할 책임을 면하지 못한다(상법 제160조).

(2) 법적 성격

이것은 민법의 채무불이행책임의 일반원칙과 같고, 따라서 주의적 규정에 불과하다. 또한 상법 제160조는 임의규정으로 약관 등으로 이를 경감하거나, 면제할 수도 있다. 따라서 실제로는 창고업자의 임치물검사에는 한계가 있고, 보관료를 저렴화할 필요가 있는 점 등에서 약관으로 손해가 창고업자 또는 그 사용인의 고의 또는 중과실로 인하여 발생한 것을 임치인이 증명하지 아니하는 한, 창고업자는 손해배상책임을 지지 아니한다고 규정하는 경우도 있다.

2) 청구권자

손해배상을 청구할 수 있는 자는, 임치인 또는 창고증권소지인이지만, 청구하는 자가 임치물의 소유권자일 필요는 없다. 즉, 임치인이 소유권자가 아니어도 손해배상을 청구할 수 있다. 이 경우에 임치물의 멸실 또는 훼손이 있는 경우에는, 소유권자는 먼저 임치인에게 손해배상을 청구할 것이다. 임치인이 배상한다면, 그에게 실제로 손해가 생긴 것이기 때문에, 임치인이 창고업자에게 손해배상을 청구한다는 의미가 있다. 그러나 임치인이 소유자에게 배상한 후가 아니면, 창고업자에게 배상청구를 할 수 없는 것은 아니다.

3) 손해배상액

창고업자가 부담하는 손해배상액에 대하여는, 물건운송에서와 같은 규정(상법 제137조)은 없다. 따라서 민법의 채무불이행의 일반원칙에 따라서 고찰하여야 한다.

4) 임치물과 창고증권의 기재내용이 다른 경우

창고업자가 창고증권을 작성·발행한 경우에, 임치물과 증권에 기재된 내용이 다른 때에는 화물상환증의 채권적 효력에서 설명한 것과 같은 문제가 발생한다. 다종다양한 물건을 보관하는 창고업자가 임치물을 정확히 검사하는 것은, 실제로 곤란하다. 또, 포장의 성질로부터 점검이 부적당한 경우도 있다. 따라서 창고증권에 '내용부지약관'이 기재되는 경우가 있다. 이것은, 임치물에 대하여 그 내용을 점검하는 것이 부적당한 것에 대하여는, 그 종류, 품질 및 수량을 기재하여도 창고업자는 책임을 지지 아니한다는 것이다. 이와 같은 내용부지약관은 유효한 것으로 해석되고 있다. 그러나 어느 경우에도 창고업자의 책임이 부정된다고 해석할 수는 없다.

창고업자는, 증권에 기재된 포장의 방법, 임치물의 종류에 비추어 그 내용을 검사하는 것이 용이하지 아니하거나, 또는 포장을 풀어서 내용을 검사하면 그 품질 또는 가격에 영향이 미친다던가, 거래의 관념에 비추어 명확한 경우에 한하여, '부지약관'을 원용하여, 증권소지인에 대하여 증권상의 책임을 면할 수 있다.

5) 책임의 소멸

창고업자의 책임에 대하여는, 운송인과 같이, 책임의 특별소멸사유와 특별한 단기소멸시효가 규정되어 있다.

(1) 특별소멸사유

임치인 또는 창고증권 소지인이 유보없이 임치물을 수령하고 보관료를 지급한 때에는, 창고업자의 책임은 소멸한다(상법 제168조, 제146조).

(2) 단기소멸사유

임치물의 멸실 또는 훼손으로 인하여 생긴 창고업자의 책임에 대하여는, 출고일로부터 1년이 경과하면 소멸시효가 완성한다(상법 제166조 제1항). 1년의 계산에 대하여는, 임치물이 전부 멸실한 경우에는, 임치인과 알고 있는 창고증권소지인에게 그 멸실의 통지를 발송한 날로부터 기산한다(상법 제166조 제2항). 다만, 창고업자에게 악의가 있는 경우에는, 이 단기소멸시효는 적용되지 아니한다(상법 제166조 제3항). 여기에서 악의의 의미에 대하여서는 상법 제154조에서와 같이 견해가 나뉜다.

① 제1설

운송인이 일부 멸실·훼손을 안 것으로는 충분하지 아니하고, 운송인이 고의로 일부 멸실·훼손을 발생시키거나 이를 은폐하는 것이라고 해석한다.

② 제2설

운송인이 운송물의 일부 멸실 또는 훼손을 알고 인도한 경우를 말한다고 해석한다. 유력설의 입장이다(정동윤, 624면 ; 최기원, 398면).

③ 결어

제1설을 취하여 임치물에 고의로 손해를 입히거나, 고의로 손해를 은폐한 경우를 의미한다고 해석한다. 대량으로 임치물을 취급하는 창고업자의 성질에 비추어 창고업자의 책임관계를 신속히 해결하여, 창고업자를 보호하는 것이 본조의 취지이기 때문에, 이 악의를 제한적으로 해석하여 보호를 넓히는 것이 타당하기 때문이다.

제 5 절 창고업자의 권리

1. 보관료 및 비용상환청구권

1) 창고업자의 보관료청구권

창고업자는 상인이기 때문에, 특약이 없이도 보수를 청구할 수 있다(상법 제61조). 다만, 상법 제162조는 임치물의 출고시가 아니면 청구할 수 없다고 규정한다. 보관기간 경과 후에는 출고 전에도 가능하다(상법 제162조 제2항).

보관기간 경과 전에 임치물의 일부만을 출고하는 경우에는, 이에 따라 보관료를 청구할 수 있다.

만일, 임치인의 책임 있는 사유로 인하여 창고계약이 종료하는 경우에는, 창고업자는 그 비율에 따른 보관료를 청구할 수 있을 뿐이다.

2) 창고업자의 비용상환창구권

보관료 이외에도, 창고업자는 소요된 비용과 체당금의 지급을 청구할 수 있다.

3) 창고업의 보관료지급의무자

보관료 등의 지급의무자로서 창고임치계약의 당사자인 임치인이 이에 해당함에는 의문이 없다. 그러나 이 외에도 창고증권의 소지인에게도 청구할 수 있는가가 문제된다. 이것은 임치된 물건에 대하여 인도청구권을 가진 자가 창고임치계약의 당사자와 다른 경우에 생기는 문제이다. 이 점에 관하여, 물건운송에 있어서는 수하인은 운송인에 대하여 운임과 비용을 지급할 의무를 진다(상법 제141조).

이에 비하여, 창고업에 대하여는 이와 같은 규정이 없기 때문에 문제된다. 특히, 증권의 소지인이 임치물의 인도청구를 하는 경우에 문제가 생긴다.

2. 창고업자의 유치권

창고업자에 대하여는 유치권은 민법 제320조에 의한다. 다만, 임치인이 상인이고 임치물이 그의 소유인 경우에는, 상법 제58조의 유치권을 창고업자가 취득한다.

3. 창고업자의 경매 · 공탁권

임치물의 수령을 거부하는 경우에는, 창고업자는 상인간의 매매에 있어서의 매도인과 같이, 임치물을 경매 · 공탁할 수 있다(상법 제165조, 제67조 제1항 · 2항). 즉, 임치인 또는 창고증권 소지인이 임치물의 수령을 거부하거나, 이를 수령할 수 없는 때에는, 창고업자는, 임치물을 공탁하거나 상당한 기간을 정하여 최고하고 임치물을 경매할 수 있다. 멸실 또는 훼손될 염려가 있을 때에는 최고없이 경매할 수 있다.

다만, 제165조는 제67조 제3항을 준용하지 아니하기 때문에, 창고업자는 경매대금을 공탁할 수 없다. 그 결과 창고업자가 경매대금을 보관한다.

제6절 창고증권

1. 창고증권의 의의

창고증권은 창고업자에 대한 임치물반환청구권을 표창하는 유가증권이다. 이것은, 물건을 창고에 둔 채로 매매하거나 금융을 얻고자 이용된다.

2. 입법례

소유권과 질권을 하나의 증권으로 표창시키는가는 반드시 같지 아니하고 각국의 입법정책에 따라 결정된다.

1) 단권(單券)주의

이것은 하나의 창고증권으로 소유권을 이전할 수도 있고, 질권도 설정할 수 있도록 하는 방법이다(미국, 독일).

2) 복권(複券)주의

임치물에 대하여 소유권을 표창하는 증권과 질권을 표창하는 증권을 별개로 발행하는 것이다(프랑스).

3) 병용주의

단권주의와 복권주의의 양자를 선택할 수 있도록 하는 입법주의이다(일본).

4) 상법의 입장

우리 상법은 단권주의를 취한다.

3. 창고증권의 발행

창고업자는 임치인의 청구에 의하여 창고증권을 작성·교부하여야 한다(상법 제156조 제1항). 이에는 일정한 사항을 기재한다(동조 제2항).

4. 창고증권의 양도

창고증권은 임치물의 반환청구권을 표창하는 유가증권으로서, 법률상 당연한 지시증권이다. 그러므로 기명식이라도 배서에 의하여 양도하거나 입질할 수 있고, 배서를 금지하기 위하여는 그 뜻을 기재하여야 한다. 배서에는 권리이전적 효력, 자격수여적 효력, 선의취득, 인적항변의 절단 등이 인정되지만, 담보적 효력은 없다.

5. 창고증권의 효력

창고증권은 문언증권, 상환증권, 인도증권, 처분증권이다. 또한 창고증권에는 화물상환증과 같이 채권적 효력과 물권적 효력이 있다.

제13장 리스계약

제 1 절 리스계약의 의의

1. 금융리스의 의의

여신전문금융업법은 시설대여를 “물건을 새로이 취득하거나 대여받아 거래상대방에게 일정기간이상 사용하게 하고, 그 기간에 걸쳐 일정대가를 정기적으로 분할하여 지급받으며, 그 기간 종료후의 물건의 처분에 대하여는 당사자간의 약정으로 정하는 방식의 금융”이라고 정의하고 있는데(제2조 제10호), 이것이 금융리스이다. 판례(대판 1997.11.14. 97다6193)도 리스라 함은 리스이용자가 선정한 특정 물건을 리스업자가 새로이 취득하거나 대여받아 그 물건에 대한 직접적인 유지·관리책임을 지지 아니하면서 이용자에게 일정 기간 사용하게 하고 그 기간 종료 후 물건의 처분에 관하여는 당사자간의 약정으로 정하는 계약이라고 하여 그 뜻을 같이 한다. 2010년 개정상법은 “금융리스이용자가 선정한 기계, 시설, 그 밖의 재산(이하이 장에서 "금융리스물건"이라 한다)을 제3자(이하 이 장에서 "공급자"라 한다)로부터 취득하거나 대여받아 그 타인에게 이용하게 하는 것을 영업으로 하는 자를 금융리스업자라 한다"라고 금융리스를 정의하고 있다. 이하에서 리스는 특별히 명시하지 않으면 금융리스를 의미하는 것으로 하고, 운용리스 등 그 밖의 리스에 대하여는 별도로 서술한다.

2. 리스의 연혁

리스는 미국의 The Bell Telephone Company가 1877년 시작한 이래 미국의 철도회사들이 기존의 재산에 설정된 담보권이 새로 구입되는 회사의 설비에 미치는 것을 방지하기 위한 수단으로 주로 이용되다가 오늘날과 같은 의미의 리스는 1952년 U.S. Leasing Corporation에 의하여 시작되었다. 현대에는 컴퓨터, 기계, 기구, 자동차뿐만 아니라 항공기, 선박과 같은 고가품을 대상으로 널리 이용되고 있다. 한국에서는 1972. 12 최초의 리스업자인 한국산업리스(주)가 설립되어 금융리스거래가 주로 행하여지다가 최근에는 이외에도 운용리스, 유지관리부리스 등으로 영역이 확장되고 있다.

3. 금융리스의 경제적 기능

금융리스는 세법 · 회계상으로 유용한 기능을 가진다.

1) 세법상의 기능

이용자는 금융리스 형식을 통한 설비투자금융으로 절세효과를 얻는다. 가령 상인이 금융기관으로부터 소비대차로서 자금을 차용하여 기계 · 설비를 취득하는 경우, 금융기관에 대한 지급이자와 기계 · 설비의 감가상각비가 세법상 손비로 처리되고(자기자금에 의한 구입이라면 손금액은 감가상각비뿐), 이중 각 사업년도에 인정되는 감가상각은 법정내구년수에 의하여 결정된다. 그런데 기술혁신이 급속한 물건은 법정내구년수보다 빨리 노후화하여 손비처리할 수 없는 부분이 있게 된다. 반면 금융리스의 경우에는 리스기간을 법정내구년수보다 단축하여 설정함으로써 리스료 전액이 세법상 이용자의 손비로 인정되기 때문에 그 물건을 자기자금으로 구입할 자력이 충분한 상인도 절세목적으로 금융리스를 이용하는 경우가 많다.

2) 회계상의 기능

이용자의 회계처리상 금융리스는 진정한 임대차와 같이 취급되어 리스료가 손익계산상 비용으로 계상된다. 이는 금융기관으로부터 차입금으로 물건을 취득하면 대차대조표상 부채의 부에 기입되는 것에 비추어 금융리스를 이용하면 이용자의 재무비율은 향상된다.

4. 금융리스의 특징

다음과 같은 특징을 갖춘 계약을 금융리스라고 한다. ① 리스업자는 이용자가 선택한 물건을 이용자가 선택한 공급자로부터 구입하여 이용자가 사용하게 한다. ② 리스업자가 리스물건을 소유한다. ③ 리스업자는 리스료로써 물건구입대금 · 이자 · 비용 · 수수료 등의 전액을 회수한다. ④ 리스기간중 이용자에게 중도해지권은 없다. ⑤ 물건의 수선 · 보수의무는 이용자가 진다. ⑥ 리스업자는 물건의 멸실 · 훼손의 위험부담과 하자담보책임을 지지 아니한다.

5. 금융리스거래의 당사자

금융리스거래에는 리스이용자, 리스업자, 공급자의 3 당사자가 존재한다.

(1) 리스이용자(user, lessee) 리스물건을 사용·수익하고 리스료를 지급한다.

(2) 리스업자(lessor) 리스물건의 소유자이고 리스료를 지급받는다.

(3) 공급자(supplier) 리스업자와 매매계약을 체결하고, 리스이용자에게 직접 물건을 인도한다.

(4) 3당자관계의 예외 sale and lease back의 경우에는 이용자가 공급자를 겸하는 2당사자 사이의 계약관계이다.

제 2 절 금융리스의 법적 성질과 금융리스 이외의 리스

1. 금융리스의 법적 성질

금융리스계약은 리스료에 구입대금 이외에도 비용, 이자, 공과금, 수수료를 포함하고, 임대차와 다른 특약을 하므로 금융적 성격을 가진다. 금융리스계약은 리스업자, 리스이용자, 공급자의 3면관계이며, 리스료는 사용대가가 아닌 물건대금의 원리금의 분할상환의 성격을 가진다는 무명계약설이 다수설과 판례의 입장이다.

2. 금융리스 이외의 비전형리스

리스업자는 금융리스 이외에도 리스이용자의 특정한 목적을 위한 리스업무도 행하고 있는데, 이 리스를 비전형리스라고 한다.

1) 운용리스(operation lease)

금융리스와 같은 금융적 색채는 없고, 물건의 이용이 주목적인 리스로, 금융리스와 달리 일정한 요건을 충족하면 리스기간중 이용자가 리스계약을 해지할 수 있는 점이 특색이다. 운용리스는 범용성이 높은 컴퓨터, 복사기 등 사무용기기, 휴대폰 등에 주로 이용된다. 이 법적 성질은 임대차로 수선의무, 위험부담, 하자담보책임 등에 관하여 임대차의 규정이 준용된다.

2) 유지관리부리스(maintenace lease)

리스업자가 물건의 수선, 정비 기타 유지관리 등의 용역을 제공하는 것으로 주로 자동차리스분야에서 행하여진다. 리스업자가 리스물건의 선택에 관여하므로 리스업자가 하자담보책임을 부담하고, 리스업자가 유지관리의무를 이행하지 않는 경우 이용자는 계약을 해지할 수 있다.

3) 셀 앤드 리스백(sell and leaseback)

이용자는 자기가 소유하는 자산을 리스업자에 매각한 후 바로 리스계약에 의하여 임차하는 거래로 금융리스의 한 형태이다. 이용자는 자기 소유의 물건을 리스업자에 매도하여 그 대금을 받고, 이에 더하여 물건을 리스받아 2중의 금융을 제공하며, 당사자는 2명이다.

4) 재리스

리스기간이 종료한 후 이용자가 그 리스물건을 다시 리스하는 것이고 통상 리스기간은 1년이며, 갱신이 가능하다. 리스료는 기본리스기간의 리스료의 1/10 내지 1/12 정도이고, 규정손해금은 잔여리스기간에 대한 재리스료 상당액인 경우가 많다. 재리스기간 중 불가항력에 의한 멸실이나 중도해지시 선급리스료를 반환하지 않는다는 불반환특약이 행하여지는 것이 보통이다.

5) 소비자리스(consumer lease)

리스이용자가 일반소비자이거나 개인사업자인 리스거래이다. 리스물건이 범용성을 가진 것으로 매도인이 상품판매를 위한 수단으로 리스거래의 형태를 취하는 것으로 소비자신용의 성격을 가진다. 미국의 통일상법전은 개인용, 가사용 물건을 리스하는 경우로서 총액이 25,000달러 이하이면 소비자리스로 규정하여 금융리스에 인정되는 리스업자의 각종 권리를 제한하고, 리스이용자에게 계약해지권, 하자담보청구권 등의 여러 권리를 보장한다.

제 3 절 리스계약의 법률관계

1. 리스계약의 체결

1) 계약체결과정

금융리스계약이 체결되기 전에, 이용자는 공급자와의 사이에 자기가 사용할 물건의 종류·형태·수량·납기·가격·지급방법·수선조건 등에 관하여 교섭·결정하고, 그 후 리스업자에 대하여 금융리스계약의 청약을 하는 것이 통상이다.

리스업자는 이용자로부터 청약을 받으면 심사(이용자의 신용조사 등)를 한다. 그리하여 그 청약에 대하여 승낙할 것을 결정한다면, 먼저 이용자와의 사이에 금융리스계약을 체결하고, 그러한 후에 공급자와의 사이에 자기를 매수인으로 하는 물건의 매매계약을 체결한다. 물건은 공급자로부터 이용자에게 직접 인도되고, 이용자는 이를 검사하여 수령한다. 검사하여 수령한 후에 이용자로부터 리스업자에 대하여 리스물건수령증서(차수증)의 교부로 리스업자로부터 이용자에 대한 물건의 인도가 완료한 것으로 된다. 리스업자와 공급자 사이의 법률관계는 제3자를 위한 계약이고, 이용자와 공급자 사이에는 법률적으로 아무 관계가 없다.

2) 리스기간의 개시

금융리스계약은 물건의 인도를 계약의 성립요건으로 하지 않는 낙성계약이므로 특약이 없는 한 물건의 인도는 필요하지 않다. 리스물건수령증서의 교부로 리스기간은 개시되고 이용자는 리스료지급채무를 부담한다.

2. 리스업자와 이용자의 법률관계

1) 이용자의 권리의무

(1) 리스물건의 검사의무와 리스물건수령증서의 발급의무

물건을 인수하면 일정기간 안에 검사하고, 수령증서를 리스업자에 교부하여야 한다. 금융리스물건수령증을 발급한 경우에는 금융리스계약에 적합한 금융리스물건을 수령한 것으로 추정한다(상법 제168조의 3 제3항).

(2) 리스료지급의무

금융리스이용자는 금융리스물건을 수령하였을 때에는 금융리스업자에게 금융리스료를 지급하여야 한다(상법 제168조의 3 제2항). 리스료는 사용, 수익의 대가가 아니라 금전소비대차의 분할변제의 성격을 가진다.

(3) 선관주의의무

금융리스이용자는 금융리스물건을 수령한 이후에는 선량한 관리자의 주의로 금융리스물건을 유지 및 관리하여야 한다(상법 제168조의 3 제4항). 리스물건을 약정장소에서 사용, 보관하여야 하고, 정상적인 작동상태를 유지하도록 보수의무를 지며, 보전에 필요한 비용과 조세공과금을 부담한다.

(4) 표지부착의무

선의취득을 막고 제3자 이의의 소를 제기할 때 입증수단으로서 리스업자의 이름이 적힌 표지를 물건에 부착할 의무가 있다(여신전문금융업법 제36조 제1항).

(5) 양도금지

리스물건을 제3자에게 양도 또는 사용, 수익하게 하거나 리스업자의 소유권을 침해하는 행위를 하여서는 안 된다.

(6) 리스기간만료시 리스물건반환의무

리스기간 종료 또는 계약의 해제시 이용자는 자기의 비용으로 리스물건을 지정장소에 인도할 의무가 있다.

2) 리스업자의 권리의무

(1) 리스물건의 발주 및 인도의무

금융리스업자는 금융리스이용자가 금융리스계약에서 정한 시기에 금융리스계약에 적합한 금융리스물건을 수령할 수 있도록 하여야 한다(상법 제168조의 3 제1항).

리스업자는 리스계약의 체결과 동시에 공급자에게 물건을 발주하여 인도예정일에 이용자에게 인도할 의무가 있다. 약관상 인도지연에 대하여 리스업자의 면책을 규정하더라도 리스업자의 고의, 과실에 의하거나, 리스업자가 공급자를 겸하거나 그와 특수한 관계에 있는 경우에는 책임을 진다.

(2) 리스물건의 점검권한

리스업자는 리스료지급청구권의 보전을 위하여 리스물건의 설치장소에 출입하여 그 보관, 사용상태 등을 점검할 권리가 있다. 이용자로부터 재정상태, 사업현황, 보관상태 등에 관한 사항의 보고를 받고, 제3자가 물건에 대하여 권리를 주장하거나 보전처분, 강제집행을 하는 경우 이를 통지받을 권리가 있다.

(3) 중도해지의 제한과 규정손해금

금융리스는 리스물건의 범용성, 시장성 결여로 인하여 중도해지의 경우 미회수자본을 회수하는 것이 불가능하므로 이용자의 해지를 인정하지 않는다.

2010년 개정상법은 금융리스이용자의 책임 있는 사유로 금융리스계약을 해지하는 경우에는 금융리스업자는 잔존 금융리스료 상당액의 일시 지급 또는 금융리스물건의 반환을 청구할 수 있다(상법 제168조의 5 제1항)고 규정하고, 이 경우 금융리스업자는 잔존 금융리스료 상당액과 이자 수익을 넘어서는 부분이 있을 경우 이를 정산하여 금융리스이용자에게 반환하여야 한다고 규정하며(제2항), 금융리스이용자는 중대한 사정변경으로 인하여 금융리스물건을 계속 사용할 수 없는 경우에는 3개월 전에 예고하고 금융리스계약을 해지할 수 있다. 이 경우 금융리스이용자는 계약의 해지로 인하여 금융리스업자에게 발생한 손해를 배상하여야 한다(제3항)고 규정하고 있다.

리스업자도 이용자가 계약을 준수하는 한 해지할 수 없으나, 이용자의 리스료체납, 은행거래정지처분 등의 경우 해지가 가능하도록 하는 약관규정이 있다. 이용자의 채무불이행으로 해지된 경우 이용자는 물건을 반환하여야 한다. 또한 리스업자는 해지에 따른 손해배상으로 잔존리스료 또는 이에 해당하는 금액(규정손해금)을 선택행사할 수 있다. 규정손해금은 리스업자가 물건멸실시에 아직 이용자로부터 리스료로 회수받지 못한 물건구입가액과 수수료를 일괄하여 회수하는데 필요한 금액으로서 약관상 정해진 금액을 말하는데, 약관상 규정손해금방식에 의하는 경우가 대부분이고, 이 규정손해금의 법적 성질은 '손해배상액의 예정'으로 본다. 리스물건의 반환시 현존가액이 남는 경우 공평의 원칙상 그 청산의무가 인정된다(대판 1995. 9. 29. 94다60219). 청산대상이익은 리스물건의 반환시의 가치와 본래의 리스기간 만료시의 잔존가치의 차액이다.

(4) 하자담보책임의 배제

① 리스업자의 면책

약관상 리스물건에 잠재되어 있는 하자가 있어도 리스업자는 일체 책임을 지지 아니하도록 규정하는데, 특별한 사정이 없는 한 이와 같은 특약은 유효하다. 그 이유로는 다음의 점이 들어진다. (i) 물건은 이용자가 선택한 것이고, 또 리스업자는 하자에 대처할 능력이 없다 (ii) 리스의 실질은 대여시설을 취득하는데 소요되는 자금에 관한 금융을 제공하는 물적금융으로 리스업자의 리스료청구는 실질적으로는 융자의 회수로서 물건에 하자가 있어도 방해받지 않는다. (iii) 리스는 상인간의 거래이므로 특히 이용자를 보호할 필요성이 없다는 것 등이다.

하자담보책임배제 특약에도 불구하고 상당한 이유가 있는 경우에는 이용자의 담보책임을 물을 수 있다. 그 예로는 리스업자와 공급자간에 자본, 인적·물적 구성에 있어 실질적 동일성이 인정될 만한 긴밀한 제휴관계에 있는 경우 (ii) 하자의 존재를 리스업자가 악의·중과실로 인하여 이용자에게 알리지 아니하는 경우 (iii) 리스업자가 제조회사의 품질, 성능을 보증한 경우 등이다.

② 이용자의 구제

리스업자는 이용자에 대하여 하자담보책임, 인도지연책임 등을 지지 않는데, 이에 대한 이용자의 구제를 위하여 다음과 같은 약정이 행하여진다. (i) 이용자의 청구가 있으면 리스업자가 공급자에 대하여 가지는 물건의 하자에 기한 손해배상청구권을 이용자에게 양도한다는 뜻을 규정하는 경우가 있다. (ii) 물건에 관한 하자담보, 기간내보증, 애프터서비스와 같은 공급자의 의무이행에 대하여는 공급자는 이용자에게 직접 책임을 진다는 뜻이 리스업자·공급자간의 물건구입계약에 정해져 있는 경우도 있다. 리스업자·공급자간의 구입계약중 이 약정은 제3자를 위한 계약이기 때문에 이용자는 수익의 의사표시를 함에 의하여 공급자에 대한 위 계약에서 정하여진 권리를 행사할 수 있다고 해석한다. 실무상으로는 공급자가 이용자에게 물건의 보증서를 발행하는 경우가 많다.

(5) 위험부담의 전환

리스기간 중 물건이 멸실(도난당한 경우를 포함함)하거나 훼손되어 수선불능으로 된 경우에는 리스계약은 종료하고, 이용자는 멸실 등이 발생한 원인 여하를 묻지 아니하고 리스업자에게 계약에서 정한 규정손해배상액을 지급하는 것으로 되어 있다. 즉, 물건멸실의 위험은 이용자가 부담한다.

위험부담을 이용자가 부담한다는 뜻의 조항이 유효하다고 인정되는 이유는 ① 리스료의 경제적 실질은 대부금의 회수인 점 ② 이용자가 시종 물건을 현실적으로 지배하는 지위에 있는 점 ③ 부보한 보증보험의 보상보험금의 범위내에서 이용자는 리스업자에 대한 규정손해배상액의 지급의무를 면하며, 따라서 실제로 이용자가 부담하는 위험은 제한된다는 점이 들어진다.

3. 리스업자와 공급자의 법률관계

리스물건의 매매에 관한 모든 조건은 이용자와 공급자와의 사이에서 협의·결정되고, 이에 따라 리스업자와 공급자 사이의 매매계약이 체결된다. 리스업자와 공급자 사이의 법률관계는 제3자를 위한 계약이다.

이에 2010년 개정상법은 금융리스업자는 금융리스이용자가 공급자에 대한 권리를 행사하는 데 필요한 협력을 하여야 한다(상법 제168조의 4 제3항)라고 규정한다.

4. 이용자와 공급자의 법률관계

이용자와 공급자와는 법률상 아무 관계가 없다. 그러나 실제로는 이용자가 공급자와 물건의 선정, 매매계약조건 등에 관한 모든 사항에 관하여 교섭을 하고, 리스물건도 직접 인도되는 것이 보통이다.

이에 2010년 개정상법은 금융리스물건의 공급자는 공급계약에서 정한 시기에 그 물건을 금융리스이용자에게 인도하여야 한다(상법 제168조의 4 제1항)고 하고, 금융리스물건이 공급계약에서 정한 시기와 내용에 따라 공급되지 아니한 경우 금융리스이용자는 공급자에게 직접 손해배상을 청구하거나 공급계약의 내용에 적합한 금융리스물건의 인도를 청구할 수 있다(상법 제168조의 4 제2항)고 규정한다.

제14장 가맹계약

제 1 절 의의와 구성요소

1. 가맹계약의 의의

1995년 개정 상법은 기본적 상행위에 프랜차이즈계약을 추가하고, 이를 "상호 · 상표 등의 사용허락에 의한 영업에 관한 행위"로 규정하고 있다. 가맹계약이라 함은 가맹상에게 가맹업자가 자기의 상호 · 상표를 사용하도록 허락하고, 본부가 실증한 경영방법, 영업비밀 등과 관련하여 조력을 받아 영업을 하며, 가맹상은 이에 대하여 대가를 지급할 것을 내용으로 하는 계속적 채권관계이다. 이와 관련하여 가맹사업의 공정한 거래질서를 확립하고 가맹가맹업자와 가맹점사업자가 대등한 지위에서 상호보완적으로 균형있게 발전하도록 하기 위하여 제정된 가맹사업거래의 공정화에 관한 법률은 가맹사업이라 함은 "가맹가맹업자가 가맹점사업자로 하여금 자기의 상표·서비스표·상호·간판 그 밖의 영업표지를 사용하여 일정한 품질기준에 따라 상품(원재료 및 부재료를 포함) 또는 용역을 판매하도록 함과 아울러 이에 따른 경영 및 영업활동 등에 대한 지원·교육과 통제를 하며, 가맹점사업자는 영업표지의 사용과 경영 및 영업활동 등에 대한 지원·교육의 대가로 가맹가맹업자에 가맹금을 지급하는 계속적인 거래관계"라고 정의하고 있다.

2010년 개정상법은 "자신의 상호·상표 등을 제공하는 것을 영업으로 하는 자[이하 "가맹업자"라 한다]로부터 그의 상호 등을 사용할 것을 허락받아 가맹업자가 지정하는 품질기준이나 영업방식에 따라 영업을 하는 자를 가맹상이라 한다(제168조의 6)라고 정의하고 있다.

2. 가맹계약의 구성요소

가맹계약은 상호 등의 사용계약, 교육계약, 계속적 채권계약으로서의 특성을 가진다. 즉, 가맹업자가 가맹상에게 제공하여야 하는 것은 유효한 영업표지, 실제적이고 검증되었으며 식별가능한 영업비밀의 교육, 영업비밀의 충실한 반복을 위한 계속적인 지원의 3가지이다. 이 3가지 요소의 결합이 없으면 완전히 다른 계약이 된다. 즉, 상표사용허가만 있으면 상호사용계약이고, 영입비밀의 전달만이 존재하면 기술이전만으로 충분하다.

1) 영업표지 등의 사용계약

가맹업자가 사업의 발전을 통한 성장으로 저명성을 확보하는 경우 가맹상이 수익을 올릴 수 있도록 제일 먼저 제공하는 것은 고객흡인을 위한 상호 등의 영업표지이다. 영업표지에는 상호, 간판, 상표, 서비스표, 휘장, 의장, 표어 등이다. 이 권리의 등기, 등록, 그 보호에 대하여 상호에 관하여는 상법 제18조 이하, 상표·서비스표에 관하여는 상표법, 의장권에 관하여는 의장법, 표어에 관하여는 저작권법에 의하여 규율된다.

2) 교육계약

가맹계약의 대상은 가맹업자가 사전에 실증한 경영관리제도의 재현이고, 이 경영관리제도는 가맹업자가 가맹점에게 교육하여야 하는 영업비밀(know-how)에 근거한다. 이 영업비밀이 가맹계약의 핵심이다. 영업비밀이라 함은 가맹업자에 의하여 검증되고 그의 경험으로 인한 것으로서 비밀성이 있고, 실질적이며 식별가능한 실용적인 정보의 총체를 의미한다.

3) 계속적 채권관계

각 계약당사자의 권리의무관계는 1회의 이행으로 종료되는 것이 아니고 계약기간 동안 이행이 필요한 계속적 채권계약이다. 가맹상은 가맹업자가 형성하고 검증한 가맹영업을 가맹업자의 통제 아래 그 지원을 받아서 수행하게 된다.

제 2 절 가맹사업의 경제적 기능과 종류

1. 가맹사업의 경제적 기능

가맹사업의 기능은 가맹업자, 가맹상, 소비자 각각으로 나누어 살펴볼 수 있다.

1) 가맹업자

(1) 상업적 측면

① 판매점의 증가로 상표를 급속히 널리 알릴 수 있고, 영업표지는 상품과 서비스의 동질성을 보장한다(영업표지의 면). ② 지역의 시장의 정보에 정통한 가맹상을 통하여 중개인 없이 지방의 시장에 침투하여 지배할 수 있고, 상품 또는 서비스를 판매할 수 있다. 이에 따라 가맹상의 주문에 따라 생산량을 합리적으로 조정할 수 있게 된다(분배의 통제의 면). ③ 국내 그리고 국외에서 넓은 시장을 확보할 수 있게 된다(기업확장의 면).

(2) 금융적 측면

가맹상은 일반적으로 자산의 소유자이고 법률적으로 독립하여 있기 때문에, 가맹업자는 다액의 투자 없이도 영업을 확장할 수 있다. 또한 사용료의 수령과 상품판매가 확실하기 때문에, 가맹업자의 거래은행과 상품공급자를 안심시켜 금융을 제공받기가 용이하여진다. 끝으로 가맹상은 독립적이기 때문에, 가맹상에 대한 자문과 지원에도 불구하고 경영위험을 가맹업자가 부담하지 아니한다.

2) 가맹상

(1) 상업적 측면

① 가맹상은 신용을 나타내는 상표를 사용하고, 공중에게 널리 알려진 조직망을 통하여 고객을 유치하고, 대자본의 유입에 대항하여 소상인의 효율적인 경쟁을 가능하게 한다(영업표지의 보장성). ② 가맹상은 그 자신과 종업원에 대한 교육을 받고, 이전 받은 노하우를 이용할 수 있으므로 그 개발을 위한 시간을 절약할 수 있다. 또한 기술과 방법의 진보에 따른 재교육 등을 통하여 자기의 영업을 현대화할 수 있게 된다(노하우 등의 이용). ③ 가맹상은 지원과 자문을 통하여 고립감을 느끼지 아니하고, 문제가 있는 경우에 경험

많고 전문가인 가맹업자에게 상업적, 법률적, 재정적인 의견을 물어 해결할 수 있다(자문). ④ 경쟁에 대항하여 상품을 독점적으로 판매할 수 있고, 전국적인 또는 국제적인 광고로 인하여 상품의 명성을 확보하며, 고객의 상표에 대한 이미지의 신뢰를 확보할 수 있다(독점권). ⑤ 가맹업자로부터 영업을 극대화하고 비용을 절감하도록 지원을 받을 수 있다(지원).

(2) 금융적 측면

가맹상은 개업시 가맹사업에의 참가로 금융기관으로부터 필요한 금융을 획득하기에 용이하다. 특히 유명상표의 사용허락이 있는 경우에는 그러하다. 가맹업자가 은행에 대하여 대신 담보를 제공하는 경우도 있고, 판매점의 위치설정의 점에서 자문을 받을 수 있다. 가맹업자는 경험을 통하여 잠정적인 매상고를 도출하고 가맹상이 영업의 특수성을 고려하여 그것을 실현하는데 도움을 줄 것이다.

3) 소비자

가맹계약은 상품의 분배를 개선하여 특수한 품질의 상품 또는 신상품에 신속히 접근할 수 있도록 하여 소비자의 이익에 기여한다.

2. 가맹사업의 종류

가맹사업은 영업대상이 서비스의 공급, 상품의 생산, 상품의 판매인가에 의거하여 서비스가맹사업, 생산가맹사업, 분배가맹사업으로 나뉜다.

1) 서비스가맹사업

서비스의 공급을 대상으로 하는 가맹사업이다. 이에는 호텔, 레스토랑, 자동차의 임대, 수선업, 운송업, 미용업, 세탁업, 결혼중개업,

교육, 부동산중개업 등을 내용으로 한다. 분배가맹사업과 함께 가장 많이 활용된다.

2) 생산가맹사업

이는 가맹상이 가맹업자의 지시에 따라 스스로 상품을 제조하여 가맹업자의 상표를 부착하여 판매하는 것을 내용으로 하는 계약이다. 산업가맹사업이라고도 하지만, 이는 제조업뿐만 아니라 수공업(개인주택의 건축, 보존 등), 농업일 수 있다. 코카콜라, 요플레와 같은 유명한 예 이외에는 널리 이용되고 있지 않다.

3) 분배가맹사업

이는 제조한 상품 또는 수집한 상품의 분배를 대상으로 하는 프랜차이즈이다. 분배가맹사업은 상품이 상단(생산)에서 하단(소비)으로 진전하도록 하는 수직적 구조를 형성한다. 이는 고급기성복, 실내장식, 장식품판매 등에 이용된다. 이 때 가맹업자는 생산자인 경우와 분배자인 경우가 있다. 가맹업자가 생산자인 유형에서는 생산자가 가맹업자로서 직접 분배자가 되어 판로를 확보하고자 하고, 가맹상은 소매상인이다. 반면 가맹업자가 분배자인 경우에는 가맹업자는 직접 생산하지 않고 선택한 상품을 수집하거나 분배할 상품의 생산을 주문한다.

제 3 절 가맹계약의 법률관계

1. 가맹업자의 지위

가맹상은 가맹업자가 형성하고 검증한 가맹사업이 영업을 사용허락된 영업표지와 가맹업자의 통제 아래 그 지원을 받아서 수행하게 된다. 가맹업자는 가맹사업의 수행을 위하여 각종 의무를 진다(가맹사업거래의 공정화에 관한 법률 제5조).

1) 상표 기타 영업표지의 대여의무

가맹계약은 상표, 상호, 표지에 관한 지적재산권의 총체로서, 가맹업자는 상표 등 고객의 유인을 위한 영업표지에 관한 권리의 사용을 허락하고 그 공연한 향유를 가맹상에게 보장하여야 한다.

2) 가맹업자의 지원의무

가맹업자는 가맹상의 영업을 위하여 필요한 지원을 하여야 한다(상법 제168조의7 제1항). 가맹업자는 가맹점에게 영업비밀을 이전하고 그 방법을 적용할 수 있도록 지원하여야 한다. 영업비밀은 가맹업자, 가맹상 그리고 조직망에 있어서 문서(시방서)로 구체화되어야 한다. 계약에는 기술적·상업적·행정상·금융상 기타 노하우가 이전되는 조건을 명시하여야 한다. 가맹계약은 계속적인 교육계약으로서 가맹업자의 교육의무는 ① 이전 받은 영업비밀을 적용하는데 지원하는 것 ② 필요한 경우 계약성립 후 발전된 영업비밀을 교육할 것을 내용으로 한다.

3) 가맹업자의 통제권한

이 통제의 목적은 가맹업자가 형성하고 검증한 가맹사업을 실행하기 위한 것이다. 즉, 가맹업자는 자신이 형성한 모델을 충실히 적용하여 영업을 하는가를 감독할 의무가 있다. 이와 관련하여 다양한 약정이 행하여지지만 대체로 다음 2가지로 대별된다. 첫째, 계약에서 확정되고 시방서에 기입된 품질기준을 가맹상이 따르고 있는가를 확인하는 것이고, 둘째, 계약서에서 정한 범위내에서 가맹상의 영업수준을 감독하는 것이다. 매달 가맹상은 영업실적의 통계자료를 통지하고, 원하는 경우에는 가맹사업 영업망의 평균과 영업실적과의 차이의 분석자료를 가맹업자에게 청구할 수 있다는 내용을 약정하여 두는 것이 그 예이다. 이와 같이 가맹업자의 감독의무는 지원의무와 밀접하게 관련되어 있다.

4) 정보공시의무

가맹업자는 사업현황, 임원의 경력, 가맹점사업자의 부담, 영업활동의 조건, 가맹점사업자에 대한 지원·교육·훈련·지도·통제, 가맹계약의 해제·해지·갱신 그 밖에 해당 가맹사업에 관한사항이 수록된 정보공개서를 가맹희망자가 가맹금을 최초로 지급하거나 가맹계약을 체결하는 날부터 5일전에 제공하여야 하고(가맹사업거래의 공정화에 관한 법률 제7조), 또한 가맹업자는 매 사업연도가 종료하는 날로부터 90일 이내에 정보공개서를 갱신하여야 한다(동법 제8조). 그리고 이에 관한 서류를 가맹업자의 사무소에 비치하고, 가맹희망자 또는 가맹점의 자료제시요구에 응하여야 한다(동법 제9조).

2. 가맹상의 지위

1) 판매지역권

가맹업자는 다른 약정이 없으면 가맹상의 영업지역 내에서 동일 또는 유사한 업종의 영업을 하거나, 동일 또는 유사한 업종의 가맹계약을 체결할 수 없다(상법 개정안 제168조의7 제2항). 이는 가맹업자가 일정한 구역마다 하나의 가맹상만을 허용하여 그 가맹상에게 지역적 독점권을 부여하는 것이다. 이와 같은 영역제한은 매출액을 예상할 수 있게 하고, 일정한 이익을 확보하게 하며, 가맹상이 가맹업자로부터 부여받은 영업표지나 영업비밀의 사용대가로 지급하는 사용료에 대한 대가로서의 성격을 띤다.

판 례

> 대판 2000. 6. 9. 98다45553 …… 모든 가맹점계약에 있어서 가맹가맹업자에 가맹점에 대한 판매지역권 보장의무가 당연히 인정되는 것은 아니라 하더라도 가맹가맹업자로서는 소속 가맹점의 판매지역권을 부당하게 침해하는 것은 허용되지 않는다고 할 것이므로, 가맹가맹업자가 아무런 제약 없이 언제라도 가맹점의 점포와 동일 지역 내에 직영점을 개설하거나 가맹점을 둘 수 있도록 하는 조항을 두었다면 이는 가맹점에 대하여 부당하게 불리한 조항으로 약관의 규제에 관한 법률 제6조 제1항, 제2항 제1호에 의하여 무효이다.

2) 가맹업자의 영업에 관한 권리보호의무

가맹상은 가맹업자의 명성이나 그 밖에 영업에 관한 권리가 침해되지 않도록 하여야 한다(상법 제168조의8 제1항).

3) 영업수행의무

(1) 영업비밀존중의무

가맹상에 의한 영업비밀의 이용이 가맹계약의 종국목적이다. 가맹업자의 모든 출자, 조사, 수수료 요구, 전자적 또는 시청각 자료, 서면으로 된 자료제공, 저명성의 확보 모두가 가맹사업의 대상인 영업활동을 위한 것이다. 가맹상은 영업비밀을 이전받아 총체적으로 이용할 권리와 의무를 가진다. 가맹상은 가맹업자의 승인없이 다른 장소로 상점을 이전할 수 없다.

가맹상이 가맹사업제도상의 중요한 사항을 준수하지 아니하면 채무불이행으로 인한 손해배상책임을 지고, 계약의 해지원인이 될 수 있다. 프랑스판례(Petites Affiches n^{0} 88, 23 juillet 1979)에 따르면 초기에 조직의 정돈을 위하여 가맹점이 상업사용인의 선임, 경영방법, 상품에 관하여 가맹업자의 지시를 준수하지 않았다는 이유로 계약의 해지를 인정한다.

또한 가맹상이 모델에 따라 영업을 하지 않는 경우에는 가맹업자는 가맹상에 의한 불충실한 영업의 결과 가맹계약의 목적을 달성할 수 없게 되었으므로 가맹업자의 채무불이행을 주장할 수 없게 된다.

(2) 가맹점의 양도제한

가맹상은 가맹업자의 동의를 받아 그 영업을 양도할 수 있고(상법 개정안 제168조의9 제1항), 가맹업자는 특별한 사유가 없으면 제1항의 영업양도에 동의하여야 한다(제2항).

(3) 일치된 광고의무

대부분의 계약에서 지역 광고는 가맹상의 부담이다. 예외적으로 특히 판매점의 개업시에 가맹업자가 가맹상에게 광고의 지원을 제공하는 경우도 가끔 있다. 조직망의 이해관계상 상표의 지역 광고는 가맹상이 하지만, 가맹업자의 승인을 받아야 하는 경우도 있다. 또한 가맹업자와 가맹상들이 비용을 각출하여 전국적으로 광고를 하는 경우도 있다.

4) 가맹상의 경업금지의무

(1) 비밀유지의무

가맹상은 계약기간이 끝난 후에도 가맹계약과 관련하여 알게 된 가맹업자의 영업상의 비밀을 준수하여야 한다(상법 개정안 제168조의8 제2항). 이것은 가맹상에 대하여는 그에게 이전된 원리에 관한 비밀유지의무를 의미한다. 그는 제3자, 고객, 공급자 또는 경쟁자에게 이를 누설하여서는 아니된다.

(2) 경업금지의무

이것은 영업비밀의 이전에 내재하는 비밀유지의무의 결과이다. 일반적인 경업금지조항은 다음 3가지가 상당한 것을 조건으로 유효하다. 기간의 확정, 장소의 제한, 활동영역의 제한이 그것이다. 일반적으로 다음과 같은 조항은 경쟁의 제한은 아니라고 고찰된다. ① 계약의 존속기간 중 또는 계약의 만료 후 합리적인 기간동안 가맹점 중 1인과 경쟁할 수 있는 동일하거나 유사한 지역을 가지는 상점을 개설하는 것을 가맹상에게 금지하는 조항 ② 가맹업자의 승인 없이 상점을 가맹상이 양도하는 것을 금지하는 조항.

(3) 조달의무

'분배 가맹사업'에 관하여 가맹상은 가맹업자 또는 가맹업자가 선택하거나 승인한 공급자로부터 조달 받을 의무가 있다.

5) 사용료 지급의무

대부분의 가맹계약에서는 계약개시시의 가맹금과 계약기간중 매출액에 비례하여 지급하는 사용료로 나뉜다.

(1) 가맹금

이는 조직망에의 참가비라 할 수 있다. 그 액수는 상표의 저명성, 제공되는 지원, 독점지역의 중요정도, 가맹상의 수, 가맹업자에 의하여 부담되는 비용에 따라 다르다. 이 가격에 따라 기술적 지원·교육·노하우의 이전·상표사용권 등이 결정된다. 또한 계약에 따라서는 가맹금을 정하지 아니하고, 계약기간 중 매출액 대비 일정비율로 지급하기로 하는 사용료에 의하여서만 보수가 지급되는 것으로 한다.

(2) 사용료

사용료는 실행된 매출액에 비례하여 정기적으로 지급하여야 한다. 이 사용료에 따라 일반적으로 정보, 국내의 광고, 계속적인 교육, 조직망 전체에 대한 이미지의 통제, 계약기간중 가맹상이 누리는 상표와 표지의 사용권, 서비스의 사용권이 결정된다.

제4절 가맹업자의 제3자에 대한 책임

1. 개 관

가맹계약은 가맹업자에서 운영 및 경영에 관한 기술과 상표 및 판매용 설비와 집기비품 등을 가맹상에게 공급하고, 가맹상의 운영은 가맹업자의 경영지도를 기초로 하여 가맹상의 독자적인 책임과 판단에 의하여 이루어지므로 가맹상은 점포 운영의 사업주로서 점포 운영에 필요한 모든 권리와 의무를 진다. 따라서 가맹업자는 가맹상이 행한 상품판매나 서비스에 하자가 있는 경우에도 고객에 대하여 책임을 지지 않는다. 그러나 가맹계약의 특성상 가맹업자에게 귀책사유가 있는 경우 책임을 지게 되는데, 그 사유로는 (1) 고객 가맹상과 고객 등과의 계약상 부담하는 책임으로 이에는 ① 명의대여자의 책임 ② 가맹업자의 거래 당사자로서의 책임이 문제되고, (2) 가맹업자의 불법행위책임으로 이에는 ① 사용자책임 ② 제조물책임을 들 수 있다. 나아가 가맹업자가 가맹상의 점포의 입지선정 등에 관하여 잘못 자문한 결과 이웃주민에 대하여 환경관련침해를 야기한 경우 그 책임 여하가 문제된다. 끝으로 가맹상의 경쟁업체의 영업에 대하여 불공정행위에 해당하는 경우 가맹업자가 직접 손해배상책임을 지는 경우를 검토한다.

2. 가맹상의 고객에 대한 책임

가맹상의 상품판매, 서비스제공, 불법행위에 대하여 가맹업자에게 귀책사유가 있는 경우에는 책임을 진다.

1) 계약상의 책임

(1) 명의대여자의 책임

가맹상은 독립기업임에도 가맹업자의 상호 등을 사용하므로 대외적으로 가맹상이 가맹업자와 동일인으로 보여진다. 이에 고객이 이용자의 영업을 가맹업자의 영업으로 오인하여 한 거래에 대하여서는 가맹업자도 가맹상과 연대하여 변제할 책임을 지게 된다(상법 제24조). 다만 제3자가 명의대여사실을 알지 못한데 대하여 중대한 과실이 있는 경우에는 명의대여자의 책임이 적용되지 않으므로 가맹상이 가맹계약상 가맹업자의 상호 등을 사용하여 영업을 행한다는 사실을 알았거나 모르는데 고객에게 중대한 과실이 있음을 가맹업자가 입증하여 책임을 면할 수 있다. 가맹사업거래에 제3자에게 대여사실을 알지 못하는데 중대한 과실이 있음을 입증하기가 용이할 것이다.

(2) 가맹업자의 당사자로서의 책임

가맹상이 행한 거래에 대하여 가맹업자가 거래당사자로서 책임을 지는 경우가 있다. 이에는 ① 가맹업자와 가맹상이 민법상 조합을 구성하는 경우 ② 가맹상이 가맹업자의 표현대리인으로 인정되는 경우가 있다. 이는 미국판례법상 가맹업자가 대위책임을 지는 경우에 해당한다고 본다(정동윤, 694면).

2) 불법행위책임

(1) 사용자책임

가맹업자와 가맹상은 각각 독립한 상인으로서 양자간에는 사용관계가 존재하지 아니하지만, 가맹업자가 가맹상에 대하여 가맹사업 영업수행에 관하여 객관적·실질적으로 지시, 지도, 감독, 통제 등을 할 지위에 있는 때에는 사용관계가 인정되어 가맹상이 영업을 수행함에 있어서 제3자에게 가한 손해에 대하여 사용자책임을 지는 경우가 있다(민법 제756조).

(2) 제조물책임법상의 책임

2001년 10월부터 시행되는 제조물책임법은 제조업자는 제조물의 결함으로 인하여 생명·신체 또는 재산에 손해를 입은 자에게 손해를 배상하여야 한다(동법 제3조). 제조업자라 함은 (i) 제조물의 제조·가공 또는 수입을 업으로 하는 자 (ii) 제조물에 성명·상호 기타 식별가능한 기호 등을 사용하여 자신 제조자로 표시한 자 또는 제조자로 오인시킬 수 있는 표시를 한 자(동법 제2조 제3호)를 말한다. 이밖에도 제조물의 공급자를 알 수 없는 경우에는 상품을 공급한 자도 피해자에게 제조자를 상당한 기간내에 알리지 않는 경우 책임을 진다(동법 제3조 제2항). 이 때 소멸시효기간은 손해배상책임을 지는 자를 안 날로부터 3년이다(동법 제7조), 이에 따라 가맹업자는 가맹상이 가맹업자의 상표를 부착하여 판매한 상품에 대하여 손해배상책임을 지는 경우가 있게 된다. 이 밖에도 제조물의 공급자를 알 수 없는 경우에는 상품을 공급한 가맹업자도 피해자에게 제조자를 상당한 기간내에 알리지 않는 경우 책임을 진다.

3. 가맹상의 이웃주민에 대한 책임

가맹사업의 발전에 따라 가맹업자는 가맹상이 영업비밀을 완전히 재현할 수 있도록 가맹상에 대하여 주의하여야 한다. 따라서 가맹상이 프랜차이즈영업을 불법적으로 수행함으로 인하여 이웃주민에게 손해를 입히는 경우 그것이 가맹업자가 점포위치선정에 대하여 환경관련 법령 등에 관하여 충분한 주의를 기울이지 않은 과실로 인한 경우 가맹업자도 책임을 지는가의 문제이다. 예컨대 자동차세차장의 위치선정이 잘못되어 주민에게 고통을 가한 경우 영업점포의 위치선정과 관련하여 가맹상을 지원하고 자문할 계약상의 의무가 있는 가맹업자의 경솔한 조사의 결과이었다면 가맹업자와 가맹상은 가맹업자가 2/3, 가맹상이 1/3을 분담하여 책임을 진다는 프랑스판례(Cour de cassation. chambre civile, 21 mai 1997, D. 1998, 150)가 있다.

제 5 절 가맹계약의 해지

가맹계약은 약정기한이 도래하거나 의무를 해태하는 등의 경우에 해지된다. 해지는 두 당사자간의 법률관계에 영향을 미친다.

2010년 개정상법은 가맹계약상 존속기간에 대한 약정의 유무와 관계없이 부득이한 사정이 있으면 각 당사자는 상당한 기간을 정하여 최고한 후 가맹계약을 해지할 수 있다(제168조의 10)고 규정한다.

1. 해지의 원인

1) 당사자의 사망 또는 회사의 해산

계약은 당사자의 신용·개성에 바탕을 두고 체결되기 때문에, 당사자가 소멸하면 계약이 해지되는 것은 당연하다. 그러나 기업의 계속의 원칙에 따라 상속인이 계약의 유지를 원하지 아니하거나 영업에 부적격한 경우에만 해지하는 것이 일반이다(상법 제50조). 회사의 해산은 당연한 계약의 해지사유이다.

2) 기한의 도래

확정기한부 계약과 불확정기한부 계약을 구별하여 논의된다.

(1) 확정기한부 계약

이 경우에는 기한의 도래로 인하여 계약은 종료한다. 가맹상은 계약 갱신의 권리를 가지지 아니한다. 그러나 가맹업자는 가맹점이 계약기간 만료 전 180일부터 90일까지 사이에 계약의 갱신을 요구하는 경우 정당한 사유 없이 이를 거절하지 못한다(가맹사업거래의 공정화에 관한 법률 제13조 제1항). 가맹점사업자의 계약갱신요구권은 최초 계약기간을 포함한 전체 계약기간이 10년을 초과하지 아니하는 범위 내에서만 행사할 수 있고(동조 제2항), 가맹업자가 제1항에 따른 갱신 요구를 거절하는 경우에는 그 요구를 받은 날부터 15일 이내에 가맹점사업자에게 거절 사유를 적어 서면으로 통지하여야 한다(동조 제3항). 가맹업자가 제3항의 거절 통지를 하지 아니하거나 가맹계약기간 만료 전 180일부터 90일까지 사이에 가맹점사업자에게 조건의 변경에 대한 통지나 가맹계약을 갱신하지 아니한다는 사실의 통지를 서면으로 하지 아니하는 경우에는 계약 만료 전의 가맹계약과 같은 조건으로 다시 가맹계약을 체결한 것으로 보지만 가맹점사업자가 계약이 만료되는 날부터 60일 전까지 이의를 제기하거나 가맹가맹업자나 가맹점사업자에게 천재지변이나 그 밖에 대통령령으로 정하는 부득이한 사유가 있는 경우에는 그러하지 아니하다(동제 제4항).

(2) 불확정기한부 계약

이 경우에는 당사자는 언제라도 계약을 해지할 수 있다. 이 경우 가맹업자나 가맹상은 그 해지를 위하여 상당한 기간(프랑스판례는 3월)을 두어 사전예고할 것을 요구한다. 사전예고를 하지 아니하고 해지한 경우에는 손해배상의 원인이 된다.

(3) 당사자의 의무위반

가맹업자는 가맹상에 대하여 사용료부지급 또는 공급하지 않은 상품의 판매 등 독점권의 불이행, 상표의 이미지 존중의 위반, 계약기간중 경업금지위반 등의 경우에 계약을 해지할 수 있다. 가맹업자는 가맹계약을 해지하려는 경우에는 가맹점사업자에게 2개월 이상의 유예기간을 두고 계약의 위반 사실을 구체적으로 밝히고 이를 시정하지 아니하면 그 계약을 해지한다는 사실을 서면으로 2회 이상 통지하여야 하고(가맹사업거래의 공정화에 관한 법률 제14조 제1항), 이 절차를 거치지 아니한 계약의 해지는 그 효력이 없다(동조 제2항).

가맹상은 가맹업자가 더 이상 상품의 공급의무를 이행하지 아니하거나, 독점권조항을 위반하거나, 더 이상 노하우의 이전하지 아니하는, 또는 노하우가 더 이상 존재하지 아니하게 된 경우 등에 해지할 수 있다.

2. 해지의 효과

이것은 직접적인 효과, 경업금지, 손해배상책임, 보상청구권으로 나누어 고찰된다.

1) 원상회복의무

가맹상은 가맹계약이 끝나면 지체 없이 가맹업자의 상호등의 사용을 중단하고 그 표시를 제거하여야 한다(상법 개정안 제168조의8 제2항). 가맹상은 계약 종료 즉시 가맹상을 폐점하고, 영업표지등을 가맹점 운영권의 취득 이전의 상태로 되돌려 놓아야 한다.

(1) 사용허가된 영업표지

가맹상은 상호 상표, 서비스표, 간판, 디자인, 휘장 등의 사용허락된 영업표지에 대하여 계약이 해지된 때로부터 그리고 사전예고기간이 경과한 때로부터 더 이상 사용할 수 없다. 회수가 되지 아니하거나 지연되는 경우에도 영업표지를 계속 사용하는 경우에는, 영업에 대한 고객관계를 기만하는 한도에서 그리고 그것이 부정한 경쟁을 야기하는 한도에서 손해배상책임을 진다. 가맹상은 상표권의 침해의 추궁을 받을 수 있다.

(2) 잔존하는 재고

가맹상이 구입하여 점유하고 있는 상품의 소유자는 바로 그이다. 가맹업자가 재고를 취득한다는 규정이 없는 경우에는, 이 재고품은 가맹상이 인수하여야 한다. 이를 완화하기 위하여 계약에 따라서는 해지의 경우에 재고품의 구식화로 인하여 할인을 하여 약정된 가격으로 가맹업자가 매수한다는 규정을 둔다.

(3) 비품

진열대의 영업서류(계산서, 주문서, 화물인도증), 가맹업자가 무상으로 영업을 위하여 제공한 비품에 관하여는, 계약의 종료시 이를 반환하는 것이 원칙이다.

2) 경업금지조항의 적용

(1) 원칙

경업금지조항은 계약기간중 그리고 계약해지 후 일정기간동안 가맹상이 같은 지역에서 동일한 행위를 하는 것을 금지한다. 이 조항이 유효하기 위하여는 다음과 같아야 한다.

① 기간상의 제한

계약기간동안과 해지 후 상당한 기간(프랑스 판례는 1년)동안 적용할 수 있도록 하는 것이 일반적이다.

② 지역상의 제한

실제 영업을 행한 과거의 지역으로 경업금지를 제한하는 것이 필요하다. 특별시, 도 등을 초과하는 너무 넓은 지역으로 제한하는 것은 직업선택의 자유를 침해하므로 부당하여 무효이라고 판단된다.

③ 활동요소의 제한

금지는 동종의 영업에 한정되고, 일체의 영업활동을 금지하는 경업금지조항은 무효이다.

(2) 경업금지조항의 위반

가맹상이 이 조항을 위반하는 경우에 가맹상은 가맹업자에 대하여 손해배상책임을 진다.

3) 손해배상책임

(1) 원칙

확정기한부 계약의 경우 기한이 도래하여 해지하는 경우, 불확정기한부 계약의 경우에 사전예고를 한 후 해지의 경우 원칙적으로 가맹상에게 손해배상청구권은 인정되지 아니한다. 다만 해지권을 남용하는 경우 또는 채무불이행의 경우 가맹상은 가맹업자에 대하여 손해배상을 청구할 수 있다.

(2) 위약금약정

약관상 채무불이행의 경우 일정한 금액을 지급하기로 하는 위약금약정을 하는 것이 일반적인데, 그 이유는 채무를 이행하도록 심리적으로 압박하기 위하고, 손해배상문제를 간편하게 처리하려는 것으로 손해배상액의 예정으로서의 성질을 가진다.

① 위약금의 감액

약정한 위약금이 부당하게 과다한 경우에는 감액이 허용된다(서울고판 1996. 1. 16. 94나39507).

② 실제의 손해액이 약정액을 초과하는 경우

실제 손해액이 약정한 위약금을 초과하더라도 그 초과액을 청구할 수 없다. 따라서 손해배상액의 예정액을 초과하는 손해가 발생한 경우 그에 상당하는 손해배상을 청구할 수 있다고 규정하는 것은 허용되지 않는다(공정거래위원회 시정권고 1999. 5. 28. 제99-39호).

4) 보상청구권

보상청구권은 대리상의 활동으로 본인이 새로운 고객을 획득하거나 영업상의 거래가 현저하게 증가하고 이로 인하여 계약 종료 후에도 본인이 이익을 얻고 있는 경우에 대리상이 본인에게 상당한 보상을 청구할 수 있는 제도이다(상법 제92조의 2). 가맹계약에 그 유추적용이 가능한가에 대하여서는 견해가 나뉜다.

(1) 부정설

가맹상은 대리상과 달리 수수료를 얻는 것이 아니라 영업이익을 얻고 있는 점에서 대리상의 보상청구권의 유추적용을 부정한다. 독일의 소수설의 입장이다.

(2) 긍정설(김정호, 387면)

가맹상은 대리상과 다음과 같은 점에서 유사한 지위가 인정되므로 보상청구권을 인정한다. 즉, 가맹상은 경업금지의무를 지고(상법 제89조 참조), 영업비밀준수의무를 지며(상법 제92조의 3), 가맹계약 종료에도 일정한 지역에서 영업을 수행한 가맹상의 노력의 결과인 고객관계 등을 가맹업자가 이용하여 영업상의 현저한 이익을 얻을 수 있다는 점이 그것이다. 독일의 판례와 다수설의 입장이다.

(3) 결어

계약종료 후에도 가맹상이 형성한 고객관계를 이용하여 본인이 계속이익을 얻는 경우에는 당사자 사이의 형평의 견지에서 대리상의 보수청구권을 인정하는 것이 타당하다.

제15장 채권매입계약

제 1 절 채권매입계약의 의의

1995년 개정상법은 기본적 상행위에 영업상 채권의 매입·회수 등에 관한 행위를 추가하고 있는데(상법 제46조 제21호), 이것이 채권매입계약이다. 채권매입계약이라 함은 일방당사자(공급자)와 다른 당사자(채권매입업자)간에 체결된 계약으로서, 이에 의하여

(1) 공급자가 채권매입업자에 대하여 자기의 채무자(채무자)와 체결한 "물품매매계약(채무자의 개인, 가족 또는 가사용 물품의 매매계약은 제외함)으로 인한 대금채권"(이하 대금채권이라 한다)을 양도하거나 양도할 것을 약정하고,

(2) 채권매입업자가 적어도 다음 4가지 기능 ① 공급자에 대한 대부 또는 선급을 포함한 금융의 제공 ② 대금채권에 대한 회계관리 ③ 대금채권의 회수 ④ 채무자의 채무불이행으로부터의 보호 중 두 가지 이상을 수행하고

(3) 대금채권의 양도통지가 공급자 또는 공급자의 수권아래 채권

매입업자로부터 채무자에게 행해져야 하는 것을 말한다.

[채권매입 계약의 기본구조]

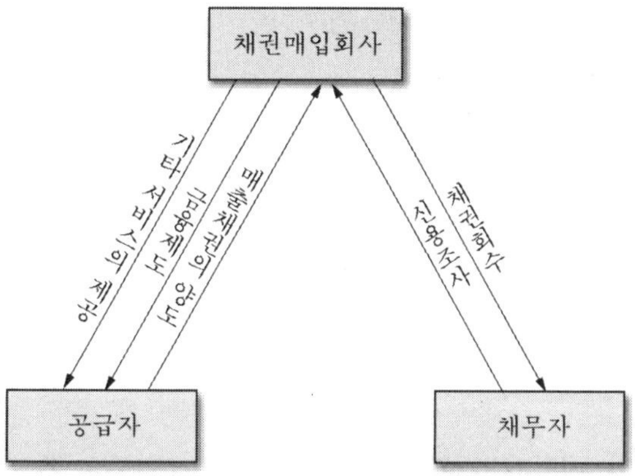

제 2 절 채권매입계약의 경제적 기능

최근 제도권 금융이 미치지 못하는 분야에서 채권매입업자가 매출채권을 담보로 상인에게 금융서비스를 제공하여 이를 보완하는 기능을 활발히 수행하고 있다.

(1) 채권매입업자

채권매입업자는 채권매입을 통하여 대금채권을 담보로 금융외에 회계관리, 신용조사 등 여러 기능을 종합적으로 제공하는 새로운 영업을 수행하게 된다.

(2) 공급자

공급자는 대금채권을 담보로 금융을 제공받아 계속적으로 영업활동을 할 수 있게 된다(금융기능). 그리고 채권매입업자가 대금채권을 매입하여 회계처리・채권회수업무를 대행하므로 공급자는 복잡하고 전문적인 사무처리를 지원받게 된다(업무대행적 기능). 또한 채권매입업자가 채무자의 신용조사 업무를 지원하여 주고, 채무자의 대금부지급위험을 인수하여 신용을 제공하기 때문에 안전한 영업이 가능해진다(신용조사・위험전가기능).

제 3 절 채권매입업자와 공급자와의 관계

1. 공급자의 채권매입업자에의 대금채권의 양도

(1) 매매계약으로 인한 대금채권은 개별적으로 확정되지 아니하였어도 그 발생시에 대금채권으로 식별가능하기만 하면 된다.

(2) 공급자는 채권매입업자에 대금채권을 양도하여야 한다.

① 채권매입업자와 공급자간의 장래 발생할 대금채권을 양도하는 취지의 계약조항이 있는 경우에는, 대금채권이 현실적으로 발생하면, 채권의 이전에 관한 새로운 행위가 없이도 대금채권은 채권매입업자에 이전한다.

② 공급자와 채무자간에 대금채권의 양도를 금지하는 약정은, 공급자가 채권매입업자에 한 대금채권의 양도의 효력에 영향을 미치지 아니한다. 다만 공급자는 그 위반으로 인하여 채권매입업자에 대하여 손해배상책임을 진다.

③ 채권매입계약시 당사자는 물품매매계약상의 소유권유보조항 또는 담보권설정조항에 의하여 가지는 권리를 포함한 물품매매계약으로 인하여 발생하는 공급자의 권리의 전부 또는 일부를 채권매입업자에 양도하는 경우가 많다.

2. 어음할인

어음할인제도라 함은 어음을 매매하는 여신거래이고, 어음할인자가 어음금액으로부터 만기까지의 이자상당액을 할인료로 공제한 가격(할인대금)으로, 어음소지인으로부터 어음의 배서양도를 받는 것이다. 어음할인제도는 어음의 유통보호와 지급확보를 위한 제도이다.

물품매매시에 공급자는 채무자에 대한 대금채권을 확보하기 위하여 채무자로부터 약속어음을 교부받은 경우에, 채권매입계약체결시에 대금채권 외에 이 약속어음을 함께 양도하는 것이 요구되는 경우가 있다. 이 때에는 채권매입계약과 어음할인이 같이 이용되는 것이다. 어음할인시에는 어음의 지급불능사유가 있는 경우에는 은행은 할인의뢰인에게 어음의 환매청구권을 행사할 수 있다고 규정하는 것이 일반적이다. 따라서 채권매입계약에 있어서 환매청구권을 행사할 수 있는 사유가 발생한 때에는 은행은 이에 의하여 제공한 금융을 회수할 수 있게 된다.

3. 금융의 제공

공급자는 대금채권을 채권매입업자에 양도하고 할인료를 공제한 금액을 지급받게 된다. 즉, 공급자는 대금채권을 담보로 채권매입업자로부터 금융을 제공받게 된다.

4. 대금채권의 회수

채권매입업자는 공급자로부터 양도받은 대금채권을 회수한다. 채권매입계약에는 채무자가 지급하지 아니한 채권은 공급자가 환매한다는 약정을 두는 것이 보통이기 때문에 이 약정에 따라 채권매입업자는 회수받지 못한 대금을 공급자로부터 반환받을 수 있다.

5. 신용조사

채권매입계약은 채권매입업자가 보유한 조직력, 금융정보 등을 이용하여 채무자의 신용을 조사하여 우량의 채무자에 대한 채권만을 양도받고 공급자에게 금융을 제공한다. 이에 따라 공급자는 채권매입업자의 고객의 신용등에 관한 전문적인 정보를 영업에 이용할 수 있게 된다.

6. 회계관리

채권매입업자는 공급자를 위하여 회수한 채권, 회수예정인 채권, 회수불능의 채권 등에 관한 회계관리를 대행하여 준다.

제 4 절 채권매입업자와 채무자와의 관계

1. 채무자의 대금지급의무

채무자는 채권매입업자에 우선하는 대금채권자가 존재하는 것을 알지 못한 경우 또는 다음 요건을 갖추어 양도통지가 행하여진 경우 채권매입업자에 대하여 대금지급채무를 진다.

(1) 통지 이전에 체결된 매매계약에 따라 발생한 대금채권일 것

(2) 공급자 또는 공급자의 수권에 따라 채권매입업자로부터 양도통지가 행하여질 것

(3) 양도된 대금채권 그리고 채권매입업자가 특정되어 있을 것

2. 채무자의 항변의 주장

채무자는 공급자의 채권매입업자에 대한 매출채권의 양도로 인하여 원래의 매매계약보다 불리한 지위에 놓여서는 안 된다. 따라서 채무자는 채권매입업자의 물품매매계약에 기한 대금채권의 지급청구에 대하여 그 지급청구가 공급자에 의하여 행해졌다면 주장할 수 있는, 물품매매계약에 기하여 발생한 모든 항변으로 대항할 수 있다.

또한 채권매입업자의 청구에 대하여 채무자는 채권의 양도통지시까지 존재하는 공급자에 대한 채권으로써 상계할 수 있다(민법 제451조 제2항).

제 5 절 공급자와 채무자와의 관계

채무자가 채권매입업자에 대하여 대금채무를 변제한 경우에는 공급자에 대한 채무를 면한다.

참고문헌

[국내 도서]

강위두, 『상법총칙 · 상행위법』, 형설출판사, 제2판, 1998.
곽윤직, 『민법총칙』, 박영사, 신정수정판, 1998.
김성태, 『상법총칙 · 상행위법강론』, 법문사, 1998.
김정호, 『상법강의(상)』, 법문사, 제4판, 2005.
김홍기, 『상법강의』, 박영사, 2015.
박원선, 『객주』, 연세대출판부, 1968.
서돈각 · 정완용, 『상법강의(상)』, 법문사, 제4전정, 1999.
서헌제, 『상법강의(상)』, 법문사, 2001.
안강현, 『상법총칙 · 상행위법』, 박영사, 2015.
양승규 · 박길준, 『상법요론』, 삼영사, 제3판, 1994.
이균성, 『상법(Ⅰ)』, 고시계, 1993.
이범찬 · 최준선, 『상법개론』, 삼영사, 제3판, 1996.
이철송, 『상법총칙 · 상행위』, 박영사, 2016.
임홍근, 『상법(총칙 · 상행위)』, 법문사, 2001.
정동윤, 『상법총칙 · 상행위법』, 법문사, 개정판, 1996.
정무동, 상법강의(상), 1984.
정희철, 『상법학원론(상)』, 박영사, 보정판, 1986.
정찬형, 『상법강의(상)』, 박영사, 제18판, 2016.
차낙훈, 상법(상). 1996.
채이식, 『상법강의(상)』, 박영사, 개정판, 1996.
최기원, 『상법학신론(상)』, 박영사, 제15신정판, 2004.

[일본 도서]

近藤光男, 『商法總則 · 商行爲』, 有斐閣, 1995.
江頭憲治郎, 『商取引法』, 弘文堂, 1996.
森本 滋編, 『商法總則講義』, 成文堂, 1996.
神崎克郎, 『商法總則 · 商行爲法統論』, 同文舘, 1999.

[프랑스 도서]

Code Civil, Paris : *Dalloz*, 2000-2001.
Code de Commerce, *Dalloz*, 2000-2001.
G. Ripert/R. Roblot, *Traité de Droit Commercial*, Paris : LGDJ, 17 éd., 1998.
Georges Decocq, Droit Commerical, 3e éd., Paris : Dalloz, 2007.
Jean-Marie Leloup, *La franchise-Droit et practice*, Paris : DELMAS, 3éd., 2000.
Philippe Bessis, *Le Contrat de Franchisage*, Paris : LGDJ, 1992.

찾아보기

[저자 약력]

서울대학교 법과대학졸업
서울대학교 대학원 수료(법학석사, 법학박사)
미국 Austin University of Texas Law School 방문교수
사법시험위원, 입법고시시험위원, 행정고시시험위원, 공인회계사시험위원 역임
현 국민대학교 법과대학 교수

〈저서〉
금융법(보험업법 1,2)(한국사법행정학회, 2007)
해상보험법(공저, 삼지원, 2007)
주석상법(Ⅶ) 보험편(한국사법행정학회, 2001)
상법사례연습(청목출판사, 2007)
최신회사법(제3판)(청목출판사, 2013)

최신 상법총론

2017년 2월 15일 제4판초판인쇄
2017년 2월 20일 제4판초판발행

저 자 한 창 희
발행인 유 성 열
발행처 **청목출판사**
서울특별시 영등포구 신길로 40길 20
전화 (02) 849-6157(代) · 2820 / 833-6090~1
FAX (02) 849-0817
등록 제318-1994-000090호

파본은 바꾸어 드립니다. 값 24,000원

http://www.chongmok.co.kr

ISBN 978-89-5565-721-0